数理議論学

Argumentation　Computation　Logic　Agent

若木利子
新田克己

共著

TDU 東京電機大学出版局

まえがき

著者の一人（若木）が人工知能研究における数理議論 (argumentation) の研究に初めて出会ったのは，1993〜1995 年頃，川崎の富士通研究所でたびたび開催されていた R. A. Kowalski 教授 (英国インペリアル・カレッジ) の講演会に出席したときでした．このとき，Kowalski 教授は教授直筆の OHP フィルムを用いて，当時インペリアル・カレッジで Kowalski 教授が Dung 教授らと進められていた assumption-based argumentation (ABA, 第 5 章) に関する最先端のホットな研究のレクチャーをして下さり，非単調推論や論理プログラミングの意味論との関係についても述べられていました．今から思えば，Dung 教授の抽象議論（第 3 章）や ABA（第 5 章）が生まれようとする，まさにそのときに，本家本元の Kowalski 教授からこれらに関する貴重な研究を著者が直接聞いていたことになります．しかし当時は，非単調推論の枠組である優先順位付き極小限定 (prioritized circumscription) を論理プログラミングで計算する研究 [67] に取り組んでいた時期であり，Kowalski 教授からレクチャーいただいていた議論研究のお話を，自分の研究における関連研究の位置付けとして軽く理解し，研究テーマとして深く取り組むことは考えてもいませんでした．

しかしそれから約 10 年後に，偶然，ある国際会議で新潟大学の澤村一教授にお会いし，それがご縁で 2005 年頃より，すでに議論研究を進められていた澤村教授や本書の共著者である東京工業大学の新田克己教授と科研費による研究組織で推論や議論に関する共同研究をすることになりました．この共同研究において，1995 年に発表された Dung の議論意味論が世界的に高く評価・認知されており，現在，それをベースにさまざまなアプローチで議論研究が激しく進展しており，数理議論の研究成果も蓄積されてきて学問的体系が形成されつつあることがわかってきました．そして数理議論の研究は，理論的にはそれまで著者が取り組んでいた論理ベースの研究と関係があるだけではなく，マルチエージェントの議論や法的論争などの種々の知識処理分野への応用力が高いことを認識し，その後，すっかり議論研究に魅せられて，はまってしまった感があります．他方，このような

まえがき

研究と並行して，芝浦工業大学で大学院生などに研究指導を行っていたことから，議論研究に興味をもつ学部4年生や大学院の学生に著者たちの研究に参加してもらう機会が多くなりました．

本書執筆は，芝浦工業大学で最終講義をした折に，司会の相場亮教授から数理議論に関する本の執筆を勧められたことがきっかけでスタートしました．かねてより，著者の研究室に配属された学部4年生や大学院生の学生が議論研究に取り組む際，この分野の日本語の書籍が皆無に近く，その結果，ときには，たとえ学部4年生でも最先端の国際ジャーナル論文誌「Artificial Intelligence」に掲載された英文論文の数ページを読む必要が生じていました．それゆえ，若い学生たちがこの新しい研究分野の基礎知識をいち早く修得して最先端の研究に取り組むためには，日本語で書かれた数理議論の解説書および大学院レベルの教科書出版の必要性を認識するようになりました．

以上の研究教育の経験から，本書は特に大学院での議論研究に関する教科書，あるいは，参考書として使用されることを目的としています．本書は上述した経緯より，第1章および第11章を新田教授にご執筆いただき，若木が第2～10章および付録を執筆いたしました．本書により，数理議論に関する興味を深めて頂ければ幸いです．

末筆ながら，本書の執筆をお薦めいただいた芝浦工業大学の相場亮教授に心よりお礼申し上げます．草稿段階での修正や本書の校正作業において，東京電機大学出版局の江頭勝己氏，吉田拓歩氏に大変お世話になりました．深く感謝いたします．

2017年2月

若木　利子

目　次

序　論　　1

第1章　数理議論学とは？　2
- 1.1　議論学　2
- 1.2　議論と論理学　3
- 1.3　議論とトゥールミン図式　4
- 1.4　議論のプロトコル　5
- 1.5　デフィージブル推論　7
- 1.6　本書の構成　10

第2章　非単調推論と論理プログラミング　11
- 2.1　非単調推論研究と数理議論学の誕生　11
- 2.2　非単調推論　12
- 2.3　標準論理プログラムと宣言的意味論　14
- 2.4　拡張選言プログラムと宣言的意味論　23

第 I 部　抽象議論　29

第3章　抽象議論の理論　30
- 3.1　議論フレームワークと Dung の議論意味論　30
- 3.2　許容可能性に基づく新たな議論意味論　42
- 3.3　無衝突性に基づく新たな議論意味論　47

- 3.4 議論の意味論 vs. 論理プログラムの意味論 54
- 3.5 抽象議論意味論のまとめ 57
- 3.6 ラベリングによる議論意味論の表現 57
- 3.7 解集合プログラミングと議論意味論の計算 66

第4章 プリファレンスと価値を用いた抽象議論 74

- 4.1 プリファレンスの種類と分類 74
- 4.2 プリファレンス付き議論フレームワーク 77
- 4.3 価値に基づく議論フレームワーク 78
- 4.4 動的プリファレンスと拡張議論フレームワーク 83
- 4.5 拡張の無衝突性保証の問題 88

第II部 構造化論証を用いた議論 93

第5章 仮説に基づく議論 94

- 5.1 仮説に基づく議論フレームワーク：ABA 94
- 5.2 ABA の論争木と論争導出の証明手続き 105
- 5.3 ABA における議論意味論の無矛盾性の保証 109

第6章 $ASPIC^+$ フレームワーク 113

- 6.1 $ASPIC^+$ における議論の理論 114
- 6.2 $ASPIC^+$ の議論意味論 122
- 6.3 仮説に基づく ABA との関係 127
- 6.4 $ASPIC^+$ 議論意味論の無矛盾性の保証 128

第7章 不動点意味論と対話的証明論 133

- 7.1 議論の対話と不動点意味論 133
- 7.2 不動点意味論 137
- 7.3 対話的証明論 141

第8章　プリファレンスと仮説に基づく議論　　145
8.1　プリファレンス付き ABA　　145
8.2　p_ABA 議論意味論の無矛盾性の保証　　152

第III部　議論の応用　　153

第9章　意思決定と実践的議論　　154
9.1　プリファレンスを用いた意思決定　　155
9.2　プリファレンスを用いた実践的議論　　157

第10章　議論をするマルチエージェント　　161
10.1　マルチエージェントと議論フレームワーク　　162
10.2　セマンティック Web 推論と議論エージェント推論システムの統合　　163

第11章　法的論争への数理議論学の応用　　168
11.1　法律の知識源　　168
11.2　法律の推論モデル　　170
11.3　法律論争と議論フレームワーク　　178

付　録　　179
付録 A：計算の複雑さ　　179
付録 B：優先度付き論理プログラム　　180

参考文献　　182

索引　　187

序論

第1章 数理議論学とは？

1.1 議論学

われわれは日常生活において，会議，話し合い，討論，説得，交渉，論争，ディベートなど他人とのさまざまな種類の議論を行っている．このような議論によって，「どのような結論が導けるのか」，また「ある主張の根拠をどのように正当化するのか」という問題について，社会学，言語学，心理学，論理学，弁証法など多くの分野で学際的に研究されている学問分野が「議論学」である．

議論の例 たとえば，アメリカ映画の名作「12人の怒れる男たち」の陪審裁判での議論を考える．父親殺しの罪で起訴された少年の裁判において，目撃証言や凶器となった珍しいナイフなど，少年に不利な証拠があり，当初は少年の有罪判決は決定的だと思われた．12人の陪審員の多くが，初めから少年が有罪であると決めつけ，早く議論を終わらせて家に帰りたいという心理的な圧力と偏見に満ちた雰囲気で議論が始まった．しかし，陪審員の一人が証拠に対する疑問を提起し，議論が長引くことになった．議論を行うにつれて，目撃証言のあいまいさや，同種のナイフが簡単に購入できることなど，少年に不利だと思われた証拠が次々と覆り，最終的に少年は無罪となった． □

この例では，当初は陪審員12名の議論の結果として「有罪」という結論が出かかったが，議論を進めるにつれて，陪審員同士の意見が対立するが，しだいに全体として「無罪」という結論に集約されていく．このような議論において対立意見や支持意見が出されている中で全体としてどのような結論に至るか，それまでのプロセスはどうか，を明確化するのも議論学の役割である．

議論学は人文社会学的方法論に基づく「非形式的議論学」と，数理的方法論に基づく「数理議論学」に分類される．本書が対象とする「数理議論学」では，議論の論理構造を明確化し，主張の正当化の方法を確立することを目的とする．

1.2　議論と論理学

議論 (argumentation) は参加者が議論発言を交換することによって進行する．議論発言には，主張，同意，否定，提案，質問，回答，論証提示，反論提示，情報提示などさまざまなものがあるが，その中でも重要な発言は「論証 (argument) 提示」である．論証は「ある主張とそれを正当化する理由付け」からなる．論証を形式的に記述する1つの方法は形式論理を用いることである．たとえば，「太郎は花子の本を盗んだ」，「他人の財物を窃取すると窃盗罪になる」から，「太郎は窃盗罪になる」という論証は図 1.1(a) または (b) のように記述できる．(b) は，

$\forall X \forall Y$ 窃取する$(X, Y) \to$ 窃盗罪になる(X)　（大前提）

と

窃取する$(太郎, 花子の本)$　（小前提）

という2つの前提から推論（ここでは「一般化された三段論法(モーダスポネンス)」，すなわち演繹）によって，

窃盗罪になる$(太郎)$

という結論が導けることを示している．

他人の財物を窃取すると窃盗罪になる　太郎は花子の本を盗んだ
―――――――――――――――――――――――――――
太郎は窃盗罪になる

（a）論証の表現

$\forall X \forall Y$窃取する$(X, Y) \to$窃盗罪になる(X)　窃取する$(太郎, 花子の本)$
―――――――――――――――――――――――――――
窃盗罪になる$(太郎)$

（b）形式論理による論証の表現

図 1.1　形式論理による論証表現

しかし，形式論理は日常の論証を表現するには単純化しすぎている．「そもそも『他人の財物を窃取すると窃盗罪になる』というルールの根拠はどこにあるのか」，「例外として『14 歳未満の行為は罰しない』というルールがあるはずではないか」など，日常の論証には形式論理では記述しきれない要素がある．

1.3 議論とトゥールミン図式

形式論理の問題を解消するため，スティーヴン・トゥールミン (Stephan Toulmin) は論証を以下の 6 つの要素に分解した論証構造のモデル（トゥールミン図式）を提案した (図 1.2)[76]．

主張，結論 (Claim)：太郎は窃盗になる．
データ，根拠 (Data)：太郎は花子の本を盗んだ．
ルール，論拠 (Warrant)：他人の財物を窃取すると窃盗罪になる．
裏付け (Backing)：刑法第 235 条
限定 (Qualifier)：通常は
反駁，反論 (Rebuttal)[1]：太郎は 12 歳である．

この図式は形式論理に比べ，裏付けやモードや反証の要素が加わり，日常の論証を表現するのにより適した構造となっている．たとえば，裏付けにより，形式

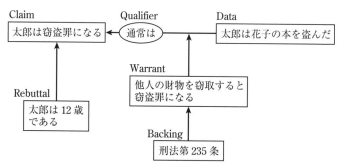

図 1.2 トゥールミン図式による論証表現

---
[1] Rebuttal を反論と表現する文献もあるが，本書では rebuttal を counter argument と区別するときは反駁と表現する．

論理では所与のものとなっていたルールが根拠あるものかどうかを表現することができる．また，限定や反駁により，結論に例外があることを表現することもできる．

1.4 議論のプロトコル

議論はさまざまな議論発言の交換によって進行していく．その際，相手の発言を無視して勝手な発言をするのではなく，場面に応じてできる発言の種類に一定の制約がある．そのような制約を定めるために議論のプロトコルが提案されている．たとえば，トマス・ゴードン (Thomas Gordon) は，法廷における議論プロトコルをトゥールミン図式に基づいて提案している [35]．このプロトコルは争点の決定のための弁論段階のモデル化を行ったものである．議論発言の間には以下の制約を置いている（一部のみ，詳細は 11.2.4 項を参照）．

a) 相手の「主張」には，「同意」か「否定」を表明することができる．
b) 相手が否定を表明したときは「論証」を提示することができる．論証を提示することは，ルールや裏付けや主張を新たに提示したことに相当する．
c) 相手の論証に対しては「反論」を提示することができる．
d) 相手の反論に対しては再反論を行うことができる．
e) 相手の再反論にはこれ以上の反論はできない．

このプロトコルに従うと，たとえば検察 A と被告人 B の議論が[2]以下のように進行し，トゥールミン図式は図 1.3, 図 1.4, 図 1.5 のように展開していく．A3 の発言によって図 1.4 の図式が作られるが，その結果，「太郎は花子の本を盗んだ」という主張がなされたことになる．この主張が B6 発言で否定されたので，A7 発言でこの主張を正当化する論証を提示し，図式が図 1.6 のように拡大される．

A1 主張（太郎は窃盗罪になる）（図 1.3）
B2 否定（太郎は窃盗罪になるという主張を否定する）

---

[2] 発言例の記述はトマス・ゴードンの記法とは異なる．また，トマス・ゴードンはトゥールミン図式から「限定」を省略している．

図 1.3 トゥールミン図式の展開：A1 発言直後

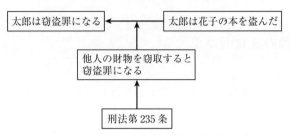

図 1.4 トゥールミン図式の展開：A3 発言直後

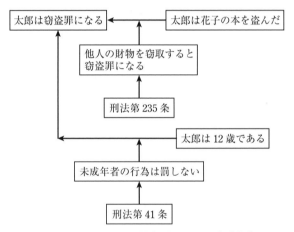

図 1.5 トゥールミン図式の展開：B4 発言直後

A3 論証提示（刑法第 225 条に太郎事件を適用すると太郎は窃盗罪になる（図 1.4）
B4 反論提示（刑法第 41 条に太郎事件を適用して，その論証に反論する（図 1.5）
A5 同意（太郎が 12 歳であるという主張に同意する）
B6 否定（太郎は花子の本を盗んだという主張を否定する）
A7 論証提示（太郎は花子の本を黙って持ち出したのだから，常識的に太郎は本を盗んだことになる）（図 1.6）

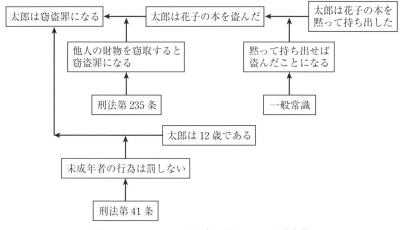

図 1.6　トゥールミン図式の展開：A7 発言直後

このように，議論においては，当初の主張に対してそれを支持する論証だけでなく，それに反対する反論が混在する．その中で，当初の主張が正当化されているのかどうかを検証するのが数理議論学である．

1.5　デフィージブル推論

論証と反論が混在したときに，当初の主張が正当化されるかどうかを検証するのに，トゥールミン図式はやや詳細すぎる問題がある．たとえば，「裏付け」は解析の対象ではないので省略することができるし，「ルール」に「限定」や「反論」の要素があることは，人工知能で研究されてきた非単調推論 (non-monotonic reasoning)（あるいはデフィージブル推論 (defeasible reasoning)）を用いることによって，より簡便に記述することができる．

そこで数理議論学ではデフィージブル推論に基づき，正当化の問題を論じている．デフィージブル議論を以下の例 1.1 を用いて簡単に説明する [48]．

■例 1.1　A と B の二人が「政治家 P の私的生活に関する情報 I を新聞が記事として公表する行為は，道徳的観点から容認できるか」という問題について論争し

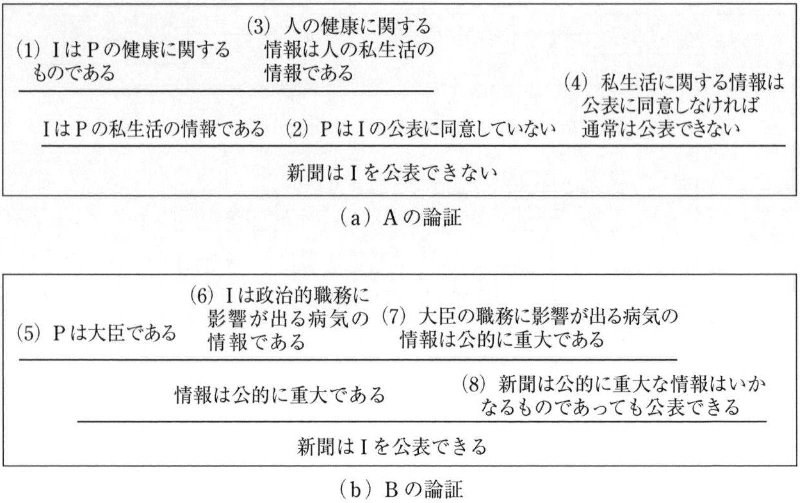

```
                    (3) 人の健康に関する
  (1) IはPの健康に関する  情報は人の私生活の
     ものである          情報である                (4) 私生活に関する情報は
  ─────────────────────────────────                   公表に同意しなければ
     IはPの私生活の情報である   (2) PはIの公表に同意していない   通常は公表できない
     ────────────────────────────────────────────────────────────────────
                        新聞はIを公表できない
```

(a) Aの論証

```
                (6) Iは政治的職務に
                   影響が出る病気の  (7) 大臣の職務に影響が出る病気の
  (5) Pは大臣である    情報である        情報は公的に重大である
  ──────────────────────────────────────────────────────────
            情報は公的に重大である    (8) 新聞は公的に重大な情報はいか
                                    なるものであっても公表できる
            ────────────────────────────────────────────────
                        新聞はIを公表できる
```

(b) Bの論証

図 1.7　AとBの論証

ている．論争の前提として，以下の3つの事実については双方が合意しているとする．

(1) 情報Iは人Pの健康に関するものである．
(2) PはIの公表を同意していない．
(3) 人の健康に関する情報は，人の私的生活に関する情報である．

まず，Aは(4)の道徳的原則を述べて，「新聞はIを公表できない」という結論を主張した(図1.7(a))．

(4) 人の私生活に関する情報は，もしその人が公表に同意しなければ，通常その情報は公表できない．

それに対し，Bは以下の(5)〜(7)の事実と(8)の道徳的原則から「新聞はIを公表できない」と反論した(図1.7(b))．

(5) Pは大臣である．
(6) IはPの政治的職務に影響が出る病気の情報である．
(7) 大臣の政治的職務に影響が出る病気の情報は公的に重大である．
(8) 新聞は公的に重大な情報はいかなるものであっても公表できる．

(9) Iに記述されている病気がPの職務に影響する程度は少ない	(10) Iに記述されている病気がPの職務に影響する程度は少ないならば，原則(4)は原則(8)より優先される
原則(4)は原則(8)より優先される	

図 1.8 A の第 2 の論証

そこで A は以下の (9)(10) に基づいて，「原則 (4) は原則 (8) より優先される」から，「原則 (4) に基づく A の論証の方が，原則 (8) に基づく B の論証より優先する」という第 2 の論証を行った (図 1.8)．

(9) I に記述されている病気が P の職務に影響する程度は少ない．

(10) I に記述されている病気が P の職務に影響する程度が少ないならば，原則 (4) は原則 (8) より優先される．

B は A の第 2 の論証を反論する材料を持たないので，結局，A の主張を受け入れざるを得なかった． □

例 1.1 においては，A の最初の論証だけであれば A の主張が正当化された．しかし，B の論証 (反論) によって A の論証は攻撃を受け，そのままでは結論を出すことはできなかった．A の 2 番目の論証によって，2 つの論証のうち A の論証が優先することを示し，A の主張の正当化を行うことができた．このように反論の存在により，正当化されたはずの主張が覆る可能性があるのがデフィージブル推論 (非単調推論) である．

反論が存在しない数理論理学と，反論が存在する数理議論学では正当化の意味が異なる．数理論理学では，ルールは絶対的なものであり，反論を許さない．そのため，所与の結論がルールの連鎖と事実データによって得られるならば (すなわち「証明」が存在するならば)，その結論が正当化されたことになる．それに対し，数理議論学では，論証が成立したとしてもそれでは十分ではなく，反論との関係で相対的に結論が受け入れ可能かどうかで決定されることになる [75]．

1.6 本書の構成

本書はまず第2章において，数理議論学が誕生した技術的背景である人工知能の「非単調推論と論理プログラミング」を説明する．本章が第3章以降の説明の基礎となる．

第3章以降は議論に関する解説を行う．第I部（第3章と第4章）では，論証を1つの節点（ノード）で表現し，論証間の関係をリンクで表現して，議論全体をグラフ構造で表現した抽象議論 (abstract argumentation) を解説し，第II部（第5～8章）では，論証内の具体的な構造を考慮した議論の解説を行う．第III部（第9～11章）では，数理議論学の応用について解説を行う．

なお本書では以下の記法を用いる．

- $\stackrel{\text{def}}{=}$ 「左辺を右辺で定義する」ことを表す．
- iff if and only if を略したもので，「右辺であるならば，そしてそのときに限り左辺」を意味する．
- $\iff$ 原論文では iff が用いられているが意味的に $\stackrel{\text{def}}{=}$ に近いものを，本書では $\iff$ を用いて表す．

第2章 非単調推論と論理プログラミング

2.1 非単調推論研究と数理議論学の誕生

1970年代後半まで人工知能における論理は，一階述語論理に基づく演繹論理を意味していた．このような述語論理に基づく推論は単調(monotonic)である．ところで，人間は日常的に不完全な知識環境下で常識を用いた常識推論(commonsense reasoning)を行い，適切な意思決定や判断をしている．しかし常識推論は非単調(non-monotonic)であることから，このような非単調推論を必要とする局面で述語論理は役に立たなかった．そこで1980年以降，人工知能分野では推論の非単調性に研究の関心が移り，人間の常識推論を理論的に説明可能とするReiterのデフォルト論理(default logic)[46]，McCarthyの極小限定(circumscription)[39, 40]，自己認識論理(autoepistemic logic)などの種々の非単調推論の枠組が生み出された．他方，それらと並行して不完全な知識表現と非単調推論を可能にする論理プログラム言語[73]とその意味論が提案された．このような研究が進展する中で，1990年代中頃，複数の人間が集まって行う議論のメカニズムで，非単調推論や論理プログラム言語の意味論を再形式化する[12, 22, 23]，あるいは代替的な役割をもつアプローチとして，議論の数理的理論化や形式化がDung，Kowalskiや Prakkenらにより提案された[75]．

本章ではまず，このような数理議論学が生まれた技術的背景である「非単調推論と論理プログラミング」の概要を説明する．他方，数理議論のDungによる形式化などは本書の第3章で説明する．特に3.4節や5.1.3項で，議論の意味論により論理プログラム言語の意味論を与えることができることを示す．

2.2 非単調推論

非単調推論の代表的枠組である Reiter のデフォルト論理 [46] を説明する.

2.2.1 Reiter のデフォルト論理

1980 年に Reiter により提案されたデフォルト論理は，一階述語論理にデフォルトと称される推論規則を導入して一階述語論理を拡張したものである.

■**定義 2.1** デフォルト (default) は次の形の推論規則である.

$$\frac{\alpha(\mathbf{x}) : \beta_1(\mathbf{x}), \ldots, \beta_m(\mathbf{x})}{w(\mathbf{x})} \tag{2.1}$$

ここで $\alpha(\mathbf{x}), \beta_1(\mathbf{x}), \ldots, \beta_m(\mathbf{x}), w(\mathbf{x})$ は自由変数の組 $\mathbf{x}$ をもつ一階述語論理式であり，$\alpha(\mathbf{x})$ をデフォルトの前提 (prerequisite), $\beta_1(\mathbf{x}), \ldots, \beta_m(\mathbf{x})$ を根拠 (justifications), $w(\mathbf{x})$ を結論 (consequent) という.

デフォルトに自由変数が出現しなければ閉デフォルト (closed default) といい，さもなければ開デフォルト (open default) という. 通常，開デフォルトは自由変数を基礎項で置換して得られる閉デフォルトの集合と同一視される. そこで上記のデフォルトは，任意の基礎項 (ground term) の組 $\mathbf{t}$ に対し,「もし $\alpha(\mathbf{t})$ が成り立ち，かつ $\beta_1(\mathbf{t}), \ldots, \beta_m(\mathbf{t})$ が無矛盾ならば，$w(\mathbf{t})$ を推論する」と読む. ここで，$\beta_1(\mathbf{t}), \ldots, \beta_m(\mathbf{t})$ が無矛盾とは，これらの否定 $\neg \beta_i(\mathbf{t})$ が (推論結果として) 証明されないことである. 特に，次のように結論と等しい 1 個の根拠 ($m=1$) をもつデフォルトを正規デフォルト (normal default) という.

$$\frac{\alpha(\mathbf{x}) : w(\mathbf{x})}{w(\mathbf{x})}$$

□

■**例 2.1** 「一般に鳥は飛ぶ」という常識は次の正規デフォルトで表現できる.

$$\frac{\mathrm{Bird}(x) : \mathrm{Fly}(x)}{\mathrm{Fly}(x)}$$

□

デフォルト論理では，以下で定義されるデフォルト理論で知識を表現する．

■**定義 2.2** デフォルトの集合 D と一階述語論理式の集合 W の対 (D, W) をデフォルト理論 (default theory) という．特に D が閉デフォルトの集合のとき，(D, W) は閉デフォルト理論といい，D が正規デフォルトの集合のとき，(D, W) は正規デフォルト理論という． □

閉デフォルト理論 (D, W) に対する推論結果は，拡張 (extension) と称される集合で定義される．これは以下のように不動点演算子 (fixed point operator) Γ の不動点 (fixed point) として定義されている．

■**定義 2.3** $\Delta = (D, W)$ を閉デフォルト理論とする．任意の閉じた一階述語論理式の集合 S について，$\Gamma(S)$ を次の3条件を満たす最小の集合とする．
(1) $W \subseteq \Gamma(S)$
(2) $\mathrm{Th}(\Gamma(S)) = \Gamma(S)$ (ただし，$\mathrm{Th}(X)$ は X から一階述語論理の推論規則を用いて得られる定理全体の集合を表す)
(3) $\alpha : \beta_1, \ldots, \beta_m / w \in D$ について，$\alpha \in \Gamma(S)$ かつ $\neg\beta_1, \ldots, \neg\beta_m \notin S$ ならば，$w \in \Gamma(S)$

このとき，$\Gamma(E) = E$ となる演算子 Γ の不動点 E は Δ の拡張である． □

直観的に述べると上述の拡張は，通常の一階述語論理の推論規則およびデフォルトを用いて一階述語論理式の集合 W から導くことができる定理式の集合といえる．Reiter はこのような拡張が次のように定義できることを示している．

■**定義 2.4** E を閉じた一階述語論理式の集合とする．E が閉デフォルト理論 $\Delta = (D, W)$ の拡張であるのは，次式を満たすときであり，そのときに限る．

$$E = \bigcup_{i=0}^{\infty} E_i$$

ここで各 E_i は以下の式で定義される．

$E_0 = W$，そして $i \geq 0$ について，
$E_{i+1} = \mathrm{Th}(E_i) \cup \{w \mid \alpha : \beta_1, \ldots, \beta_m / w \in D,$
  ここで $\alpha \in E_i$ かつ $\neg\beta_1, \ldots, \neg\beta_m \notin E\}$ □

この定義では，E_{i+1} の定義に $\neg\beta_1\ldots,\neg\beta_m \not\in E$ が入っている．これは集合 E を E_0 から順に構成していくことができないことを意味する．

次の例が示すように，デフォルト理論には複数の拡張が存在するものや，まったく拡張が存在しないものもある．他方，正規デフォルト理論には必ず 1 個以上の拡張が存在することが Reiter により証明されている．

■**例 2.2** 次の閉デフォルト理論を考える．
(1) $\Delta_1 = (D, W)$ において，$D = \left\{\dfrac{:\neg p}{q}, \dfrac{:\neg q}{p}\right\}, W = \{\}$ とする．この場合，Δ_1 に 2 つの拡張 $E_1 = \text{Th}(\{q\}), E_2 = \text{Th}(\{p\})$ が存在する．
(2) $\Delta_2 = (D, W)$ において，$D = \left\{\dfrac{:\neg p}{p}\right\}, W = \{\}$ とする．この場合，Δ_2 に拡張は存在しない． □

2.3 標準論理プログラムと宣言的意味論

標準論理プログラム (normal logic program: NLP) は，次節で述べる拡張論理プログラム (extended logic program: ELP) の部分クラスであり，リテラルを論理否定 ¬ が出現しないアトム (原子式) に制限したものである．このような NLP の代表的な宣言的意味論 (declarative semantics) に，Gelfond と Lifschitz により提案された安定モデル意味論 (stable model semantics)[33] と，van Gelder らにより提案された整礎モデル意味論 (well-founded semantics)[65] がある．安定モデル意味論では安定モデルで，他方，整礎モデル意味論では整礎モデルで意味論が与えられる．

ここで NLP の安定モデル (後述の解集合) は述語論理式のある極小エルブランモデルであり，古典論理との意味論上の関係がある．しかし ELP の解集合では一般にそのようなことは成り立たないことから，ELP とそれの解集合意味論を述べる前に，NLP について説明する．

2.3.1 標準論理プログラム

■**定義 2.5** NLP P は次の形のルールの集合である [33]．

2.3 標準論理プログラムと宣言的意味論

ルール:
$$A \leftarrow A_1, \ldots, A_m, \textit{not}\ A_{m+1}, \ldots, \textit{not}\ A_n \tag{2.2}$$

ただし,$n \geq m \geq 0$,Aと各A_iはアトム (atom, 原子式),*not* は**デフォルトの否定** (default negation),あるいは**失敗による否定** (negation as failure, NAF) という.アトムAの前に*not*が付いた*not* Aを NAF アトムという.

P のルール (2.2) に出現する *not* と $\leftarrow$ を古典論理の論理記号 $\neg$,$\supset$ でそれぞれ置き換えると,次の一階述語論理の節 (clause) となる.

節:
$$A_1, \ldots, A_m, \neg A_{m+1}, \ldots, \neg A_n \supset A \tag{2.2'}$$

したがってルール集合 P に対して,このような一階述語論理式の節の集合 (つまり節集合) が存在するので,これ以後,プログラム P の節集合といい,C_P で表す.このような節集合 C_P のエルブラン空間 (Herbran universe) を U_P,エルブラン基底 (Herbran base) を HB_P で表す.なお P のルールに変数 (すなわち個体変数) が出現したとき,それらの各変数をエルブラン空間 U_P の要素で置き換えた基礎ルール全体からなる集合を P が表すものとする.

ルール (2.2) について,$\leftarrow$ の左辺 A を頭部 (head),右辺を本体 (body) という.頭部だけからなるルールは $\leftarrow$ を略して A で表すことがある. □

■**定義 2.6** 節 $(2.2')$ において $m = n$ のとき,確定節 (definite clause) という.すべてのルール (2.2) において $m = n$ である NLP をホーン論理プログラム (Horn logic program) という.そのようなホーン論理プログラム P に対応する C_P は確定節集合である. □

ホーン論理プログラムが最小モデル意味論 (least model semantics) で与えられることを示した後,NLP の安定モデルを説明する.

2.3.2 ホーン論理プログラムと最小モデル意味論

ホーン論理プログラム P の意味論は,P の確定節集合 C_P の最小エルブランモデルで与えられ,かつ,その最小エルブランモデルは P から構成される単調関数 T_P の最小不動点 (least fixed point) であることが van Emden と Kowalski により示された [64].以下でその概略を述べる [38].

■**命題 2.1** P をホーン論理プログラムとし，$\{M_i\}_{i \in I}$ を C_P のエルブランモデルの空でない集合とする．すると $\bigcap_{i \in I} M_i$ は C_P のエルブランモデルとなる． □

上記の命題が示すように確定節集合 C_P のすべてのエルブランモデルの共通部分は再びエルブランモデルとなる．これを P (あるいは，C_P) の最小エルブランモデルと呼び，M_P で表す．次の定理は M_P に属する原子式 (アトム) は確定節集合 C_P の論理的帰結 (すなわち，$C_P \models A$) であることを示している．

■**定理 2.1** ホーン論理プログラム P について次式が成り立つ．

$$M_P = \{A \in HB_P \mid A \text{ は節集合 } C_P \text{ の論理的帰結である }\} \qquad \square$$

次にこの M_P が単調関数 T_P の不動点の概念で特徴づけられる [64] ことを示す．ホーン論理プログラム P について，$(2^{HB_P}, \subseteq)$ は完備束となる．ここで 2^{HB_P} は確定節集合 C_P のすべてのエルブラン解釈の集合，$\subseteq$ は集合の包含関係である．

■**定義 2.7** P をホーン論理プログラムとする．関数 $T_P : 2^{HB_P} \to 2^{HB_P}$ は，任意のエルブラン解釈 $I \subseteq HB_P$ に対して，次式で定義される．

$$T_P(I) = \{A \in HB_P \mid A \leftarrow A_1, \ldots, A_m \text{ は P の基礎ルールで } \{A_1, \ldots, A_m\} \subseteq I\}$$
□

ここで，$T_P(I) = I$ となるエルブラン解釈 $I \in 2^{HB_P}$ は，T_P の不動点 (fix point) である．$(2^{HB_P}, \subseteq)$ は完備束，かつ関数 $T_P : 2^{HB_P} \to 2^{HB_P}$ が単調であるので，タルスキーの不動点定理 [57] [1]より，T_P オペレータの最小不動点 $\mathrm{lfp}(T_P)$ が存在することが証明されている．この最小不動点は以下の超限帰納法に基づいて構成的に求めることができる．

■**命題 2.2** P をホーン論理プログラムとする．関数 T_P は単調であるので，T_P は以下の超限帰納法 (transfinite induction) によって定義・構成される最小不動点 $\mathrm{lfp}(T_P)$ をもつ．

$$J^{(0)} := \emptyset,$$

---

[1] この定理は，完備束上の単調関数に必ず「最小の不動点」が存在することを述べている．超限帰納法や極限順序数については文献 [38] などを参照されたい．

$$J^{(\alpha+1)} := T_P(J^{(\alpha)}) \qquad (\alpha+1 \text{ は } \alpha \text{ の直後の順序数}),$$
$$J^{(\lambda)} := \bigcup_{\alpha<\lambda} J^{(\alpha)} \qquad (\lambda \text{ は極限順序数})$$

ゆえに, $T_P(J^{(\lambda_0)}) = J^{(\lambda_0)}$ なる最小の順序数 λ_0 が存在し, $J^{(\lambda_0)}$ は T_P の最小不動点である. すなわち lfp$(T_P):=J^{(\lambda_0)}$ である. □

van Emden と Kowalski により以下の定理が成り立つことが示されている.

■**定理 2.2** P をホーン論理プログラム, M_P を P の最小エルブランモデルとする. すると以下が成り立つ. なお T_P^m は, T_P オペレータを m 回適用することを表す.
$$M_P = \text{lfp}(T_P) = \bigcup_{m=0}^{\infty} T_P^m(\emptyset)$$
□

■**例 2.3** 次のホーン論理プログラム P を考える.

$P:\quad p(1) \leftarrow$
$\quad\quad q(2) \leftarrow$
$\quad\quad r(x) \leftarrow q(x)$

このとき, $C_P = \{p(1), q(2), q(x) \supset r(x)\}$, エルブラン空間は $U_P = \{1,2\}$, エルブラン基底は $HB_P = \{p(1), p(2), q(1), q(2), r(1), r(2)\}$ である. $r(x) \leftarrow q(x)$ は $r(1) \leftarrow q(1)$ と $r(2) \leftarrow q(2)$ の 2 つの基礎ルールを表す.

まず, C_P のエルブランモデルには HB_P のほか, $\{p(1), q(1), q(2), r(2)\}$, $\{p(1), q(2), r(2)\}$ などが存在するが, これらの中で最小エルブランモデルは $\{p(1), q(2), r(2)\}$ である. 次に, T_P オペレータの最小不動点を求めてみる.

$T_P(\emptyset) = \{p(1), q(2)\},$
$T_P(T_P(\emptyset)) = \{p(1), q(2), r(2)\},$
$T_P(T_P(T_P(\emptyset))) = T_P(T_P(\emptyset)) = \{p(1), q(2), r(2)\}$

ゆえに, 最小エルブランモデル $\{p(1), q(2), r(2)\}$ は T_P の最小不動点に一致する.
□

2.3.3 標準論理プログラムと安定モデル意味論

Gelfond と Lifschitz により提案された NLP の安定モデル意味論 (stable model semantics)[33] を説明する. 安定モデル意味論では, 安定モデル (すなわち, 解集合) で意味論が与えられる. これはホーン論理プログラムの最小モデル意味論を

拡張したものになっている.

■**定義 2.8（安定モデル）** P は NLP の基礎ルール集合とする. P の安定モデル (stable model) は, 次の条件を満たす HB_P の部分集合 M である.

1. P が not を含まない NLP の場合, P はホーン論理プログラムであるので, 最小エルブランモデル M (すなわち, 最小不動点 $\mathrm{lfg}(T_P)$) で宣言的意味が与えられる. したがって, この M が P の安定モデルとなる.

2. P が not を含む NLP の基礎ルール集合の場合, 任意の $M \subseteq HB_P$ について, 下記 (i) (ii) に従って P から not を含まない基礎ルール集合 P^M を構成する. このような P^M を「P の M による縮約 ($reduct$)」という.

   (i) $A \in M$ について, 本体に $not\ A$ が存在している P のルールすべてを削除する.

   (ii) 残りのルールの本体に出現するすべての NAF アトムを削除する.

   このような P^M はホーン論理プログラムであるので, 1. により安定モデルをもつ. このとき, M が P^M の安定モデルと一致すれば, P の安定モデルは M である. □

■**例 2.4** 次の NLP P を考える [33].

P:　　$p(1,2) \leftarrow$

　　　　$q(x) \leftarrow p(x,y), not\ q(y)$

$U_P = \{1,2\}$ であるので, P は以下の基礎ルールの集合を表す.

P:　　$p(1,2) \leftarrow$

　　　　$q(1) \leftarrow p(1,1), not\ q(1)$

　　　　$q(1) \leftarrow p(1,2), not\ q(2)$

　　　　$q(2) \leftarrow p(2,1), not\ q(1)$

　　　　$q(2) \leftarrow p(2,2), not\ q(2)$

エルブラン基底は $HB_P = \{q(1), q(2), p(1,1), p(1,2), p(2,1), p(2,2)\}$ である.

まず HB_P の部分集合 $M_1 = \{q(2)\}$ を調べる. P の M_1 による縮約 P^{M_1} は,

P^{M_1}:　$p(1,2) \leftarrow$

　　　　$q(1) \leftarrow p(1,1)$

　　　　$q(2) \leftarrow p(2,1)$

である．P^{M_1} の最小エルブランモデルは $\{p(1,2)\}$ であり，M_1 と異なる．ゆえに $M_1 = \{q(2)\}$ は P の安定モデルではない．

次に $M_2 = \{p(1,2), q(1)\}$ を調べる．この M_2 による縮約 P^{M_2} は，
$$P^{M_2}: p(1,2) \leftarrow$$
$$q(1) \leftarrow p(1,2)$$
$$q(2) \leftarrow p(2,1)$$
である．この P^{M_2} の最小エルブランモデルは $\{p(1,2), q(1)\}$ であり，M_2 と一致する．よって $M_2 = \{p(1,2), q(1)\}$ は P の安定モデルである．このように HB_P のすべての部分集合を調べて，P の安定モデルは $\{p(1,2), q(1)\}$ のみであることがわかる． □

■**例 2.5** (例 2.4 の続き) 例 2.4 のプログラムに $p(2,1)$ を追加したものを $P_2 = P \cup \{p(2,1)\}$ とする．すると P_2 は以下の 2 個の安定モデルをもつ．

$$\{p(1,2), p(2,1), q(1)\}, \quad \{p(1,2), p(2,1), q(2)\}$$ □

NLP の安定モデルについて，次の定理が成り立つことが証明されている [33]．

■**定理 2.3** NLP P の任意の安定モデルは，P の節集合 C_P の極小エルブランモデルである． □

■**例 2.6** NLP $\Pi_1 = \{p \leftarrow not\ q\}$, $\Pi_2 = \{q \leftarrow not\ p\}$ を考える．$HB_{\Pi_1} = HB_{\Pi_2} = \{p, q\}$ である．Π_1, Π_2 はそれぞれ唯一の安定モデル $M_1 = \{p\}, M_2 = \{q\}$ をもつ．一方，これらの NLP の節集合 $C_{\Pi_1} = C_{\Pi_2} = \{\neg q \supset p\} = \{\neg p \supset q\} = \{p \vee q\}$ は 3 個のモデル $\{p, q\}, \{p\}, \{q\}$ をもつが，そのうち $\{p\}$ と $\{q\}$ の 2 つが極小モデルである．よって Π_1 の安定モデル M_1，および Π_2 の安定モデル M_2 はいずれも極小モデルであることが確認できる (図 2.1 参照)．

以上より，古典論理 (命題論理) では p, q のいずれも $p \vee q$ の論理的帰結として導けない ($p \vee q \not\models p$, $p \vee q \not\models q$)．しかし安定モデル M_1, M_2 では，それぞれ p, q が推論される ($M_1 \models p$, $M_2 \models q$)．

このような論理プログラムの有用性として，たとえば p を $innocent(t)$ (太郎は無罪である)，q を $guilty(t)$ (太郎は有罪である) に置き換え，かつ太郎について何も情報がないとする．すると古典論理では $innocent(t) \vee guilty(t)$ から太郎の

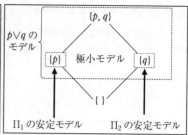

図 2.1 古典論理の意味論 vs 論理プログラム (NLP) の意味論

有罪,無罪について何も導けない.一方, $innocent(t) \leftarrow not\ guilty(t)$ のルールは,太郎が有罪になる事実や証拠,たとえば「犯行現場に目撃者がいた」などにより $guilty(t)$ が導かれなければ, $innocent(t)$ が推論されることを意味し,刑事裁判における有名な原則「疑わしきは罰せず」を表現する.

事実, $\Pi = \{innocent(t) \leftarrow not\ guilty(t)\}$ の安定モデルより $innocent(t)$,すなわち「太郎は無罪」が推論される.一階述語論理や命題論理等の古典論理ではこのような知識の表現や推論はできない. □

安定モデル意味論における NLP の矛盾/無矛盾性は以下で定義される.

■**定義 2.9(安定モデル意味論における矛盾/無矛盾)** NLP P に安定モデルが存在すれば, P は無矛盾 (*consistent*) であり,そうでなければ, P は矛盾 (*inconsistent*) である. □

安定モデルがまったく存在しない,つまり矛盾する NLP の例を示す.

■**例 2.7** NLP $P = \{p \leftarrow not\ p\}$ を考える.
$HB_P = \{p\}$ であるので, HB_P に 2 つの部分集合 $\emptyset, \{p\}$ が存在する.
まず $M = \emptyset$ の場合, $P^M = \{p\}$ となる. P^M の最小エルブランモデルは $\{p\}$ であり, M と異なる.ゆえに,この M は安定モデルではない.
$M = \{p\}$ の場合, $P^M = \emptyset$ であるので P^M の最小エルブランモデルは $\emptyset$ である.よって,この M も安定モデルではない.ゆえに P に安定モデルは存在しない.
□

■**例 2.8（床屋のパラドックス）** 「ある村でただ一人の床屋である Noel は自分で自分のひげを剃らない村人全員のひげを剃り，それ以外の人のひげは剃らない．Noel は自分のひげを剃るだろうか？」という問題がある．NLP で知識を表現すると，

$P:\quad shave(noel, x) \leftarrow villager(x), not\ shave(x, x)$
$\qquad villager(noel) \leftarrow$

となる．P に安定モデルが存在せず，Noel のひげ剃りについては決定できない．□

2.3.4　標準論理プログラムと整礎モデル意味論

NLP の整礎モデル意味論 (well-founded semantics) は van Gelder らにより提案された [65]．整礎モデル意味論では，3 値の整礎モデル (well-founded model) で NLP の意味論が与えられる．そして，すべての NLP は唯一の整礎モデルをもつことが保証されている．本書では，Przymusinski の理論 [51] に基づいて整礎モデルの定義を説明する．

■**定義 2.10**　NLP P の 3 値解釈 (3-valued interpretation) I は $I = \langle T; F \rangle$ である．T と F は P のエルブラン基底 HB_P の部分集合 ($T, F \subseteq HB_P$) である．T, F および $U = HB_P \setminus (T \cup F)$ は I で真理値が真 (t)，偽 (f)，未定義 (u) のアトムの集合を表す．3 値解釈 $I = \langle T; F \rangle$ におけるアトムと NAF アトムの真理値 $val_I(A), val_I(not\ A)$（ただし $A \in HB_P$）は以下で定義される．

$A \in T$ ならば，$val_I(A) = \mathrm{t},\quad val_I(not\ A) = \mathrm{f}$
$A \in F$ ならば，$val_I(A) = \mathrm{f},\quad val_I(not\ A) = \mathrm{t}$
$A \in U$ ならば，$val_I(A) = \mathrm{u},\quad val_I(not\ A) = \mathrm{u}$

当然，$val_I(\mathrm{t}) = \mathrm{t}, val_I(\mathrm{f}) = \mathrm{f}, val_I(\mathrm{u}) = \mathrm{u}$ であり，真理値の順序は $\mathrm{t} > \mathrm{u} > \mathrm{f}$ として定義される．S を真理値の集合とすると，$min\ S$ は S の最小の要素（真理値）を表す．特に $S = \emptyset$ のとき，$min\ \emptyset = \mathrm{t}$ と定義されている．

NLP の基礎ルール (2.2) について，

- 3 値解釈 $I = \langle T; F \rangle$ は，
  $val_I(A) \geq min\{val_I(A_1), \ldots, val_I(A_m), val_I(not A_{m+1}), \ldots, val_I(not A_n)\}$
  ならば，ルール $A \leftarrow A_1, \ldots, A_m, not\ A_{m+1}, \ldots, not\ A_n$ を充足 (satisfy)

する．あきらかに，$val_I(A) = \mathrm{t}$ ならば I はルール $A \leftarrow$ を充足する．
- 3値解釈 $I = \langle T; F \rangle$，$J = \langle T'; F' \rangle$ について，$T \subseteq T'$ かつ $F \supseteq F'$ ならば，$I \preceq J$ であるという．
- 3値解釈 $I = \langle T; F \rangle$ に関する NLP P の縮約 $\dfrac{P}{I}$ は，P のすべてのルールに出現する NAF アトムをそれぞれ I における真理値で置換したルールの集合を表す． □

3値解釈より，3値モデル (3-valued model)，3値安定モデル (3-valued stable model)，整礎モデル (well-founded model) が以下で定義される．

■**定義 2.11（整礎モデル）** $I = \langle T; F \rangle$ は NLP P の3値解釈とする．このとき，

- P のすべてのルールが3値解釈 $I = \langle T; F \rangle$ を充足するならば，そしてそのときに限り，I を P の3値モデルという．
- 3値モデル $M = \langle T; F \rangle$ が P の3値安定モデルであるのは，$M = \langle T; F \rangle$ が $\dfrac{P}{M}$ の3値モデルの中で $\preceq$ に関して極小の3値モデルであり，そのときに限る．つまり，$\dfrac{P}{M}$ の3値モデル $M' = \langle T'; F' \rangle$ で，$(T' \subseteq T)$ かつ $(F' \supseteq F)$ かつ $(T \neq T'$ または $F \neq F')$ である M' が存在しないとき，M は3値安定モデルである．
- P のすべての3値安定モデルの中で U が包含関係 $\subseteq$ に関して極大である3値安定モデルを，P の整礎モデルという． □

■**例 2.9** 次の2つのルールからなる NLP P を考える．
$$b \leftarrow not\ a, \qquad c \leftarrow a, not\ b$$
P の整礎モデル M_P は $\langle \{b\}; \{a, c\} \rangle$ である． □

次の例では整礎モデルに未定義の真理値が割り当てられたアトムが存在する．

■**例 2.10** 次のルールからなる NLP P を考える [51]．
$$work \leftarrow not\ tired, \quad sleep \leftarrow not\ work, \quad tired \leftarrow not\ sleep,$$
$$angry \leftarrow work, not\ paid, \quad paid \leftarrow$$
P の整礎モデル M_P は $\langle \{paid\}; \{angry\} \rangle$ である．$paid$ は真，$angry$ は偽であ

ることを表す. M_P に出現しないアトム $work, sleep, tired$ には未定義の真理値が割り当てられる. □

2.4　拡張選言プログラムと宣言的意味論

Gelfond と Lifschitz が提案した拡張選言プログラム (extended disjunctive program: EDP) やそれの部分クラスである拡張論理プログラム (extended logic program: ELP) では，否定の表現として，デフォルトの否定 (すなわち，NAF) not に加えて，論理否定 (classical negation) $\neg$ を用いることができる.

このような2種類の否定を区別して用いることにより，意味が微妙に異なる知識を表現することが可能になる. たとえば，次のNLPのルール，

$$cross \leftarrow not\ car$$

は「車が走ってくる (car) ことが認識されなければ (つまり car が未知ならば)，横断歩道を渡る」という知識を表現する. 他方，論理否定を用いた次の ELP のルール，

$$cross \leftarrow \neg\ car$$

は「車が走ってこない ($\neg car$) ことが認識されれば (つまり $\neg car$ が既知ならば)，横断歩道を渡る」という知識を表現する [74]. このように $not\ car$ は"car の知識がない"ことを意味し，$\neg car$ は"$\neg car$ の知識がある"ことを意味する.

■例 2.11　次の例を考える.

「車が走ってこないことが認識されなければ，横断歩道を渡らない. 車が走ってこないことが認識されれば，横断歩道を渡る. 車が見えれば車が走ってきている. 眼鏡をかけていて，車が走ってくることが認識できなければ，車は走ってきていない」これは次の ELP P で表現される.

$$
\begin{aligned}
P: \quad & \neg cross \leftarrow not\ \neg car \\
& cross \leftarrow \neg car \\
& car \leftarrow see\_car \\
& \neg car \leftarrow wear\_glasses, not\ car
\end{aligned}
$$

□

本節では，まず 2.4.1 項でこのような論理否定 ¬ が出現する ELP/EDP のクラスの論理プログラムの構文 (syntax) を定義する．次に ELP/EDP の意味論として，2.4.2 項で Gelfond と Lifschitz の解集合意味論 [34]，2.4.3 項で坂間・井上の準無矛盾安定モデル意味論 [56] の概要を述べる．最後に 2.4.4 項で，ELP の解集合意味論と Reiter のデフォルト理論の意味論に意味論的対応が存在することを説明する．

2.4.1 拡張選言/拡張論理プログラム

アトム A と $\neg A$ をリテラルという．リテラル L の前に not が付いた $not\ L$ を NAF リテラルという．EDP は，頭部がリテラルの選言であるルールの集合，ELP はルールの頭部が 1 個のリテラルであるルールの集合として以下で定義される．

■**定義 2.12** EDP は，以下の形式のルールの集合として構成される．
$$L_1; \ldots ; L_k \leftarrow L_{k+1}, \ldots , L_m, not\ L_{m+1}, \ldots , not\ L_n \qquad (2.3)$$
ここで，$n \geq m \geq k \geq 0$，L_i はリテラルである．ルール (2.3) は「$L_{k+1}, \ldots , L_m$ のすべてが成り立ち，$L_{m+1}, \ldots , L_n$ のそれぞれが成り立たないならば，ある L_i ($1 \leq i \leq k$) が成り立つ」ことを意味する．(2.3) の形のルール r において，L を r の頭部 (head) といい，$head(r)$ で表す．また $\{L_{k+1}, \ldots , L_m, not\ L_{m+1}, \ldots , not\ L_n\}$ を r の本体 (body) といい，$body(r)$ で表す．特に $\{L_{k+1}, \ldots , L_m\}$ と $\{L_{m+1}, \ldots , L_n\}$ を $body^+(r)$ と $body^-(r)$ で表す．これらの記法を用いて，(2.3) の代わりに $head(r) \leftarrow body^+(r), not\ body^-(r)$ でルール r を表すことがある．特に，$k = 0$ の場合，ルール (2.3) は頭部が存在しないルール $\leftarrow Body(r)$ を表し，一貫性制約と呼ぶ．これを用いて所望しない解集合 (answer set) を削除することができる．なお $\leftarrow Body(r)$ の形の任意の一貫性制約は，新たな基礎アトム α を導入して，$\alpha \leftarrow Body(r), not\ \alpha$ の形の頭部が存在するルールで表現できる． □

以下に EDP の部分クラスである論理プログラムのクラスを示す．

■ **論理プログラムのクラス**
- どのルールも頭部が 1 個または 0 個のリテラル ($k \leq 1$) である EDP は，ELP である．特に，頭部のないルール ($k = 0$) は，一貫性制約である．
- どのルールに現れる L_i もアトムである ELP は，NLP である．

- どのルールに現れる L_i もアトムである EDP は，標準選言プログラム (normal disjunctive program: NDP) である．当然，$k \leq 1$ の NDP は NLP である．
- どのルールも $m = n$ の NLP は，ホーン論理プログラムである．

2.4.2 拡張選言/拡張論理プログラムと解集合意味論

1991 年，Gelfond と Lifschitz により提案された EDP/ELP の解集合意味論 (answer set semantics) を説明する．以後，EDP (あるいは，ELP) P の記述言語に含まれるすべての基礎リテラルからなる集合を Lit_P とする．

■**定義 2.13（解集合）** P は EDP の基礎ルール集合とする．P の解集合 (answer set) は，次の条件を満たす Lit_P の部分集合 S である．

1. P が not を含まない EDP の基礎ルール集合の場合，P の解集合 $\alpha(P)$ は次の (1) (2) の条件を満たす極小 (minimal) [2] の集合 $S \subseteq Lit$ である．
   (1) P の任意のルール $L_1; \ldots; L_k \leftarrow L_{k+1}, \ldots, L_m$ について，
       $L_{k+1}, \ldots, L_m \in S$ ならば，ある $\exists i \ (1 \leq i \leq k)$ について $L_i \in S$ である；
   (2) S が相補対のリテラル L と $\neg L$ を同時に含むならば，$S = Lit$ である．
2. P が not を含む EDP の基礎ルール集合の場合，任意の $S \subseteq Lit$ について，下記 (i) (ii) に従って P から not を含まない基礎ルール集合 (EDP) P^S を構成する．このような P^S を「P の S による縮約 ($reduct$)」という．
   (i) $L \in S$ について，本体に $not\ L$ が存在している P のルールすべてを削除する．
   (ii) 残りのルールの本体に出現するすべての NAF リテラルを削除する．
   このとき，S が P^S の解集合，すなわち $S = \alpha(P^S)$ ならば，P の解集合は S である．

特に P が NLP の場合，すなわち，$\neg$ が出現しない ELP P の解集合は，定義 2.8 で定義される安定モデルに一致する． □

解集合意味論における EDP の矛盾/無矛盾性は以下で定義される．

■**定義 2.14（解集合意味論における矛盾/無矛盾）** 解集合 S が Lit_P ならば，S は矛盾 ($inconsistent$)，そうでなければ S は無矛盾 ($consistent$) である．

---
[2] P が ELP の場合，極小の S は唯一であり，極小を最小と言い換えができる．

EDP P について,P が無矛盾の解集合をもてば,P は無矛盾 (*consistent*) であり,そうでなければ P は矛盾する (*inconsistent*) という.以上より ELP P が矛盾であるのは,P が唯一の解集合 Lit_P をもつか,あるいは,P に解集合が存在しない場合のいずれかである.□

■**定義 2.15** リテラル L が P のすべての解集合 S において,$L \in S$ であるならば,「L は P で慎重に (skeptically) 推論される」といい $P \models L$ で表す.また L が P のある解集合 S において $L \in S$ であるならば,「L は P で安易に (credulously) 推論される」という.□

無矛盾な ELP と矛盾する ELP の例を以下に示す.

■**例 2.12** 次の ELP P を考える.

$P: \quad a \leftarrow not\ b, \qquad b \leftarrow not\ a, \qquad c \leftarrow, \qquad \neg c \leftarrow b$

$Lit_P = \{a, b, c, \neg a, \neg b, \neg c\}$ である.P は無矛盾な解集合 $\{a, c\}$ をもつ.よって P は無矛盾である.□

■**例 2.13** Nixon Diamond Example[23](例 3.12 参照) の知識を ELP で表現する.

$P: \quad republican(nixon) \leftarrow$
$\qquad quaker(nixon) \leftarrow$
$\qquad pacifist(x) \leftarrow quaker(x), not\ \neg pacifist(x)$
$\qquad \neg pacifist(x) \leftarrow republican(x), not\ pacifist(x)$

P は2つの無矛盾な解集合 S_1,S_2 をもつので P は無矛盾である.
$\quad S_1 = \{republican(nixon), quaker(nixon), pacifist(nixon)\}$
$\quad S_2 = \{republican(nixon), quaker(nixon), \neg pacifist(nixon)\}$

上記の結果より,$pacifist(nixon)$,$\neg pacifist(nixon)$ のいずれも P で慎重に推論されないが,$pacifist(nixon) \in S_1$,$\neg pacifist(nixon) \in S_2$ であるので,いずれも P で安易に推論される.□

次に矛盾する ELP の例を示す.

■**例 2.14** 次の ELP P を考える.

$P:\ a \leftarrow,\quad \neg a \leftarrow c,\quad b \leftarrow not\ b,\quad c \leftarrow$

P は唯一の Lit_P の解集合をもつ．ゆえに，P は矛盾である．□

■**例 2.15**　次の ELP P を考える．

$P:\ a \leftarrow,\quad \neg a \leftarrow not\ b$

$Lit_P = \{a, b, \neg a, \neg b\}$ である．任意の $S \subseteq Lit_P$ について，$\alpha(P^S) = S$ となる S が存在しないので，P に解集合が存在しない．ゆえに，P は矛盾である．□

2.4.3　拡張選言/拡張論理プログラムと準無矛盾安定モデル意味論

坂間・井上は，EDP/ELP に (解集合ではなくて) 準無矛盾安定モデル (paraconsistent stable model) で意味論を与える準無矛盾安定モデル意味論 (paraconsistent stable model semantics) を提案した．

ここで準無矛盾安定モデルは，「定義 2.13 で，1. (2) の条件を除いて定義される解集合」とみなすことができる．つまり解集合意味論と準無矛盾安定モデル意味論は，論理否定 ¬ や矛盾の扱いのみに違いがある．したがって NLP/NDP の論理プログラムでは ¬ が出現しないので，解集合 (つまり安定モデル) と準無矛盾安定モデルは一致する．

準無矛盾安定モデル意味論における EDP の矛盾/無矛盾性を以下に示す．

■**定義 2.16 (準無矛盾安定モデル意味論における矛盾/無矛盾)**　P の準無矛盾安定モデル S が相補リテラル $L, \neg L$ を含むとき (すなわち，$L, \neg L \in S$)，S は矛盾 (*inconsistent*)，そうでなければ S は無矛盾 (*consistent*) である．

EDP P について，P が無矛盾の準無矛盾安定モデルを 1 つでももてば P は無矛盾であり，そうでなければ P は矛盾である．すなわち P が矛盾となるのは，P の準無矛盾安定モデルに無矛盾のものが存在しない場合，あるいは P に準無矛盾安定モデルがまったく存在しない場合のいずれかである．□

■**例 2.16**　例 2.14 の ELP P に，準無矛盾安定モデルは存在しない．

他方，例 2.15 の P は，矛盾する唯一の準無矛盾安定モデル $\{a, \neg a\}$ をもつ．ゆえに，いずれの ELP も準無矛盾安定モデル意味論のもとで矛盾する．□

2.4.4 拡張論理プログラムとデフォルト理論の関係

Reiter のデフォルト理論の拡張と拡張論理プログラムの解集合に以下に示す対応が存在することが Gelfond と Lifschits により示されている [34]．

■**定義 2.17** 拡張論理プログラム Π の次の形のルール：
$$L \leftarrow L_1, \ldots, L_m, not\ L_{m+1}, \ldots, not\ L_n$$
は，次のデフォルトとみなすことができる．
$$\frac{L_1 \wedge \ldots \wedge L_m : \overline{L_{m+1}}, \ldots, \overline{L_n}}{L}$$
ここで，$\overline{L}$ は L の相補リテラルである．すなわち，A がアトム (原子式) ならば，$\overline{A} = \neg A$, $\overline{\neg A} = A$ である．かくして拡張論理プログラム Π は，根拠のおのおのと結論がリテラルで，前提がリテラルの連言であるようなデフォルトから構成されるデフォルト理論 $(\Pi, \emptyset)$ に対応付けられる． □

次の定理 2.4 [34] は，ELP Π の解集合とデフォルト理論 $(\Pi, \emptyset)$ の拡張に 1 対 1 対応が存在することを示している．

■**定理 2.4** ELP Π とデフォルト理論 $\Delta = (\Pi, \emptyset)$ について，
 (i) S が Π の解集合であるならば，$Th(S)$ は Δ の拡張である．
 (ii) Δ の任意の拡張 E について，$E = Th(S)$ なる Π の解集合 S が存在する．
 □

■**例 2.17** 定義 2.17 に従って，例 2.2 のデフォルト理論に対応する ELP を構成してみる．
 (1) 例 2.2 の Δ_1 に対応する ELP $\Pi_1 = \{q \leftarrow not\ p,\ p \leftarrow not\ q\}$ は，2 つの解集合 $S_1 = \{q\}$，$S_2 = \{p\}$ をもつ．
 (2) Δ_2 に対応する ELP $\Pi_2 = \{p \leftarrow not\ p\}$ には解集合が存在しない[3]． □

このように ELP Π の解集合は，デフォルト理論 $(\Pi, \emptyset)$ の拡張に含まれるリテラルの集合に一致する．それゆえ，ELP で知識表現をし解集合意味論に基づいて推論をすることは，それに対応するデフォルト理論を用いて知識表現をし，その意味論に基づいて推論をしているとみなすことができる．

---
[3] この例の ELP のように NLP になることもある．

第 I 部
抽象議論

第3章 抽象議論の理論

 従来，人工知能は第2章の非単調推論の形式化のように単一人間の思考が研究の対象であった．しかしながら，日常的に人間社会では複数の人間が集まり，問題となる議題に関して各自の考えに基づいて各自の意見を議論の場に提示し，互いに反論や論争を行って種々の問題解決や意思決定を行い，合意を導いている．

 他方，1995年以降，インターネットが爆発的に普及し，分散コンピュータネットワーク上の複数の知的エージェント（ソフトウェア）に，人間が行うような議論，交渉，コミュニケーションを行わせて電子商取引などの種々の問題解決を実現したいというニーズが高まってきた．このような技術的背景のもとに，1995年，Dungは人間が集まって行う議論 (argumentation) の基本的メカニズムを解明し，そのメカニズムをコンピュータ上に実現することを目的として，抽象議論 (abstract argumentation: AA) のフレームワークを定義し，受理可能性 (acceptability) という概念に基づいてAAの完全意味論，選好意味論，基礎意味論，安定意味論の4種類の議論意味論を提案した [23]．さらに近年，AAの新たな議論意味論として許容可能性 (admissibility) の概念に基づくアイデアル意味論や半安定意味論，および無衝突性 (conflict-freeness) という概念に基づいたステージ意味論や CF2 意味論などが提案されてきている．本章では，これらの議論意味論とその特長を述べる．

3.1 議論フレームワークと Dung の議論意味論

 人間が議論を行う場合，各自がもっている知識から正当な理由や根拠に基づく意見（論証）を議論の場に提示し，論争相手の意見や主張を攻撃（反論）する行為が基本となる．これを論証の集合と攻撃関係の対として形式化した枠組が Dung

の抽象議論フレームワークである．

3.1.1　抽象議論フレームワーク

■**定義 3.1（抽象議論フレームワーク）**　議論フレームワーク (argumentation framework: AF) は，抽象的な論証 (abstract argument) の集合 $\mathcal{A}$ と $\mathcal{A}$ 上の関係 $\mathcal{R}$ (すなわち，$\mathcal{R} \subseteq \mathcal{A} \times \mathcal{A}$) の対 $(\mathcal{A}, \mathcal{R})$ として定義される．$\mathcal{R}$ は攻撃関係と称され，$a\,\mathcal{R}\,b$ (すなわち $(a,b) \in \mathcal{R}$) であるとき，「論証 a は論証 b を攻撃する」という．抽象的な論証は特別な構造をもたず，単に他の論証を攻撃するか，他の論証から攻撃されるものである．しばしば議論フレームワーク $AF = (\mathcal{A}, \mathcal{R})$ は，$\mathcal{A}$ の任意の論証 a を節点とし，$a\,\mathcal{R}\,b$ を節点 a から節点 b への有向辺 (edge) とする有向グラフで表現される．本書では AF のグラフと称する．　□

■**例 3.1**　Dung は 1995 年の論文 [23] で互いの国が戦争をしている I と A の二人の人間の議論の例を紹介している．

i_1: 「あなたの政府は私の政府を認めようともしないので，私の政府はあなたの政府と交渉できない」

a: 「あなたの政府も私の政府を認めようとしない」

このままでは I と A が互いに攻撃し，どちらの論証も議論で勝てない．しかし，ここで I が次の論証を述べたとする．

i_2: 「だけど，あなたの政府はテロリスト政府だ」

ここで議論が終われば，I の勝ちとなり，古い格言：「最後に発言したものがもっとも笑う」ことになる．これが Dung の議論意味論で理論的に説明されるが，まず，この I と A の議論を議論フレームワーク $AF = (\mathcal{A}, \mathcal{R})$ で表現すると，$\mathcal{A} = \{i_1, i_2, a\}$, $\mathcal{R} = \{(i_1, a), (a, i_1), (i_2, a)\}$ となる．図 3.1(a) が AF のグラフを表す．　□

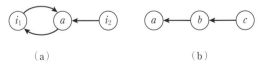

図 **3.1**　議論フレームワーク

■**例 3.2** 次の論証 a, b, c からなる議論を考える．

　　a:「tweety は鳥であるから飛ぶ」
　　b:「tweety はペンギンであるから飛ばない」
　　c:「tweety は遺伝学的に変種のペンギンなので飛ぶかもしれない」

すると論証 b は論証 a を攻撃し，論証 c は論証 b を攻撃するので，この議論の議論フレームワーク $AF_1 = (\mathcal{A}, \mathcal{R})$ は $\mathcal{A} = \{a, b, c\}$, $\mathcal{R} = \{(b, a), (c, b)\}$ で表現される．図 3.1(b) が AF_1 のグラフを表す． □

■**例 3.3（原発建設問題）** 原発建設の是非に関する議論において，次の 3 個の論証 a, b, c が提示されたとする．

　　a:「政府は原発にトラブルが起きても隠蔽する．そのため原発が信頼できず，ゆえに，建設には賛成できない」
　　b:「（将来にわたって）エネルギーが供給できるとは限らない．ゆえに，原発は必要であり，建設に賛成する」
　　c:「エネルギーは節約でき，再生可能エネルギーもある．ゆえに（将来にわたって），エネルギーは供給できる」

論証 a, b は互いに攻撃しあい，他方，論証 c は論証 b を攻撃している．したがってこの議論の議論フレームワーク $AF_2 = (\mathcal{A}, \mathcal{R})$ は $\mathcal{A} = \{a, b, c\}$, $\mathcal{R} = \{(a, b), (b, a), (c, b)\}$ で表現される．AF_2 は図 3.1(a) で i_1, a, i_2 を a, b, c で置き換えたグラフとなる． □

3.1.2 受理可能性

議論の場で提示される "理由付きの意見" としての論証の集合 $\mathcal{A}$ と，このような論証間の攻撃や反論を表す攻撃関係 $\mathcal{R}$ の対として議論フレームワーク $(\mathcal{A}, \mathcal{R})$ が構成されたとき，次に重要な問題は，「論証の正当化ステータスの判定」すなわち，提示されるどの意見 (論証) が議論の場で勝利 (win, justified) か？ あるいは，敗北 (lose, defeated, overruled) か？ あるいは引き分け (defensible) であるか？ を判定することである．これを理論的に判定可能にするものとして，Dung は受理可能性 (acceptability) の概念に基づいた "完全/選好/安定/基礎" の 4 種類の議論意味論 (argumentation semantics) を提案した．本節では，Dung の議

論意味論[1]のベースとなる受理可能性などの基本的概念を説明する．

以下で議論フレームワーク $AF = (\mathcal{A}, \mathcal{R})$ が与えられているとする．まず論証間の攻撃を拡張した論証集合の攻撃を定義し，その後，議論意味論の定義に重要な，論証集合の無衝突性，受理可能性，許容可能性の概念を Dung の定義に従って順に説明する．

■**定義 3.2**　論証集合 $S \subseteq \mathcal{A}$ と論証 $a \in \mathcal{A}$ について，$x \mathcal{R} a$ (すなわち，$(x,a) \in \mathcal{R}$) なる論証 $x \in S$ が存在するとき，「S は a を攻撃する」といい，$attacks(S, a)$ で表す．　□

■**定義 3.3 (無衝突 (conflict-free))**　論証集合 $S \subseteq \mathcal{A}$ において，互いに攻撃するような論証が S に存在しなければ，「S は AF において無衝突 (conflict-free) である」という．S が無衝突であることを $cf(S)$ で表すと，無衝突性は次式で定義される．

$$S \subseteq \mathcal{A} \text{について,} \quad cf(S) \Longleftrightarrow \nexists a, b \in S.\ a\mathcal{R}b$$

以後，AF のすべての無衝突集合 (conflict-free sets) からなる集合を次の $\mathcal{CF}(AF)$ で表す．

$$\mathcal{CF}(AF) = \{S \mid cf(S) \text{かつ} (S \subseteq \mathcal{A})\} \qquad □$$

論証集合 S が無衝突のとき，S に属する論証すべては互いに攻撃や反論しないので，論証集合の無衝突性は論理学における理論の無矛盾性 (consistency) に近い概念を表している．

■**例 3.4**　例 3.1 の AF は次の無衝突な論証集合をもつ．

$$\{\}, \{i_1\}, \{a\}, \{i_2\}, \{i_1, i_2\} \qquad □$$

■**定義 3.4 (受理可能 (acceptable))**　$S \subseteq \mathcal{A}$ について，任意の論証 $b \in \mathcal{A}$ が a を攻撃する (すなわち，$b\mathcal{R}a$) ならば，必ず S は b を攻撃する (すなわち，b を攻撃する論証 c が S に存在する) とき，「論証 $a \in \mathcal{A}$ は論証集合 $S \subseteq \mathcal{A}$ に関して受理可能 (acceptable) である」という [23]．「a は S に関して受理可能である」は「S は a を防御する (defends)」ともいい，$S\ defends\ a$，あるいは，$defends(S, a)$

---
[1] acceptability semantics と称されることがある．

で表す．この受理可能性は次式で定義される．
$$defends(S,a) \iff \forall b \in \mathcal{A}.(b \mathcal{R} a \to \exists c \in S.\ c \mathcal{R} b)$$
あるいは，
$$defends(S,a) \iff \forall b \in \mathcal{A}.(b \mathcal{R} a \to attacks(S,b)) \qquad \square$$

論証 a が S に関して受理可能であるとき，a を攻撃する論証 b が存在すれば，S に必ず b を攻撃する論証 (c とする) が存在するので S は議論における a の味方の論証集合と見なされる．つまり比喩的に，受理可能性は，"a の敵 (b) の敵 $(c \in S)$ は a の味方"，のことわざを数学的に表している．

■**例 3.5** 例 3.1 の AF で受理可能なものを以下に示す．
$\{\}$ defends i_2, $\{i_1\}$ defends i_1, $\{i_1\}$ defends i_2, $\{i_2\}$ defends i_1,
$\{i_2\}$ defends i_2, $\{i_1, i_2\}$ defends i_1, $\{i_1, i_2\}$ defends i_2 $\qquad \square$

■**定義 3.5 (許容可能 (admissible))** 論証集合 $S \subseteq \mathcal{A}$ が無衝突，かつ S に属する任意の論証 $a \in S$ を S が防御する (すなわち，受理可能である) ならば，そしてそのときに限り，「S は許容可能 (admissible)」といい，そのような S を許容可能集合 (admissible set) という [23]．$S \subseteq \mathcal{A}$ の許容可能性は次式で表される．
$$admissible(S) \iff cf(S) \text{ かつ } \forall a(a \in S \to defends(S,a)) \qquad \square$$

受理可能性と許容可能性に関して，次の基本的補題 [23] が成り立つ．

■**補題 3.1 (基本的補題)** S を許容可能な論証集合，A, A' を S に関して受理可能な論証とする．すると，
(1) $S' = S \cup \{A\}$ は許容可能であり，そして，
(2) A' は S' に関して受理可能である． $\qquad \square$

許容可能性の定義より空集合 $\emptyset$ は許容可能であることが導かれるので，あきらかに次の命題が成り立つ [23]．

■**命題 3.1** 任意の議論フレームワークに少なくとも 1 つの許容可能な集合が存在する． $\qquad \square$

許容可能性では，受理可能性に基づいて仲間を攻撃から守ることができるよう

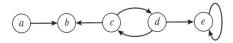

図 3.2 議論フレームワーク AF_3

な論証の集合を許容可能としている．すなわち許容可能な論証集合は，議論において論証が受け入れられるための最低限の要求を満たす論証の集合である．比喩的には，政策的によってまとまっている政党，利益共同体，仲良しグループがもつ議論の論証集合に相当する [75]．

■**例 3.6** 例 3.4 の各無衝突な論証集合について，許容可能性を調べる．

(1) $S = \{a\}$ は無衝突である．$a \in S$ に対して，$i_1 \mathcal{R} a$ と $i_2 \mathcal{R} a$ の攻撃がある．$i_1 \mathcal{R} a$ については $a \mathcal{R} i_1$ なる $\exists a \in S$ が存在するが，$i_2 \mathcal{R} a$ に対しては i_2 を攻撃する論証が S に存在しない．よって S は a を *defends* しないので，$S = \{a\}$ は許容可能ではない．

(2) $S = \{i_1, i_2\}$ は無衝突である．例 3.5 より，$\{i_1, i_2\}$ *defends* i_1 かつ $\{i_1, i_2\}$ *defends* i_2 であるので，$S = \{i_1, i_2\}$ は許容可能である．

同様の計算により，$\{\}, \{i_1\}, \{i_2\}, \{i_1, i_2\}$ が許容可能集合として得られる．□

■**例 3.7** 次の議論フレームワーク $AF_3 = (\mathcal{A}, \mathcal{R})$ を考える (図 3.2)[11]．

$\mathcal{A} = \{a, b, c, d, e\}, \quad \mathcal{R} = \{(a, b), (c, b), (c, d), (d, c), (d, e), (e, c)\}.$

AF_3 は次の許容可能集合をもつ．

- 許容可能集合: $\emptyset, \{a\}, \{c\}, \{d\}, \{a, c\}, \{a, d\}$ □

3.1.3 Dung の議論意味論

Dung の標準的な議論意味論は完全意味論 (complete semantics)，選好意味論 (preferred semantics)，安定意味論 (stable semantics)，基礎意味論 (grounded semantics) の 4 つからなり，それぞれの意味論名の拡張 (extension)[2] の集合により意味論が与えられている [23]．以下で議論フレームワーク $AF = (\mathcal{A}, \mathcal{R})$ の完全拡張，選好拡張，基礎拡張，安定拡張を説明する．

---

[2] extension を「外延」と表現している文献もあるが，本書では extension を「拡張」という用語で表す．

■**定義 3.6** 論証集合 $E \subseteq \mathcal{A}$ は完全拡張 (complete extension) である.
$\iff E$ は許容可能 かつ E に関して受理可能な論証はすべて E の要素である. □

■**定義 3.7** 論証集合 $E \subseteq \mathcal{A}$ は選好拡張 (preferred extension) である.
$\iff E$ は包含関係 $\subseteq$ に関して極大の許容可能集合である. □

■**定義 3.8** 論証集合 $E \subseteq \mathcal{A}$ は基礎拡張 (grounded extension) である.
$\iff E$ は包含関係 $\subseteq$ に関して極小の完全拡張である. □

■**定義 3.9** 論証集合 $E \subseteq \mathcal{A}$ は安定拡張 (stable extension) である.
$\iff E$ は無衝突, かつ $\mathcal{A} \setminus E$ に属する任意の論証を攻撃する.
すなわち, $E \in \mathcal{CF}(AF)$ かつ $\forall a \in \mathcal{A}(a \notin E \to attacks(E, a))$. □

■**例 3.8** 例 3.1 の AF において, 各許容可能集合が完全拡張か否かを調べる. 許容可能集合 $S = \{i_2\}$ について, i_1 は S に受理可能であるが (i.e. $\{i_2\}$ $defends$ i_1), $i_1 \notin S$. よって $\{i_2\}$ は完全拡張ではない. 同様の計算より, $\{i_1, i_2\}$ のみが完全拡張である. あきらかに $\{i_1, i_2\}$ は選好拡張, 基礎拡張, 安定拡張でもある. □

■**例 3.9** 例 3.7 の議論フレームワーク $AF_3 = (\mathcal{A}, \mathcal{R})$ を考える. AF_3 は次の完全拡張, 選好拡張, 安定拡張, 基礎拡張をもつ.
- 完全拡張:$\{a\}, \{a, c\}, \{a, d\}$
- 選好拡張:$\{a, c\}, \{a, d\}$
- 安定拡張:$\{a, d\}$
- 基礎拡張:$\{a\}$ □

定義 3.9 は, すべての論証からなる集合 $\mathcal{A}$ を 2 分割して, 無衝突な集合 $E \subseteq \mathcal{A}$ 側が補集合 $\mathcal{A} \setminus E$ 側の論証をことごとく攻撃するとき, そのような E が安定拡張になることを意味する. ここで, このような安定拡張 E が許容可能であることが上記の定義で明示的に現れていない. しかし無衝突な集合 E の要素 $e \in E$ が攻撃されるならば, そのような e は必ず E の外部の論証 (a とする) から攻撃を受けているはずであり, さらに上記の定義より E の要素は必ずそれ (a) に反撃するので, $e \in E$ は E に関して受理可能となる, つまり E が許容可能であることが定義 3.9 によりいえるわけである. $\mathcal{A}$ のこのような 2 分割は一般に複数個存在しう

るが，まったく存在しない場合もある．

安定拡張は自分自身に属しない任意の論証を攻撃する無衝突集合であるので，安定拡張に関して次の定理が成り立つことをDungが示している．

■**定理 3.1** S は安定拡張である iff $S = \{A | A$ は S によって攻撃されない $\}$ □

さらに，完全拡張，選好拡張，安定拡張に関して次の命題と定理が成り立つ [23]．

■**命題 3.2** 任意の完全拡張は許容可能集合である．逆は一般に成り立たない． □

■**定理 3.2** 任意の選好拡張は完全拡張である．逆は一般に成り立たない． □

■**定理 3.3** 議論フレームワークに少なくとも 1 つの選好拡張が存在する． □

■**定理 3.4** 任意の安定拡張は選好拡張である．逆は一般に成り立たない． □

なお，すべての選好拡張が安定拡張である議論フレームワーク AF は "コヒーレント (coherent)" と称されている．次に受理可能性 (すなわち，防御) の概念に基づく次の関数を説明する [23]．

■**定義 3.10** 議論フレームワーク $AF = (\mathcal{A}, \mathcal{R})$ の特性関数 F_{AF} は以下で定義される．
- $F_{AF} : 2^{\mathcal{A}} \to 2^{\mathcal{A}}$
- $F_{AF}(S) = \{a \in \mathcal{A} | a$ は S に関して受理可能 $\} = \{a \in \mathcal{A} | \ defends(S, a)\}$ □

言い換えると $F_{AF}(S)$ は，S が防御する (つまり S に関して受理可能な) すべての論証の集合である．ここで F_{AF} は単調関数であるので，タルスキーの定理 [57] より必ず最小不動点をもつ．この性質に基づき，当初，Dungは基礎拡張を次のように定義していた．

■**定義 3.11** AF の基礎拡張は，F_{AF} の (包含関係 $\subseteq$ に関する) 最小不動点 (least fixed point) である． □

■**例 3.10** 例 3.1 の AF の基礎拡張を F_{AF} を用いて計算すると，

$$F_{AF}(\emptyset) = \{i_2\}, \quad F_{AF}^2(\emptyset) = \{i_1, i_2\}, \quad F_{AF}^3(\emptyset) = F_{AF}^2(\emptyset),$$

となる．ゆえに，$\{i_1, i_2\}$ が基礎拡張として得られる． □

F_{AF} に関して，次の命題が成り立つことが Dung により証明されている [23]．

■**命題 3.3** 　無衝突集合 $S \subset \mathcal{A}$ は
- 許容可能である $\iff S \subseteq F_{AF}(S)$．
- 完全拡張である $\iff S = F_{AF}(S)$ (すなわち，S は F_{AF} の不動点である)． □

■**例 3.11** 　例 3.1 の AF を考える．例 3.6 の許容可能集合：$\{\}, \{i_1\}, \{i_2\}, \{i_1, i_2\}$ のうち F_{AF} の不動点，つまり $S = F_{AF}(S)$ となる集合 S は $\{i_1, i_2\}$ のみであり，$\{i_1, i_2\}$ は唯一の完全拡張，選好拡張，安定拡張，基礎拡張である． □

本章では以後，完全意味論，選好意味論，安定意味論，基礎意味論の意味論名を co, pr, st, gr で表し，$\sigma \in \{co, pr, st, gr\}$ を任意の Dung の議論意味論名，σ 意味論の拡張の集合を $\mathcal{E}_\sigma(AF)$ で表す．すると，Dung の議論意味論は F_{AF} を用いて次のように定義される [23]．

■**定義 3.12（Dung の議論意味論）** 　$AF = (\mathcal{A}, \mathcal{R})$ を議論フレームワーク，$E \subseteq \mathcal{A}$ を論証集合とする[3]．

- E は許容可能
  $\iff E$ は無衝突 (i.e. $E \in \mathcal{CF}(AF)$) かつ $E \subseteq F_{AF}(E)$．
- E は完全拡張 (i.e. $E \in \mathcal{E}_{co}(AF)$)
  $\iff E$ は無衝突 (i.e. $E \in \mathcal{CF}(AF)$) かつ $E = F_{AF}(E)$．
- E は基礎拡張 (i.e. $E \in \mathcal{E}_{gr}(AF)$)
  $\iff E$ は F_{AF} の最小不動点である．
  $\iff E$ は (包含関係 $\subseteq$ に関して) 極小の完全拡張である．すなわち，
  　$E \in \mathcal{E}_{co}(AF)$ について $E' \subset E$ なる $E' \in \mathcal{E}_{co}(AF)$ は存在しない．
- E は選好拡張 ($E \in \mathcal{E}_{pr}(AF)$)
  $\iff E$ は (包含関係 $\subseteq$ に関して) 極大の完全拡張である．すなわち，
  　$E \in \mathcal{E}_{co}(AF)$ について $E \subset E'$ なる $E' \in \mathcal{E}_{co}(AF)$ は存在しない．
- E は安定拡張 ($E \in \mathcal{E}_{st}(AF)$)
  $\iff E \in \mathcal{CF}(AF)$ かつ $\forall a \in \mathcal{A}(a \notin E \to attacks(E, a))$

---

[3] 各項目に複数の $\iff$ が存在する場合，複数の定義が存在することを意味する．

$\iff E$ は完全拡張かつ $\mathcal{A} \setminus E$ に属する任意の論証を攻撃する.

すなわち, $E \in \mathcal{E}_{co}(AF)$ かつ $\forall a \in \mathcal{A}(a \notin E \to attacks(E, a))$. □

上記定義より,論証集合の許容可能性は,完全拡張であるための必要条件であることがわかる.また完全拡張は関数 F_{AF} の不動点であり,選好拡張と基礎拡張はそれぞれ完全拡張の中で極大元と極小元になっている.

基礎拡張と選好拡張は,次の定理に示される性質をもつ [23].

■**定理 3.5** (1) 基礎拡張はすべての完全拡張の共通部分である.
(2) 基礎拡張は,(集合の包含関係 $\subseteq$ に関して) 最小の完全拡張である.
(3) 任意の議論フレームワークにちょうど 1 個の基礎拡張が存在する. □

一般に,完全拡張,選好拡張,安定拡張は複数個存在する.比喩的には,拡張は議論で勝利あるいは正当化された意見 (論証) の集合とみなすことができ,そのような拡張が複数個存在することは,議論で勝利あるいは正当化された意見 (論証) の集合である,と判断する考え方や見方が複数存在し,そのような考え方や見方に対応して拡張が複数個存在していると解釈できる.このように拡張が複数存在する意味論を "安易 (credulous)" な意味論という.一方,基礎意味論ではただ 1 つの拡張のみが存在する.つまり唯一の拡張をもつ意味論では,その拡張はいかなる考え方でも議論で勝利あるいは正当化される論証の集合と解釈され,"慎重 (skeptical)" な意味論と称される.所与の論証が指定の意味論のもとで正当化されるか否か (議論で勝利するか否か?) は,"論証の正当化ステータス (justification status of an argument)" と称され,以下で定義される [6].

■**定義 3.13 (慎重な正当化/安易な正当化)**　$(\mathcal{A}, \mathcal{R})$ は議論フレームワーク,議論意味論 μ における μ-拡張の集合を $\mathcal{E}_\mu$ とする.論証 $a \in \mathcal{A}$ について,

- a が μ-意味論のもとで慎重 (skeptically) に正当化される.
  $\iff$ 任意の μ-拡張 E について, $a \in E$ である.すなわち, $\forall E \in \mathcal{E}_\mu(a \in E)$.
- a が μ-意味論のもとで安易 (credulously) に正当化される.
  $\iff a \in E$ なる μ-拡張 E が少なくとも 1 つ存在する.すなわち $\exists E \in \mathcal{E}_\mu(a \in E)$. □

図 3.3 　相互攻撃のある議論フレームワーク AF_4

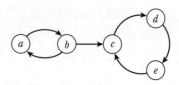

図 3.4 　選好意味論と安定意味論が異なる議論フレームワーク

■例 3.12 (Nixon Diamond Example) 　次の論証 a, b からなる議論：

　$a =$Nixon は共和党員であるので，平和主義者ではない．

　$b =$Nixon はクエーカー教徒であるので，平和主義者である．

を考える [23]．

　議論フレームワーク $AF_4 = (\mathcal{A}, \mathcal{R})$ は $\mathcal{A} = \{a, b, c\}$，$\mathcal{R} = \{(a,b), (b,a)\}$ で表現され，図 3.3 の議論グラフで表される．するとこの AF の許容可能集合，および完全拡張は以下の集合である．

$$\emptyset, \{a\}, \{b\}$$

一方，$\{a\}, \{b\}$ は選好拡張かつ安定拡張であり，$\emptyset$ は基礎拡張である． 　□

■例 3.13 　図 3.4 の議論フレームワークを考える．
- 許容可能集合：$\emptyset, \{a\}, \{b\}, \{b, d\}$
- 完全拡張：$\emptyset, \{a\}, \{b, d\}$
- 選好拡張：$\{a\}, \{b, d\}$
- 安定拡張：$\{b, d\}$
- 基礎拡張：$\emptyset$

$\{a\}, \{b, d\}$ は選好拡張であるが，$\{b, d\}$ のみが安定拡張である． 　□

3.1.4 　基礎意味論と安定意味論への問題提起

　Dung の基礎意味論や安定意味論に関して，以下の例に示される弱点や問題点が指摘されている．

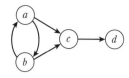

図 3.5 "floating" 論証からの攻撃がある議論フレームワーク

■例 3.14　floating 論証が存在する議論フレームワーク (図 3.5) を考える．ここで互いに攻撃しあうが同じ結論をもつ論証は "floating" であると称される．次の情報が与えられているとする [48, 15]．

「Lars の母親はノルウェー人である．Lars の父親はオランダ人である．ノルウェー人はアイススケートが好きである．オランダ人はアイススケート (以後，スケートと称する) が好きである．」

ここで 2 重国籍が禁止されているとすると，次の論証 A, B は互いに攻撃するが同じ結論をもつ．よって floating 論証である．
- 論証 A：Lars はノルウェー人であるのでスケートが好きである．
- 論証 B：Lars はオランダ人であるのでスケートが好きである．

この場合，人間の直感では，Lars はスケートが好きであると考えられるが，基礎意味論ではそれが導けない．この議論は次の論証を考えれば図 3.5 の議論フレームワークで表現される．
- 論証 a：Lars は (オランダ人でなければ) ノルウェー人である．
- 論証 b：Lars は (ノルウェー人でなければ) オランダ人である．
- 論証 c：ノルウェー人かオランダ人でなければスケートが嫌いかもしれない．
- 論証 d：スケートが嫌いである可能性がなければスケートが好きである．

図 3.5 の議論フレームワークは以下の拡張をもつ．
- 許容可能集合：$\emptyset, \{a\}, \{b\}, \{a,d\}, \{b,d\}$
- 完全拡張：$\emptyset, \{a,d\}, \{b,d\}$
- 選好拡張：$\{a,d\}, \{b,d\}$
- 安定拡張：$\{a,d\}, \{b,d\}$
- 基礎拡張：$\emptyset$

選好意味論 (および安定意味論) では $\{a,d\}, \{b,d\}$ の 2 つを拡張にもち，いず

図 3.6 安定拡張が存在しない議論フレームワーク AF_5

れにも論証 d が含まれるので d は慎重に正当化され,人間の議論の結果を説明する.他方,基礎意味論では空集合の拡張をもつ.よって論証 d が基礎拡張に含まれず,これが人間の議論の直感を説明しないとして基礎意味論の弱点であると考えられている. □

他方,安定意味論では,次の例のように安定拡張がまったく存在しないような議論フレームワークが存在する.

■**例 3.15** 次の議論フレームワーク $AF_5 = (\mathcal{A}, \mathcal{R})$ (図 3.6) を考える.

$$\mathcal{A} = \{a, b, c, d\} \quad \mathcal{R} = \{(a,b), (c,c), (c,d)\},$$

許容可能集合は $\emptyset, \{a\}$ である.完全拡張,選好拡張,基礎拡張はそれぞれ $\{a\}$ のみが存在するが,安定拡張は存在しない.
- 許容可能集合:$\emptyset, \{a\}$
- 完全拡張,選好拡張,半安定拡張,基礎拡張,アイデアル拡張[4]:$\{a\}$
- 安定拡張:なし □

3.2 許容可能性に基づく新たな議論意味論

3.1.4 項で述べた基礎意味論の弱点や安定意味論に拡張が存在しない場合に対処するために,許容可能性に基づく新たな "半安定意味論" や "アイデアル意味論" の議論意味論が提案された.以下では,半安定意味論とアイデアル意味論の名前を sm_st と $ideal$ で表し,それらの拡張の集合をそれぞれ $\mathcal{E}_{sm\_st}(AF)$, $\mathcal{E}_{ideal}(AF)$ で表す.

---
[4] 半安定拡張とアイデアル拡張については後述.

3.2.1 半安定意味論

安定意味論では例 3.15 の議論フレームワークのように安定拡張がまったく存在しない場合がある．安定意味論のこの欠点を克服するものとして，2006 年に Caminada により半安定意味論 (semi-stable semantics) [16] が提案された．

■**定義 3.14（論証集合のレンジ）** 議論フレームワーク $AF = (\mathcal{A}, \mathcal{R})$ において，$E \subseteq \mathcal{A}$ に対して E^+ を以下で定義する．

$$E^+ = \{b \in \mathcal{A} \mid \exists a \in E \text{ について } (a,b) \in \mathcal{R}\}$$

このとき，$E \cup E^+$ を E のレンジ (range) といい，以後，$range(E)$ で表す．□

■**定義 3.15（半安定意味論）** 議論フレームワーク $AF = (\mathcal{A}, \mathcal{R})$ において，$E \subseteq \mathcal{A}$ とする．半安定意味論 (semi-stable semantics) は以下で定義される半安定拡張 (semi-stable extension) で与えられる．
- E が半安定拡張 (i.e. $E \in \mathcal{E}_{sm\_st}(AF)$)
    - $\iff E$ は AF の完全拡張の中で，$E \cup E^+$ が（包含関係 $\subseteq$ に関して）極大である完全拡張である[3]．すなわち，
    - $\iff E \in \mathcal{E}_{co}(AF)$ について $range(E) \subset range(E')$ なる $E' \in \mathcal{E}_{co}(AF)$ は存在しない．□

半安定意味論における半安定拡張に関して，次の定理 3.6 が成り立つ [16]．

■**定理 3.6** 議論フレームワーク $AF=(\mathcal{A}, \mathcal{R})$ において，$E \subseteq \mathcal{A}$ とする．
- E が安定拡張ならば，E は半安定拡張である．その逆は成り立たない．
- 任意の AF に，少なくとも 1 つの半安定拡張が存在する．□

半安定拡張の例を以下に示す．

■**例 3.16** （例 3.9 の続き）例 3.7 の AF_3 において，完全拡張は $\{a\}, \{a,c\}, \{a,d\}$ の 3 個が存在した．それぞれを E として $E \cup E^+$ を計算する．
- $E = \{a\}$ の場合，$E^+ = \{b\}$ であるので，$E \cup E^+ = \{a, b\}$
- $E = \{a, c\}$ の場合，$E^+ = \{b, d\}$ であるので，$E \cup E^+ = \{a, b, c, d\}$

---
[3] ここでの完全拡張を許容可能集合に置き換えても成り立つ．

- $E = \{a, d\}$ の場合, $E^+ = \{b, c, e\}$ であるので, $E \cup E^+ = \{a, b, c, d, e\}$ ゆえに $range(E) = E \cup E^+$ が極大となる完全拡張は $\{a, d\}$ のみである. よって $\{a, d\}$ は AF_3 の半安定拡張である. これは安定拡張に一致する. □

■**例 3.17** (例 3.15 の続き) 例 3.15 の AF_5 (図 3.6) では安定拡張が存在しなかった. ここで完全拡張 $E = \{a\}$ が存在し, $range(E) = E \cup E^+$ が極大の完全拡張となる. ゆえに $\{a\}$ は AF_5 の半安定拡張である. □

3.2.2 アイデアル意味論

基礎意味論ではあまりにも慎重すぎて議論で勝利する(あるいは正当化される)論証を基礎拡張で見落とすことがたびたび指摘されてきた. これを改善するものとして, 2007 年 Dung, Mancarella, Toni らによりアイデアル意味論 [24] が提案された.

■**定義 3.16 (アイデアル集合)** 議論フレームワーク $AF = (\mathcal{A}, \mathcal{R})$ において, 許容可能 (admissible) な論証集合 S がすべての選好拡張の部分集合であるとき, そのような S をアイデアル (ideal) といい, $ideal(S)$ で表す. 集合 $S \subseteq \mathcal{A}$ がアイデアルである必要十分条件を以下に示す.

$ideal(S) \iff admissible(S)$ かつ $(\forall E' \in \mathcal{E}_{pr}(AF)$ について $S \subseteq E')$ □

■**定義 3.17 (アイデアル意味論)** 議論フレームワーク $AF = (\mathcal{A}, \mathcal{R})$ において, アイデアル意味論は以下のアイデアル拡張 (ideal extension) で与えられる.

- E はアイデアル拡張 (i.e. $E \in \mathcal{E}_{ideal}(AF)$)
  $\iff E$ は ($\subseteq$ に関する) 極大のアイデアル集合 (ideal set) である.
  $\iff ideal(E)$ であり, かつ $ideal(E')$ で $E \subset E'$ なる E' は存在しない. □

アイデアル意味論の直感的意味を説明する. Dung 意味論の安易 (credulous) な意味論の中で, これまで選好拡張が応用上, もっとも有用であると評価されている. そこで慎重 (skeptical) な意味論として基礎意味論のようにすべての完全拡張の共通部分を拡張として考えるより, すべての選好拡張の共通部分の部分集合でかつ許容可能な論証集合(つまり, アイデアル集合)のほうが, より厳密に議論で

図 3.7 アイデアル拡張が基礎拡張と異なる例

勝利する論証を捕らえていると考えられる．アイデアル拡張はそのようなアイデアル集合の中で極大元として定義されている．

アイデアル拡張に関して次の定理が成り立つ [24]．

■**定理 3.7**
(1) アイデアル拡張は完全拡張である．
(2) アイデアル拡張はすべての選好拡張の共通部分の部分集合である．
(3) 任意の議論フレームワークは唯一のアイデアル拡張をもつ． □

次の定理 [24] は，アイデアル集合の性質を示す．

■**定理 3.8** 許容可能集合 S がアイデアルであるならば，そしてそのときに限り，S を攻撃する各論証 a について，a を要素とする許容可能集合は存在しない．言い換えると，いかなる許容可能集合からも攻撃されない許容可能集合 S はアイデアルである． □

アイデアル拡張は基礎拡張に包含される，つまり常に基礎拡張はアイデアル拡張の部分集合であることが次の命題で証明されている [24]．

■**命題 3.4** $AF = (\mathcal{A}, \mathcal{R})$ において，$E_{grounded} \subseteq \mathcal{A}$，$E_{ideal} \subseteq \mathcal{A}$ をそれぞれ基礎拡張，アイデアル拡張とする．すると $E_{grounded} \subseteq E_{ideal}$ が成り立つ． □

■**例 3.18** 図 3.7 の議論フレームワークでは基礎意味論とアイデアル意味論はそれぞれ唯一の拡張をもつが違いが出ている．基礎拡張は $\emptyset$ であるが，アイデアル拡張は $\{a\}$ であり，アイデアル拡張は基礎拡張より慎重 (skeptical) ではない，ということがわかる． □

次の具体的な人間の議論の例より，慎重 (skeptical) な意味論としての基礎意味論は人間の思考や議論を説明するには不十分であり，他方，アイデアル意味論は基礎意味論のこの弱点を克服した意味論であることがわかる．

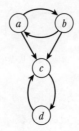

図 3.8 議論フレームワーク AF_6

■**例 3.19** 以下の議論を考える [80].

議題：パスポートは必要だろうか？

議論内容

　c さん：行きたい国がないなら国内旅行にしよう.

　a さん：じゃあイギリスに行きたい.

　b さん：フランスがいい！

　d さん：海外旅行ならば，パスポートが必要だよ.

この議論は次の議論フレームワーク $AF_6 = (\mathcal{A}, \mathcal{R})$ で表現される (図 3.8).
$$\mathcal{A} = \{a, b, c, d\}, \quad \mathcal{R} = \{(a,b), (b,a), (a,c), (b,c), (c,d), (d,c)\}.$$

この議論の結果は，人間の思考では d さんの主張する「パスポートが必要」が議論で正当化される．一方，AF_6 の基礎拡張は $\emptyset$ (空集合) となり，人間の議論を説明できない．そこでアイデアル拡張を考えてみる．AF_6 について以下が計算される．

- 許容可能集合：$\emptyset, \{a\}, \{b\}, \{d\}, \{a,d\}, \{b,d\}$
- 完全拡張：$\emptyset, \{d\}, \{a,d\}, \{b,d\}$
- 選好拡張：$\{a,d\}, \{b,d\}$
- 安定拡張：$\{a,d\}, \{b,d\}$
- 基礎拡張：$\emptyset$
- アイデアル拡張：$\{d\}$

上記の選好拡張の共通部分の部分集合として，次のように $\emptyset, \{d\}$ が存在する．
$$\emptyset \subseteq \{d\} = \{a,d\} \cap \{b,d\}$$

これらはいずれも許容可能集合であるからアイデアル集合である．よって $\{d\}$ は極大のアイデアル集合であるので，$\{d\}$ はアイデアル拡張である．ゆえにアイデアル意味論で「パスポートが必要」を主張する d の論証が正当化される． □

3.3 無衝突性に基づく新たな議論意味論

許容可能性に基づく Dung の議論意味論の一般化として，無衝突性に基づくステージ [66, 18] と CF2 [5] の新たな議論意味論が提案された．両者の優位性は，奇数長ループと偶数長ループの AF(グラフ) を同等に扱えることにある．

3.3.1 ステージ意味論

1996 年，Verheij [66] により提案されたステージ意味論は 2 つの論証集合の対により定義されていたが，近年 Caminada により，現在，もっとも一般的に用いられている拡張の概念に基づいてステージ意味論 (stage semantics) が記述された．

ステージ意味論は半安定意味論に類似した考えにより定義される．つまり，半安定拡張は $E \subseteq \mathcal{A}$ のレンジ (すなわち，$E \cup E^+$) が極大となる許容可能集合として定義されたが，ステージ拡張は E のレンジが極大となる無衝突集合である．以下に Caminada の定義を示す [18]．

■**定義 3.18 (ステージ意味論)**　議論フレームワーク $AF = (\mathcal{A}, \mathcal{R})$ において，$E \subseteq \mathcal{A}$ とする．ステージ意味論は以下で定義されるステージ拡張 (stage extension) で与えられる．

- E はステージ拡張 (i.e. $E \in \mathcal{E}_{stage}(AF)$)
  $\iff E$ は AF の無衝突集合の中で $E \cup E^+$ が (包含関係 $\subseteq$ に関して) 極大である無衝突集合である．すなわち，
  $\iff E \in \mathcal{CF}(AF)$ について $range(E) \subset range(E')$ なる $E' \in \mathcal{CF}(AF)$ は存在しない． □

ステージ拡張の例を示す．

■**例 3.20**　$AF = (\mathcal{A}, \mathcal{R})$ において，$\mathcal{A} = \{a, b, c\}$，$\mathcal{R} = \{(a, b), (b, c), (c, a)\}$ と

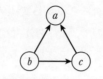

図 3.9 例 3.20 の AF

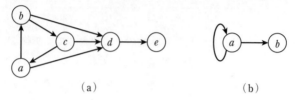

図 3.10 奇数長ループが存在する議論フレームワーク

する (図 3.9 参照). このとき, AF の無衝突集合は, $\emptyset$, $\{a\}$, $\{b\}$, $\{c\}$ の 4 個が存在する. それぞれについてレンジを計算する.

- $E_0 = \emptyset$ の場合, $E_0{}^+ = \emptyset$ であるので, $E_0 \cup E_0{}^+ = \emptyset$
- $E_1 = \{a\}$ の場合, $E_1{}^+ = \{b\}$ であるので, $E_1 \cup E_1{}^+ = \{a, b\}$
- $E_2 = \{b\}$ の場合, $E_2{}^+ = \{c\}$ であるので, $E_2 \cup E_2{}^+ = \{b, c\}$
- $E_3 = \{c\}$ の場合, $E_3{}^+ = \{a\}$ であるので, $E_3 \cup E_3{}^+ = \{c, a\}$

ゆえに, $range(E_i) = E_i \cup E_i{}^+$ $(0 \leq i \leq 3)$ が極大となる無衝突集合は $E_1 = \{a\}$, $E_2 = \{b\}$, $E_3 = \{c\}$ である. よって, $\{a\}$, $\{b\}$, $\{c\}$ はステージ拡張である. □

■**例 3.21** 例 3.2 の AF_1 (図 3.1(b)) において, $\emptyset$, $\{a\}$, $\{b\}$, $\{c\}$, $\{a, c\}$ の 5 つの無衝突集合が存在する. $\{b\}$ と $\{a, c\}$ が極大であるが $\{a, c\}$ のみが極大のレンジをもつ. よって, $\{a, c\}$ のみがステージ拡張である.

次に図 3.5 の議論フレームワークでは $\{a, d\}$ と $\{b, d\}$ の 2 つのステージ拡張が存在する. これらのステージ意味論の拡張は選好意味論, 安定意味論, 半安定意味論の拡張に一致している.

図 3.10 (a) の議論フレームワークは, 図 3.5 の長さ 2 (偶数) のループの部分が長さ 3 (奇数) のループに置き替えられたものであり, $\{a, e\}$, $\{b, e\}$, $\{c, e\}$ の 3 つのステージ拡張が存在する. 一方, 許容可能性に基づく意味論 (すなわち, 基

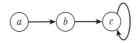

図 **3.11** ステージ意味論で異常な結果が導かれる AF の例

礎，選好，完全，アイデアル，半安定の意味論) では $\emptyset$ が唯一の拡張である．なお安定拡張は存在しない．ゆえに，ステージ意味論では (CF2 意味論と同様)，偶数長ループと奇数長ループを対等に扱えることが確認される．

図 3.10 (b) の議論フレームワークでは，唯一のステージ拡張 $\{b\}$ が存在する．(3.3.2 項で述べる CF2 意味論でも同じ結果の拡張が得られる)．他方，許容可能性に基づく基礎，選好，完全，アイデアル，半安定の意味論では $\emptyset$ が唯一の拡張である．一方，安定拡張は存在しない． □

上例により半安定意味論よりステージ意味論の優位性が示された．しかし，次の例のように異常なステージ拡張が存在することが指摘されている．

■**例 3.22** 図 3.11 の議論フレームワークでは安定拡張は存在しないが，$\{a\}$ が唯一の半安定拡張，基礎拡張，選好拡張，アイデアル拡張，完全拡張である．しかし，ステージ意味論では $\{a\}$ と $\{b\}$ の 2 つのステージ拡張が得られる．あきらかに $\{b\}$ が拡張になるのは望ましくない．一方，3.4 節で述べる CF2 意味論では $\{a\}$ のみが拡張として得られる． □

ステージ意味論は Dung の議論意味論に関して，次の定理 [18] が成り立つ．

■**定理 3.9** 議論フレームワーク $AF = (\mathcal{A}, \mathcal{R})$ において，$E \subseteq \mathcal{A}$ とする．
- E が安定拡張ならば，E はステージ拡張である．その逆は成り立たない．
- AF に少なくとも 1 つ安定拡張が存在すれば，すべてのステージ拡張は安定拡張である． □

■**命題 3.5** 議論フレームワーク $AF = (\mathcal{A}, \mathcal{R})$ において，基礎拡張を含むステージ拡張が少なくとも 1 つ存在する (CF2 拡張に関しては命題 3.6 を参照)． □

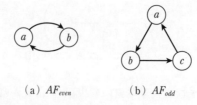

図 3.12 偶数長と奇数長の議論フレームワーク：AF_{even} と AF_{odd}

3.3.2　CF2 意味論

これまで Dung の議論意味論の中で選好意味論は，3.1.4 項で述べた基礎意味論や安定意味論のような弱点や問題が存在せず，適切に人間の議論を説明するものとして，もっとも有用性が評価されてきた．しかし選好意味論では，AF のグラフに偶数長の有向閉路 (cycle) と奇数長の有向閉路が存在する場合 (図 3.12 参照) において，両者の扱いが異なっており，これが人間の議論を必ずしも正しく説明しないことが指摘されてきた．たとえば，図 3.12 (a) の偶数長の議論フレームワーク AF_{even} では選好拡張は $\{a\}$, $\{b\}$ の 2 つが存在する．これは直感的には，議論で論証 a が正当化されると判断される場合と，論証 b が正当化されると判断される 2 つのケースがあることを意味する．他方，図 (b) の奇数長の議論フレームワーク AF_{odd} では空集合の選好拡張のみが存在し，どの論証も議論で正当化されないことを意味する．ここで，偶数長の AF_{even} で $\{a\}$, $\{b\}$ の 2 つの選好拡張が存在するならば，同様の考え方により，奇数長の AF_{odd} において選好拡張は $\{a\}$, $\{b\}$, $\{c\}$ の 3 つが存在してもよいと考えられる．このような考えにより，CF2 意味論という新たな議論意味論が提案されている．

まず以下で偶数長と奇数長の有向閉路の定義を示す．

■**定義 3.19**　$AF = (\mathcal{A}, \mathcal{R})$ を表す有向グラフにおいて，長さ n の有向閉路は，次の条件を満たす $\mathcal{R}$ の有限個の辺 $e_1, e_2, \ldots, e_n$ の系列である．

- 辺 $e_n \in \mathcal{R}$ の終点は，辺 $e_1 \in \mathcal{R}$ の始点である．
- 辺 $e_i \in \mathcal{R}$ の終点は，辺 $e_{i+1} \in \mathcal{R}$ の始点である（ただし，$1 \leq i \leq n-1$）．□

以後，偶数長の有向閉路と奇数長の有向閉路をそれぞれ偶数長ループ，奇数長ループと称する．次に AF のグラフが有向閉路になる議論の具体例 [5] を示す．

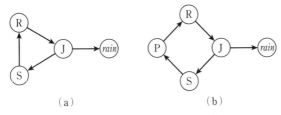

図 3.13 3 人と 4 人の証人の議論

■**例 3.23（証人の議論）** 次の議論では，Smith，Jones，Robertson の 3 人の証人が以下のように互いに相手の信用性を疑う証言をしている．

論証 J：John は「Smith の言うことは信用できない」と述べた．

論証 S： Smith は「Robertson の言うことは信用できない」と述べた．

論証 R： Robertson は「John の言うことは信用できない」と述べた．

論証 rain： Smith は「雨が降っている」と述べた．

すると，この 3 人の議論は奇数長ループになる有向グラフ（図 3.13 (a)）で表現される．このグラフ (a) の議論フレームワークには安定拡張は存在せず，選好拡張は空集合となる．つまり，Dung の議論意味論では $rain$ を含めすべての論証について議論で何も結論できない結果となる．一方，同様の意見を述べる証人 (P) がもう一人増えると，議論フレームワークのグラフは偶数長ループの図 (b) となり，選好拡張（および安定拡張）は $\{S, R, rain\}$ と $\{P, J\}$ の 2 つ存在する．これは Smith の意見が信用される場合に $rain$ が正当化され，そうでなければ $rain$ が正当化されないことを表し，人間の議論を説明している．本来，奇数長ループの図 (a) でも $rain$ について同様の結論が議論意味論で得られるべきである． □

そこで 2005 年，P. Baroni, M. Giacomin, G. Guida により，奇数長ループと偶数長ループの両者を同等に扱って上例で示された問題点を克服した CF2 意味論 (CF2 semantics) [5] が提案された．CF2 意味論では，グラフ理論の強連結成分 (strongly connected component: SCC) を利用し，極大の無衝突な論証集合から SCC-再帰性 (SCC-recursiveness) の概念に基づいて拡張を選択している．CF2 意味論の基本的アイデアは，まず議論フレームワークのグラフを強連結成分 (SCC) に分割する．たとえば図 3.4 のグラフには，$S_1 = \{a, b\}$，$S_2 = \{c, d, e\}$ の 2 つの

SCC が存在する．このような SCC は相互到達可能性 (mutual reachability) の関係[5]による同値類 (equivalent class) となっている．ここで各 SCC を 1 つの節点 (node) に縮約した簡約グラフは有向閉路をもたない (つまり acyclic な) 有向グラフとなり，そこでの SCC 間の攻撃関係 (有向辺) は半順序 (partial order)[6]となる．このようなグラフ的性質を利用し，SCC 間の半順序に従ってインクリメンタルに構成する手続きで拡張が得られる．直観的に述べると，まず他の SCC から攻撃を受けない SCC を初期 SCC とし，そこでの極大の無衝突集合を拡張の部分集合として選択し，次にその SCC を始点とする有向辺の終点の SCC に進み，そこで攻撃されている節点を削除して同様の手続きを再帰的に適用して拡張が求められる．

CF2 意味論を形式的に定義するために次の記法 [5] が用いられている．
- $\mathcal{E}_{CF2}(AF)$：AF における CF2 意味論の CF2 拡張の集合．
- $\mathcal{MCF}(AF)$：AF の極大の無衝突集合の集合．
- $SCCS_{AF}$：AF のグラフの強連結成分 (SCC) の集合．
- $S \subseteq \mathcal{A}$ に対して，$AF\downarrow_S = (S, \mathcal{R} \cap (S \times S))$．
- $S, E \subseteq \mathcal{A}$ に対して，$UP_{AF}(S, E) = \{a \in S |\ \not\exists b \in E \setminus S : (b, a) \in \mathcal{R}\}$．

つまり $UP_{AF}(S, E)$ は，$E \setminus S$ の論証から攻撃されるような論証を除いた S の論証の集合を表す．

■**定義 3.20 (CF2 意味論)** 議論フレームワーク $AF = (\mathcal{A}, \mathcal{R})$ において，$E \subseteq \mathcal{A}$ が CF2 意味論の拡張 (extension)，すなわち，$E \in \mathcal{E}_{CF2}(AF)$ である必要十分条件は以下が成り立つことである．
- $|SCCS_{AF}|=1$ ならば，$E \in \mathcal{MCF}(AF)$．
- そうでなければ，
  任意の $S \in SCCS_{AF}$ について，$(E \cap S) \in \mathcal{E}_{CF2}(AF\downarrow_{UP_{AF}(S,E)})$． □

定義 3.20 は若干複雑であり，本書ではいくつかの例で直感的に説明する[7]．

■**例 3.24 (CF2 拡張の例)** 図 3.14 の AF では $S_1 = \{a\}$, $S_2 = \{b\}$, $S_3 =$

---

[5] 正確には "同値関係" である．
[6] 反射律，反対称律，推移律を満たす 2 項関係．
[7] 定義 3.20 の詳細は文献 [5] を参照されたい．

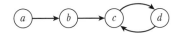

図 3.14 相互攻撃を含む議論フレームワーク

$\{c,d\}$ の SCC が存在する．このうち，$S_1 = \{a\}$ がどれからも攻撃を受けないので，初期 SCC となる．S_1 の極大の無衝突集合は $\{a\}$ であるので，a は拡張 E の要素として選択される (すなわち $a \in E$)．次の SCC である $S_2 = \{b\}$ について，b は $a \in E$ に攻撃されるので $UP_{AF}(S_2, E)$ は $\emptyset$ となり，拡張 E に追加される論証は存在しない．最後の SCC の $S_3 = \{c,d\}$ について，S_3 はすでに E の要素として選択された論証 (すなわち a) から攻撃されないので $UP_{AF}(S_3, E) = S_3$ となる．$AF\!\downarrow_{S_3}$ は 1 個の SCC で構成され，極大の無衝突集合は $\{c\},\{d\}$ の 2 つ存在する．よって CF2 拡張は $\{a,c\},\{a,d\}$ の 2 つ存在する．

次に図 3.5 の AF には $S_1 = \{a,b\}$, $S_2 = \{c\}$, $S_3 = \{d\}$ の SCC が存在する．このうち，$S_1 = \{a,b\}$ はどれからも攻撃を受けないので，初期 SCC とする．$AF\!\downarrow_{S_1}$ には SCC が S_1 の 1 個のみ存在する．この場合，$AF\!\downarrow_{S_1}$ には極大の無衝突集合として $\{a\}$ と $\{b\}$ が存在するので，それぞれが CF2 拡張 E を構成する出発点となる．次の SCC の $S_2 = \{c\}$ では，$a \in E$ の場合，c は $a \in E$ に攻撃されるので $UP_{AF}(S_2, E)$ は $\emptyset$ となり，c は拡張に追加されない．同様に $b \in E$ の場合も同様である．最後の SCC の $S_3 = \{d\}$ では $UP_{AF}(S_3, E)$ は $S_3 = \{d\}$ となり，よって CF2 拡張は $\{a,d\}$ と $\{b,d\}$ の 2 つとなる．

図 3.12 の奇数長ループの議論フレームワーク AF_{odd} は，1 つの SCC からなる．ゆえに CF2 拡張は，極大の無衝突集合 $\{a\},\{b\},\{c\}$ に一致する．

図 3.4 の AF では $S_1 = \{a,b\}$, $S_2 = \{c,d,e\}$ の 2 つの SCC が存在し，S_1 はどれからも攻撃を受けないので，S_1 が初期 SCC となる．すると図 3.5 の議論フレームワークと同様，$\{a\}$ と $\{b\}$ のそれぞれが CF2 拡張 E を構成する出発点となる．まず $a \in E$ を出発点に選んだ場合，次の SCC の $S_2 = \{c,d,e\}$ のいかなる論証も a に攻撃されないので $UP_{AF}(S_2, E) = S_2$ となる．$AF\!\downarrow_{S_2}$ は 1 個の SCC で構成され，極大の無衝突集合は $\{c\},\{d\},\{e\}$ の 3 つ存在する．よって，$\{a,c\},\{a,d\},\{a,e\}$ の 3 つがそれぞれ CF2 拡張となる．次に $b \in E$ を出発点に選んだ場合，次の SCC の $S_2 = \{c,d,e\}$ において c が b に攻撃されるので，

$UP_{AF}(S_2, E) = \{d, e\}$ となる．$AF\downarrow_{\{d,e\}}$ は $\{d, e\}$ のみを含む部分議論グラフとなる．この部分議論グラフにおいて $\{d\}$ と $\{e\}$ の2つの SCC が存在し，$\{d\}$ が初期 SCC として $d \in E$ を考えると，次の SCC $\{e\}$ の要素 e が d に攻撃され，結局，$\{b, d\}$ が CF2 拡張として生成される．

図 3.11 の AF では $S_1 = \{a\}$，$S_2 = \{b\}$，$S_3 = \{c\}$ の3個の SCC が存在し，S_1，S_2，S_3 のそれぞれの極大の無衝突集合は $\{a\}$，$\{b\}$，$\emptyset$ である．このうち，$S_1 = \{a\}$ が初期 SCC となり，b が $a \in E$ に攻撃されるので最終的に CF2 拡張は $\{a\}$ のみとなる．

例 3.23 の AF(図 3.13) では，CF2 拡張とステージ拡張が一致することが確認できる． □

CF2 意味論は Dung の各議論意味論と次の命題 [5] で示す関係が成り立つ．

■**命題 3.6** 議論フレームワーク $AF = (\mathcal{A}, \mathcal{R})$ において，
- 基礎拡張 E_{gr} は，任意の CF2 拡張 E_{cf2} に包含される．
  すなわち，$E_{gr} \subseteq E_{cf2}$．
- 任意の選好拡張 E_{pr} に対して，$E_{pr} \subseteq E_{cf2}$ なる CF2 拡張 E_{cf2} が存在する．
- 任意の安定拡張は CF2 拡張である． □

3.4 議論の意味論 vs. 論理プログラムの意味論

Dung は，議論の意味論と非単調推論 (Reiter のデフォルト論理など) や論理プログラムの意味論とに理論的対応があることを示した [23]．特に，標準論理プログラム P から構成された議論フレームワーク $AF_{napif}(P)$ について，
- $AF_{napif}(P)$ の安定拡張と P の安定モデルとの1対1の対応
- $AF_{napif}(P)$ の基礎拡張と P の整礎モデルとの対応

が存在する，つまり NLP の安定モデル意味論や整礎モデル意味論が，議論フレームワークの安定意味論や基礎意味論により捕えられることを示した．

まず上記の $AF_{napif}(P)$ の構成方法を Dung の定義 [23] に従って説明する．

NLP P は次の形のルールの有限集合である.
$$b_0 \leftarrow b_1, \ldots, b_m, not\ b_{m+1}, \ldots, not\ b_{m+n}$$
ここで，各 b_i はアトムである．NLP P に対して，G_P は P のルールのすべての基礎ルールからなる集合とする．次に論証を定義する．

$K = \{not\ b_1, \ldots, not\ b_m\}$ を基礎 NAF アトムの集合とする．基礎アトム k について，「k は P, K のデフィージブル推論による結論 (defeasible consequence)」(つまり，$P, K \vdash k$) であるのは，$e_n = k$ となる次の条件を満たす基礎アトムの系列 $(e_0, \ldots, e_n)$ が存在することである．

- $e_i \leftarrow\ \in G_P$，または
- e_i が G_P のルール：$e_i \leftarrow a_1, \ldots, a_t, not\ a_{t+1}, \ldots, not\ a_{t+r}$ の頭部であり，基礎アトム $a_1, \ldots, a_t$ は上記系列で e_i より前に出現し，NAF アトム $not\ a_{t+1}, \ldots, not\ a_{t+r}$ は K に属する ($\{not\ a_{t+1}, \ldots, not\ a_{t+r}\} \subseteq K$).

このような K は "P に関する k のサポート (support for k with respect to P)" という．次に，NLP P から $AF_{napif}(P)$ を次のように構成する．なお任意のリテラル (つまりアトムまたは NAF アトム) h に対して，h の相補リテラルを h^* で表す．アトム a と $not\ a$ は互いに相補リテラルである．

■**定義 3.21** NLP P に対して，$AF_{napif}(P) = (AR, attacks)$ は P から以下の変換により構成される議論フレームワークである．
- $AR = \{(K, k) \mid K$ は P に関する k のサポート $\}$
  $\cup \{(\{not\ k\}, not\ k) \mid k$ は基礎アトム $\}$,
- $(K, h)\ attacks\ (K', h')$ iff $\exists h^* \in K'$ □

注意：$(\{not\ k\}, not\ k)$ の形の論証は，k をサポートするいかなる受理可能な論証も存在しなければ k は偽 ($false$) と結論されることを意味する．

$AF_{napif}(P)$ において論証 (K, h) が論証 (K', h') を攻撃するのは $not\ h \in K'$ (ただし h は基礎アトム) のときであり，そのときに限る．このような $AF_{napif}(P)$ をもちいて次の定理が成り立つことを Dung が示した．ここで NLP P のエルブラン基底 HB_P とエルブラン解釈 $M \subseteq HB_P$ について，次の記法を用いる．
$$\neg . M = \{not\ a \mid a \in M\}.$$

$$CM = \{a \mid a \text{ は基礎アトム } (a \in HB_P) \text{ であり},\text{ かつ } a \notin M\}.$$
$$\neg.CM = \{not\ a \mid a \in HB_P \setminus M\}$$

安定拡張と安定モデルについて次の定理 [23] が成り立つ.

■**定理 3.10** P を NLP とする. その場合, エルブラン解釈 M が P の安定モデルであれば, そのときに限り, 次式を満たす議論フレームワーク $AF_{napif}(P)$ の安定拡張 E が存在する.
$$M \cup \neg.CM = \{k \mid \exists (K,k) \in E\}$$

証明: $AF_{napif}(P)$ を P から構成された議論フレームワーク, M を P のエルブラン解釈 (つまり $M \subseteq HB_P$) とする. すると, M は P の安定モデルであるならば, そしてそのときに限り, M は G_P から以下のように構成されるホーン論理プログラムの最小エルブランモデルである.

(1) $b \in M$ について, $not\ b$ を本体にもつルールを G_P から削除する.

(2) 残りの G_P のルールについて, 本体に含まれる NAF リテラルを削除する.

このような P の各安定モデル M に対して, 次の論証集合
$$E_M = \{(K,k) \in AR \mid K \subseteq \neg.CM\}$$
を構成する. あきらかに,
$$k \in M \cup \neg.CM \quad \text{iff} \quad \exists (K,k) \in E_M \tag{3.1}$$
が成り立つ. 次にこのような E_M が $AF_{napif}(P)$ の安定拡張であることを示す.

各論証 $A = (K,k) \in AR$ について,

$(K,k) \in E_M$

iff 任意の $not\ b \in K \subseteq \neg.CM$ について, $b \in HB_P \setminus M$ だから $b \notin M$ である. ゆえに (3.1) より, $(K',b) \notin E_M$.

iff 論証 (K,k) は E_M によって攻撃されない.

よって定理 3.1 より, E_M は $AF_{napif}(P)$ の安定拡張である. □

さらに Dung は基礎拡張と整礎モデルについて次の定理 [23] を示している.

■**定理 3.11** P を NLP, WFM を P の整礎モデル, GE を $AF_{napif}(P)$ の基礎拡張とすると, 次式が成り立つ.
$$WFM = \{h \mid \exists (K,h) \in GE\}$$
□

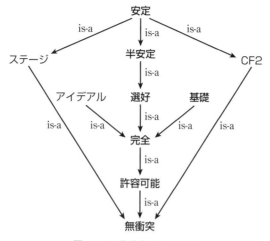

図 3.15 議論意味論の関係

$AF_{napif}(P)$ の論証 (K,h) は,第 5 章で説明する ABA の論証 $K \vdash h$ に対応するので,これらの定理に関する例題は 5.1.3 項で示す.

3.5 抽象議論意味論のまとめ

図 3.15 は本章で紹介した議論意味論の関連を示す [19]. 図で無衝突と許容可能はそれぞれ無衝突集合と許容可能集合を表す.それ以外は各議論意味論の拡張を表す.たとえば図中の安定,選好はそれぞれ安定拡張,選好拡張を表す.図 3.15 における矢印は,任意の安定拡張は半安定拡張,ステージ拡張,CF2 拡張であり,そして任意の半安定拡張は選好拡張であるなどの "is-a 関係" を表す.

3.6 ラベリングによる議論意味論の表現

許容可能集合や,完全,基礎,選好,安定,半安定などの各議論意味論を与える拡張は論証集合で表現されている.しかし,歴史的にこれらの概念は多くの研究者により,"論証のラベリング"(argument labellings) によって表現可能である

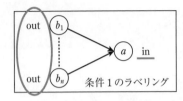 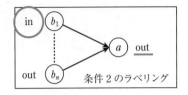

図 3.16 完全ラベリング

ことが示されていた．本節では AF を表す有向グラフ上で節点 (論証) に各意味論を反映したラベル付けをする Caminada [15, 19, 7] の方法を紹介し，そのラベリングを用いて議論意味論の拡張が容易に計算できることを説明する．

3.6.1 完全ラベリング

論証のラベリング・アプローチでは，議論フレームワーク AF を表す有向グラフの各節点 (node) に in, out, undec のいずれか 1 つのラベルが付与される．ここでは，in ラベルが付与された節点の論証は明示的に受理される (accepted)，out ラベルが付与された節点の論証は明示的に拒否される (rejected)，そして undec ラベルが付与された節点の論証は未決定 (undecided)，すなわちその論証のステータスが in あるいは out のいずれであるかが決定できないことを意味している．このようなラベリングは以下に示す全関数で定義される [15]．

■**定義 3.22 (AF-ラベリング)** 議論フレームワーク $AF = (\mathcal{A}, \mathcal{R})$ の AF-ラベリングは $L: \mathcal{A} \to \{\text{in}, \text{out}, \text{undec}\}$ なる全関数 (total function) である．AF-ラベリング L に対して，集合 $\text{in}(L)$, $\text{out}(L)$, $\text{undec}(L)$ が以下で定義される．

- $\text{in}(L) \overset{\text{def}}{=} \{\, a \in \mathcal{A} \mid L(a) = \text{in}\,\}$,
- $\text{out}(L) \overset{\text{def}}{=} \{\, a \in \mathcal{A} \mid L(a) = \text{out}\,\}$,
- $\text{undec}(L) \overset{\text{def}}{=} \{\, a \in \mathcal{A} \mid L(a) = \text{undec}\,\}$ □

特に，次の条件を満たす AF-ラベリングを完全ラベリングという [15]．

■**定義 3.23 (完全ラベリング)** AF-ラベリング L が次の条件を満たすとき，完全ラベリング (complete labelling) という (図 3.16 参照)．

条件：任意の論証 $a \in \mathcal{A}$ について，

1. $L(a) = \text{in}$ ならばそしてそのときに限り，$\forall b \in \mathcal{A} : (b \mathcal{R} a \supset L(b) = \text{out})$
2. $L(a) = \text{out}$ ならばそしてそのときに限り，$\exists b \in \mathcal{A} : (b \mathcal{R} a \wedge L(b) = \text{in})$ □

上記定義の 1. が論証 a の節点に in のラベル付けがされる条件を，2. が out のラベル付けがされる条件を示している．次の定理は完全ラベリングと完全拡張に 1 対 1 対応が存在することを示す [15]．

■**定理 3.12** $AF = (\mathcal{A}, \mathcal{R})$ において，L が AF の完全ラベリングであるならば，$E = \text{in}(L)$ なる AF の完全拡張 E が存在する．逆に E が AF の完全拡張ならば，$\text{in}(L) = E$ なる AF の完全ラベリング L が存在する． □

Caminada は，表 3.1 に示す条件を満たす完全ラベリングにより，選好，基礎，安定，半安定意味論の拡張を表現するラベリングが定義できることを示した．以下の定義 [15] でその詳細を説明する．なお $co, pr, gr, st, sm\_st, stage$ は完全，選好，基礎，安定，半安定，ステージの議論意味論の名前を表し，議論意味論 $\mathcal{S} \in \{co, pr, gr, st, sm\_st, stage\}$ における $\mathcal{S}$-拡張の集合を $\mathcal{E}_\mathcal{S}(AF)$，$\mathcal{S}$-ラベリングの集合を $\mathcal{L}_\mathcal{S}(AF)$ で表す．

■**定義 3.24** 議論フレームワーク $AF = (\mathcal{A}, \mathcal{R})$ において，L を完全ラベリング ($L \in \mathcal{L}_{co}$) とする．各議論意味論のラベリングは以下で定義される．

- L は基礎ラベリング (grounded labelling) (i.e. $L \in \mathcal{L}_{gr}(AF)$)
 $\iff L$ は $\text{in}(L)$ が ($\subseteq$ に関して) 極小の完全ラベリングである．
  すなわち，$\text{in}(L') \subset \text{in}(L)$ なる $L' \in \mathcal{L}_{co}(AF)$ は存在しない．
- L は選好ラベリング (preferred labelling) (i.e. $L \in \mathcal{L}_{pr}(AF)$)
 $\iff L$ は $\text{in}(L)$ が ($\subseteq$ に関して) 極大の完全ラベリングである．
  すなわち，$\text{in}(L) \subset \text{in}(L')$ なる $L' \in \mathcal{L}_{co}(AF)$ は存在しない．
- L は安定ラベリング (stable labelling) (i.e. $L \in \mathcal{L}_{st}(AF)$)
 $\iff \text{undec}(L)$ が空集合である．すなわち，$\text{undec}(L) = \emptyset$．
- L は半安定ラベリング (semi-stable labelling) (i.e. $L \in \mathcal{L}_{sm\_st}(AF)$)
 $\iff L$ は $\text{undec}(L)$ が ($\subseteq$ に関して) 極小の無衝突ラベリングである．
  すなわち $\text{undec}(L') \subset \text{undec}(L)$ なる $L' \in \mathcal{L}_{co}(AF)$ は存在しない． □

表 3.1 完全ラベリングと議論意味論

完全ラベリング L の条件	議論意味論
条件なし	完全意味論
$\mathrm{undec}(L)$ が空集合	安定意味論
$\mathrm{in}(L)$ が極大	選好意味論
$\mathrm{out}(L)$ が極大	選好意味論
$\mathrm{in}(L)$ が極小	基礎意味論
$\mathrm{out}(L)$ が極小	基礎意味論
$\mathrm{undec}(L)$ が極小	半安定意味論

表 3.2 AF_3 (図 3.2) の完全ラベリング

	a	b	c	d	e	$\mathrm{in}(L_i)$	$\mathrm{out}(L_i)$	$\mathrm{undec}(L_i)$
L_1	in	out	out	in	out	$\{a,\ d\}$	$\{b,\ c,\ e\}$	$\emptyset$
L_2	in	out	in	out	undec	$\{a,\ c\}$	$\{b,\ d\}$	$\{e\}$
L_3	in	out	undec	undec	undec	$\{a\}$	$\{b\}$	$\{c,\ d,\ e\}$

議論意味論 $\mathcal{S}$ の拡張とラベリングについて次の定理が成り立つ [15].

■**定理 3.13** $AF = (\mathcal{A}, \mathcal{R})$ を議論フレームワークとする．議論意味論 $\mathcal{S} \in \{co,\ pr,\ gr,\ st,\ sm\_st\}$ におけるラベリング L と拡張 E について，以下が成り立つ．

1. $E \in \mathcal{E}_\mathcal{S}(AF)$ ならば $\mathrm{in}(L) = E$ なる $\exists L \in \mathcal{L}_\mathcal{S}(AF)$ が存在する．逆に，
2. $L \in \mathcal{L}_\mathcal{S}(AF)$ ならば $E = \mathrm{in}(L)$ なる $\exists E \in \mathcal{E}_\mathcal{S}(AF)$ が存在する． □

■**例 3.25** 例 3.7 の議論フレームワーク $AF_3 = (\mathcal{A}, \mathcal{R})$ を考える．AF_3 のグラフ (図 3.2) に対して，表 3.2 に示す 3 個の完全ラベリング L_i $(1 \leq i \leq 3)$ が存在する．表の各 L_i の結果より，

- $\mathrm{in}(L_1) = \{a,\ d\}$, $\mathrm{in}(L_2) = \{a,\ c\}$, $\mathrm{in}(L_3) = \{a\}$ であるから，
  完全拡張は $\{a,\ d\}$, $\{a,\ c\}$, $\{a\}$.
- $\mathrm{in}(L_1)$, $\mathrm{in}(L_2)$, $\mathrm{in}(L_3)$ の中で $\mathrm{in}(L_1)$, $\mathrm{in}(L_2)$ が極大であるので，
  選考拡張は $\{a,\ d\}$, $\{a,\ c\}$.
- $\mathrm{in}(L_1)$, $\mathrm{in}(L_2)$, $\mathrm{in}(L_3)$ の中で $\mathrm{in}(L_3)$ が極小であるので，基礎拡張は $\{a\}$.
- $\mathrm{undec}(L_1) = \emptyset$ であるので，安定拡張は $\mathrm{in}(L_1) = \{a,\ d\}$.
- $\mathrm{undec}(L_1)$, $\mathrm{undec}(L_2)$, $\mathrm{undec}(L_3)$ の中で $\mathrm{undec}(L_1)$ が極小であるので，
  半安定拡張は $\mathrm{in}(L_1) = \{a,\ d\}$. □

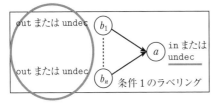
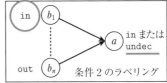

図 3.17　無衝突ラベリング

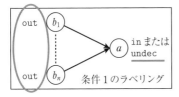
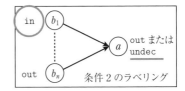

図 3.18　許容可能ラベリング

論証の正当化判定 (定義 3.13) は AF のラベリングを用いて以下で定義される.

■**定義 3.25 (論証の正当化判定)**　$AF = (\mathcal{A}, \mathcal{R})$ において，意味論 $\mathcal{S}$ が指定されている．論証 $a \in \mathcal{A}$ について，

- a が $\mathcal{S}$-意味論のもとで慎重 (*skeptically*) に正当化される.
  $\iff$ 任意の $\mathcal{S}$ ラベリング $L \in \mathcal{L}_{\mathcal{S}}$ について，$a \in \text{in}(L)$ である.
- a が $\mathcal{S}$-意味論のもとで安易 (*credulously*) に正当化される.
  $\iff a \in \text{in}(L)$ なる $\mathcal{S}$ ラベリング $L \in \mathcal{L}_{\mathcal{S}}$ が少なくとも 1 つ存在する.　□

3.6.2　無衝突ラベリングと許容可能ラベリング

Caminada により提案された無衝突ラベリングと許容可能ラベリング [19, 7] を説明する.

■**定義 3.26 (無衝突ラベリング)**　AF-ラベリング L が次の条件を満たすとき，無衝突ラベリング (conflict-free labelling) という (図 3.17 参照).
条件：任意の $a \in \mathcal{A}$ について，
1. $L(a) = \text{in}$ ならば，$\forall b \in \mathcal{A} : (b \, \mathcal{R} \, a \supset L(b) \neq \text{in}))$.
2. $L(a) = \text{out}$ ならば，$\exists b \in \mathcal{A} : (b \, \mathcal{R} \, a \wedge L(b) = \text{in}))$.　□

表 3.3 AF (図 3.9) の無衝突ラベリング

	a	b	c	$\text{in}(L_i)$	$\text{out}(L_i)$	$\text{undec}(L_i)$
L_1	in	out	undec	$\{a\}$	$\{b\}$	$\{c\}$
L_2	in	undec	undec	$\{a\}$	$\emptyset$	$\{b,c\}$
L_3	undec	in	out	$\{b\}$	$\{c\}$	$\{a\}$
L_4	undec	in	undec	$\{b\}$	$\emptyset$	$\{a,c\}$
L_5	out	undec	in	$\{c\}$	$\{a\}$	$\{b\}$
L_6	undec	undec	in	$\{c\}$	$\emptyset$	$\{a,b\}$
L_7	undec	undec	undec	$\emptyset$	$\emptyset$	$\{a,b,c\}$

■**定義 3.27（許容可能ラベリング）** AF-ラベリング L が次の条件を満たすとき，許容可能ラベリング (admissible labelling) という (図 3.18 参照).
条件：任意の $a \in \mathcal{A}$ について，
1. $L(a) = \text{in}$ ならば，$\forall b \in \mathcal{A} : (b\,\mathcal{R}\,a \supset L(b) = \text{out}))$.
2. $L(a) = \text{out}$ ならば，$\exists b \in \mathcal{A} : (b\,\mathcal{R}\,a \land L(b) = \text{in}))$. □

あきらかに，完全ラベリングであるならば許容可能ラベリングである．そして，許容可能ラベリングであるならば無衝突ラベリングである．無衝突ラベリングと無衝突集合，および許容可能ラベリングと許容可能集合に関して以下の定理が成り立つ [19]．

■**定理 3.14** $AF = (\mathcal{A}, \mathcal{R})$ において，L が無衝突ラベリングであるならば，$E = \text{in}(L)$ なる無衝突集合 E が存在する．逆に E が無衝突集合であるならば，$\text{in}(L) = E$ なる無衝突ラベリング L が存在する．□

■**定理 3.15** $AF = (\mathcal{A}, \mathcal{R})$ において，L が許容可能ラベリングであるならば，$E = \text{in}(L)$ なる許容可能集合 E が存在する．逆に E が許容可能集合であるならば，$\text{in}(L) = E$ なる許容可能ラベリング L が存在する．□

上記の定理より，無衝突ラベリングと許容可能ラベリングは無衝突集合と許容可能集合をそれぞれ表現するが，一般に例 3.26 のように多対 1 の対応である．

■**例 3.26** 例 3.20 の AF を考える．図 3.9 の AF のグラフに表 3.3 に示す 7 個の無衝突ラベリング L_i $(1 \leq i \leq 7)$ が存在する．

表 3.4 無衝突ラベリングと議論意味論

無衝突ラベリング L の条件	議論意味論
$\mathrm{undec}(L)$ が極小	ステージ意味論

よって,例 3.20 の無衝突集合 $E_j (0 \leq j \leq 3)$ と L_i について次式が成り立つ.

$$\mathrm{in}(L_1) = in(L_2) = E_1 = \{a\}, \quad \mathrm{in}(L_3) = \mathrm{in}(L_4) = E_2 = \{b\},$$
$$\mathrm{in}(L_5) = in(L_6) = E_3 = \{c\}, \quad \mathrm{in}(L_7) = E_0 = \emptyset. \qquad \Box$$

ステージラベリングは無衝突ラベリングに基づいて以下で定義される [18, 19]. ここで, $\mathcal{L}_{CF}(AF)$ は無衝突ラベリングの集合とする.

■**定義 3.28(ステージラベリング)** 議論フレームワーク $(\mathcal{A}, \mathcal{R})$ において,undec が極小の無衝突ラベリング $L \in \mathcal{L}_{CF}(AF)$ をステージラベリングという.

つまり,

- L はステージラベリング (stage labelling) (i.e. $L \in \mathcal{L}_{stage}(AF)$).
  $\iff$ L は $\mathrm{undec}(L)$ が ($\subseteq$ に関して) 極小の無衝突ラベリングである.
  すなわち, $L \in \mathcal{L}_{CF}(AF)$ について, $\mathrm{undec}(L') \subset \mathrm{undec}(L)$ なる $L' \in \mathcal{L}_{CF}(AF)$ は存在しない. $\qquad \Box$

$\mathcal{L}_{stage}(AF)$ をステージラベリングの集合, $\mathcal{E}_{stage}(AF)$ をステージ拡張の集合とすると,定理 3.13 と同様,定理 3.16 が成り立つ [19].

■**定理 3.16** $AF = (\mathcal{A}, \mathcal{R})$ を議論フレームワークとする.ステージ意味論におけるステージラベリング L とステージ拡張 E について,以下が成り立つ.

- $E \in \mathcal{E}_{stage}(AF)$ ならば $\mathrm{in}(L) = E$ なる $\exists L \in \mathcal{L}_{stage}(AF)$ が存在する.
- $L \in \mathcal{L}_{stage}(AF)$ ならば $E = \mathrm{in}(L)$ なる $\exists E \in \mathcal{E}_{stage}(AF)$ が存在する. $\quad \Box$

■**例 3.27**(例 3.26 の続き)表 3.3 より, $\mathrm{undec}(L_i)$ が極小の無衝突ラベリングは L_1, L_3, L_5 である.よって, $\mathrm{in}(L_1) = \{a\}$, $\mathrm{in}(L_3) = \{b\}$, $\mathrm{in}(L_5) = \{c\}$ はステージ拡張である. $\qquad \Box$

■**例 3.28** 例 3.19 の議論フレームワーク AF_6 を考える. AF_6 のグラフ(図 3.8)において,表 3.5 の 8 個の許容可能ラベリング L_i $(1 \leq i \leq 8)$ が存在する.

表 3.5 AF_6 (図 3.8) の許容可能ラベリング

	a	b	c	d	$\text{in}(L_i)$
L_1	in	out	out	in	$\{a, d\}$
L_2	in	out	out	undec	$\{a\}$
L_3	in	out	undec	undec	$\{a\}$
L_4	out	in	out	in	$\{b, d\}$
L_5	out	in	out	undec	$\{b\}$
L_6	out	in	undec	undec	$\{b\}$
L_7	undec	undec	out	in	$\{d\}$
L_8	undec	undec	undec	undec	$\emptyset$

よって表 3.5 の許容可能ラベリング L_i より,

$\text{in}(L_1) = \{a, d\}, \quad \text{in}(L_2) = \text{in}(L_3) = \{a\},$

$\text{in}(L_4) = \{b, d\}, \quad \text{in}(L_5) = \text{in}(L_6) = \{b\},$

$\text{in}(L_7) = \{d\}, \quad \text{in}(L_8) = \emptyset.$

AF_6 の 6 個の許容可能集合が得られる. □

定義 3.26, 定義 3.27 で定義された Caminada の許容可能ラベリングと無衝突ラベリングは例 3.28, 例 3.26 のように, 許容可能ラベリングと許容可能集合, および無衝突ラベリングと無衝突集合とに, それぞれ多対 1 の対応が存在する. しかし, ラベリングを用いて議論意味論の拡張を計算するなどの応用においては, 無衝突集合や許容可能集合と 1 対 1 対応であるラベリングが望ましい. このようなラベリングは, 定義 3.26, 定義 3.27 において, 条件 2 は論証に out のラベルを付与する必要条件になっているが, それを必要十分条件 (if and only if) に変更することにより 1 対 1 対応が実現できる. このように, これらの集合と 1 対 1 対応となるラベリングを "1 対 1 対応の無衝突ラベリング", "1 対 1 対応の許容可能ラベリング" と称して以下で定義する.

■**定義 3.29 (1 対 1 対応の無衝突ラベリング)** AF-ラベリング L が次の条件を満たすとき, 1 対 1 対応の無衝突ラベリングという (図 3.19 参照).
条件: 任意の $a \in \mathcal{A}$ について,
 1. $L(a) = \text{in}$ ならば, $\forall b \in \mathcal{A} : (b \mathcal{R} a \supset L(b) \neq \text{in}))$.
 2. $L(a) = \text{out}$ ならば, そしてそのときに限り, $\exists b \in \mathcal{A} : (b \mathcal{R} a \land L(b) = \text{in}))$.

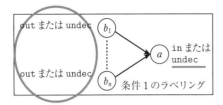
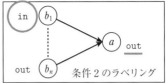

図 3.19　1 対 1 対応の無衝突ラベリング

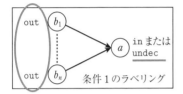
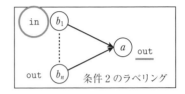

図 3.20　1 対 1 対応の許容可能ラベリング

表 3.6　AF (図 3.9) における 1 対 1 対応の無衝突ラベリング

	a	b	c	$\mathtt{in}(L_i)$	$\mathtt{out}(L_i)$	$\mathtt{undec}(L_i)$
L_1	in	out	undec	$\{a\}$	$\{b\}$	$\{c\}$
L_3	undec	in	out	$\{b\}$	$\{c\}$	$\{a\}$
L_5	out	undec	in	$\{c\}$	$\{a\}$	$\{b\}$
L_7	undec	undec	undec	$\emptyset$	$\emptyset$	$\{a,b,c\}$

□

■**定義 3.30（1 対 1 対応の許容可能ラベリング）**　AF-ラベリング L が次の条件を満たすとき，1 対 1 対応の許容可能ラベリングという (図 3.20 参照)．
条件：任意の $a \in \mathcal{A}$ について，
　1. $L(a) = \mathtt{in}$ ならば，$\forall b \in \mathcal{A} : (b\,\mathcal{R}\,a \supset L(b) = \mathtt{out})$．
　2. $L(a) = \mathtt{out}$ ならば，そしてそのときに限り，$\exists b \in \mathcal{A} : (b\,\mathcal{R}\,a \land L(b) = \mathtt{in})$．

□

■**例 3.29**　(例 3.26, 例 3.27 の続き) 図 3.9 の AF のグラフに表 3.6 に示す 4 個の 1 対 1 対応の無衝突ラベリング L_1, L_3, L_5, L_7 が存在する．これらと例 3.20 の無衝突集合 $E_j (0 \leq j \leq 3)$ について，例 3.26 と同様，次式が成り立つ．

表 3.7 AF_6 (図 3.8) における 1 対 1 対応の許容可能ラベリング

	a	b	c	d	$\text{in}(L_i)$
L_1	in	out	out	in	$\{a, d\}$
L_2	in	out	out	undec	$\{a\}$
L_4	out	in	out	in	$\{b, d\}$
L_5	out	in	out	undec	$\{b\}$
L_7	undec	undec	out	in	$\{d\}$
L_8	undec	undec	undec	undec	$\emptyset$

$$\text{in}(L_1) = E_1 = \{a\}, \quad \text{in}(L_3) = E_2 = \{b\},$$
$$\text{in}(L_5) = E_3 = \{c\}, \quad \text{in}(L_7) = E_0 = \emptyset.$$

このうち，極小の $\text{undec}(L)$ をもつ L_1, L_3, L_5 より，$\text{in}(L_1) = \{a\}$，$\text{in}(L_3) = \{b\}$，$\text{in}(L_5) = \{c\}$ がステージ拡張であることがわかる． □

■**例 3.30** (例 3.28 の続き) 図 3.8 の AF_6 のグラフに，表 3.7 に示された 6 個の 1 対 1 対応の許容可能ラベリングが存在する．

よって表 3.7 で得られた 1 対 1 対応の許容可能ラベリング $L_1, L_2, L_4, L_5, L_7, L_8$ より，AF_6 (図 3.8) の 6 個の許容可能集合が $\text{in}(L_i)$ の情報より得られる． □

3.7 解集合プログラミングと議論意味論の計算

3.7.1 解集合プログラミング

解集合プログラミング (answer set programming: ASP)[37] とは，所与の問題を論理プログラムで記述し，解集合意味論のもとでその問題を解決する論理プログラミングの方法であり，1999 年頃よりこの名前で呼ばれるようになった．そして，それまでの「論理プログラミング=Prolog」に代わる新しい論理プログラミングのパラダイムとして，その有用性が認識されている [73]．

ASP では，問題 ($\mathcal{P}$) が与えられると，$\mathcal{P}$ の問題解決に関する知識，つまり $\mathcal{P}$ の解が満たすべき制約式の集合などを論理プログラム (Π) で表現する．この結果，Π の推論結果である解集合 As が $\mathcal{P}$ の解を表す (図 3.21)．それゆえ，ASP では論理プログラム Π の解集合 As を計算する手続きが必要になり，そのような手続きは ASP ソルバと称されて，これまで，DLV[30], smodels[45] などの効率的な

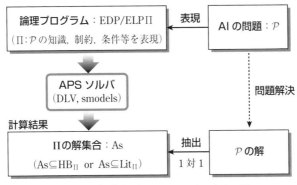

図 3.21 解集合プログラミングのイメージ

表 3.8 (有限) 議論フレームワークにおける決定問題と計算量

決定問題	計算の複雑さ
S は許容可能か?	P
S は安定拡張であるか?	P
S は基礎拡張であるか?	P
S は選好拡張であるか?	co-NP 完全
S はアイデアル拡張であるか?	co-NP 完全
AF が安定拡張をもつか?	NP 完全
x はある基礎拡張に出現するか?	P
x はすべての基礎拡張に出現するか?	P
x はある安定拡張に出現するか?	NP 完全
x はすべての安定拡張に出現するか?	co-NP 完全
x はある選好拡張に出現するか?	NP 完全
x はすべての選好拡張に出現するか?	Π_2^P 完全

ASP ソルバが開発され，種々の ASP の応用で使われてきた．

一方，計算量の観点から，「標準論理プログラム (NLP) が安定モデル (解集合) をもつか否か?」の決定問題が NP 完全であることなどがわかっており，ASP は元来，NP 困難 (あるいは NP 完全) な問題を応用の対象としている [37, 73]．

他方，議論の意味論に関する多くの決定問題が NP や co-NP のクラスに属し，それらの詳細な計算の複雑さ (computational complexity) についても，表 3.8 に示す結果[8]が近年 Dunne [27, 28] らにより得られている (ただし，表では $AF=(\mathcal{A},\mathcal{R})$

---

[8] 付録 A でこれらの計算の複雑さに関する基礎知識を説明する．

に対して $S \subseteq \mathcal{A}, x \in \mathcal{A}$ である). たとえば, 「(有限) 議論フレームワーク (AF) が安定拡張をもつか否か?」の決定問題は NP 完全である. それゆえ, このような複雑さ (complexity) を有する議論の種々の決定問題の計算に ASP を適用することは適切であり, 著者らが ASP を用いた議論の意味論計算の方法 [69, 61] を 2008 年に提案した. 以下でその概要を説明する.

3.7.2 解集合プログラミングによる議論意味論の計算

著者らの意味論計算のアイデアは, 議論フレームワーク $(\mathcal{A}, \mathcal{R})$ の Caminada のラベリング L を NLP の論理プログラムで表現し, その解集合 M から指定の意味論の拡張 $E = \text{in}(L)$ を求めるというものである. 言い換えると, 議論意味論の計算の問題は,

$$\text{論証 } a \in \mathcal{A} \text{ について,} \quad a \in E = \text{in}(L) \quad \text{iff} \quad in(a) \in M \quad (3.2)$$

となるような解集合 M をもつ NLP を構成する問題に変換される. ここで in は述語記号で, $in(a)$ は論証 a に in のラベルが付けられていることを表す.

完全ラベリングは以下で定義される NLP で表現される [69].

■**定義 3.31** 議論フレームワーク $AF = (\mathcal{A}, \mathcal{R})$ より, NLP $\Pi \stackrel{\text{def}}{=} \Pi_{AF} \cup \Pi_{Lab}$ を構成する. ここで, Π_{AF} は AF を表現する下記の 2 つのルール,

- 任意の $a \in \mathcal{A}$ に対して, $\qquad ag(a) \leftarrow$
- 任意の $(a, b) \in \mathcal{R}$ に対して, $\quad def(a,b) \leftarrow$

Π_{Lab} は完全ラベリングを表現する 1〜3 のルールで構成される.

1. $in(X) \leftarrow ag(X), not\ ng(X)$
   $ng(X) \leftarrow in(Y), def(Y, X)$
   $ng(X) \leftarrow undec(Y), def(Y, X)$
2. $out(X) \leftarrow in(Y), def(Y, X)$
3. $undec(X) \leftarrow ag(X), not\ in(X), not\ out(X)$

上記ルール中の a, b は個体定数, X, Y は個体変数, $ag, def, in, out, undec, ng$ は述語記号である. $ag(a) =$ "a は論証である", $def(a,b) =$ "論証 a が論証 b を攻撃する" を表し, $in(a), out(a), undec(a)$ は, 論証 a に in, out, undec のラベルが付けられていることを表す. □

Π_{Lab} の項目 1. の 3 個のルールは完全ラベリング (定義 3.23) の条件 1 を，項目 2. のルールは条件 2 を表現している．項目 3. は undec のラベリングの意味を忠実に記述している．他方，安定ラベリングは $undec(L) = \emptyset$ である完全ラベリングであった．この条件は，一貫性制約 $\leftarrow undec(X)$ として記述できる．このようにして，AF の完全拡張と安全拡張を計算するための変換論理プログラムが以下で定義される [69, 61]．

■**定義 3.32** $(\mathcal{A}, \mathcal{R})$ を議論フレームワーク，$\mathcal{S} \in \{\texttt{complete}, \texttt{stable}\}$ とする．完全意味論と安定意味論の変換論理プログラム $tr[\mathcal{A}, \mathcal{R}; \mathcal{S}]$ は以下の NLP である．
- $tr[\mathcal{A}, \mathcal{R}; \texttt{complete}] \stackrel{\text{def}}{=} \Pi$
- $tr[\mathcal{A}, \mathcal{R}; \texttt{stable}] \stackrel{\text{def}}{=} \Pi \cup \{\leftarrow undec(X)\}$ □

次に上記 NLP の解集合が (3.2) を満たすことを示す．まず次の集合を定義する．

■**定義 3.33** 解集合 M と，集合 X について，
$$M|_X \stackrel{\text{def}}{=} M \cap X$$
と定義する． □

■**定義 3.34** 議論フレームワーク $(\mathcal{A}, \mathcal{R})$ において，$\mathcal{I}, \mathcal{O}, \mathcal{U}$ を次の基礎原子式の集合とする．
$$\mathcal{I} = \{in(a) \mid a \in \mathcal{A}\}, \ \mathcal{O} = \{out(a) \mid a \in \mathcal{A}\},$$
$$\mathcal{U} = \{undec(a) \mid a \in \mathcal{A}\}$$
□

次に，$(\mathcal{A}, \mathcal{R})$ の完全ラベリング (および 安定ラベリング) と $tr[\mathcal{A}, \mathcal{R}; \texttt{complete}]$ (および $tr[\mathcal{A}, \mathcal{R}; \texttt{stable}]$) の解集合にそれぞれ 1 対 1 対応が存在することを示す．

■**補題 3.2** $(\mathcal{A}, \mathcal{R})$ を議論フレームワークとする．M が $tr[\mathcal{A}, \mathcal{R}; \texttt{complete}]$ (または $tr[\mathcal{A}, \mathcal{R}; \texttt{stable}]$) の解集合であるならば，$\texttt{in}(L) = \{a \mid in(a) \in M|_\mathcal{I}\}$, $\texttt{out}(L) = \{a \mid out(a) \in M|_\mathcal{O}\}$, $\texttt{undec}(L) = \{a \mid undec(a) \in M|_\mathcal{U}\}$ となる完全ラベリング L (または $\texttt{undec}(L) = \emptyset$ なる完全ラベリング L) が存在する．

逆に L が完全ラベリング L (または $\texttt{undec}(L) = \emptyset$ なる完全ラベリング) であるならば，$M|_\mathcal{I} = \{in(a) \mid a \in \texttt{in}(L)\}, M|_\mathcal{O} = \{out(a) \mid a \in \texttt{out}(L)\}, M|_\mathcal{U} = \{undec(a) \mid a \in \texttt{undec}(L)\}$ となる $tr[\mathcal{A}, \mathcal{R}; \texttt{complete}]$ (または $tr[\mathcal{A}, \mathcal{R}; \texttt{stable}]$)

の解集合 M が存在する. □

次の定理は, $(\mathcal{A}, \mathcal{R})$ の完全拡張 (および安定拡張) と $tr[\mathcal{A}, \mathcal{R}; \texttt{complete}]$ (および $tr[\mathcal{A}, \mathcal{R}; \texttt{stable}]$) の解集合にそれぞれ 1 対 1 対応が存在することを示す [69].

■**定理 3.17 (完全性定理/健全性定理)** 議論フレームワーク $(\mathcal{A}, \mathcal{R})$ において, E が $\mathcal{S}$-意味論の拡張であるならば, $tr[\mathcal{A}, \mathcal{R}; \mathcal{S}]$ は $M|_\mathcal{I} = \{in(a) \mid a \in E\}$ なる解集合 M をもつ. 逆に $tr[\mathcal{A}, \mathcal{R}; \mathcal{S}]$ が $M|_\mathcal{I} = \{in(a) | a \in E\}$ なる解集合 M をもつならば, $E = \{a \mid in(a) \in M|_\mathcal{I}\}$ は $(\mathcal{A}, \mathcal{R})$ の $\mathcal{S}$-意味論の拡張である. ここで, $\mathcal{S} \in \{\texttt{complete}, \texttt{stable}\}$ は完全または安定意味論の名前を表す. □

■**例 3.31** 例 3.7 の議論フレームワーク $AF = (\mathcal{A}, \mathcal{R})$ (図 3.2) を考える.
$$\mathcal{A} = \{a, b, c, d, e\} \quad \mathcal{R} = \{(a, b), (c, b), (c, d), (d, c), (d, e), (e, e)\}$$
ここで,
$$\mathcal{I} = \{in(a),\ in(b),\ in(c),\ in(d),\ in(e)\},$$
$$\mathcal{O} = \{out(a),\ out(b),\ out(c),\ out(d),\ out(e)\},$$
$$\mathcal{U} = \{undec(a), undec(b), undec(c), undec(d), undec(e)\}.$$
である. すると, この $(\mathcal{A}, \mathcal{R})$ について NLP Π_{AF} は以下で表現されるので,
$$\Pi_{AF} = \{ag(a),\ ag(b),\ ag(c),\ ag(d),\ ag(e),$$
$$def(a, b),\ def(c, b),\ def(c, d),\ def(d, c),\ def(d, e),\ def(e, e)\}.$$
$tr[\mathcal{A}, \mathcal{R};\ \texttt{complete}] = \Pi = \Pi_{AF} \cup \Pi_{Lab}$ は M_1, M_2, M_3 の解集合をもつ.
$$M_1|_{\mathcal{I} \cup \mathcal{O} \cup \mathcal{U}} = \{in(a), out(b), out(c), in(d), out(e)\},$$
$$M_2|_{\mathcal{I} \cup \mathcal{O} \cup \mathcal{U}} = \{in(a), out(b), in(c), out(d), undec(e)\},$$
$$M_3|_{\mathcal{I} \cup \mathcal{O} \cup \mathcal{U}} = \{in(a), out(b), undec(c), undec(d), undec(e)\}.$$

各 $M_i|_{\mathcal{I} \cup \mathcal{O} \cup \mathcal{U}}$ $(1 \leq i \leq 3)$ は表 3.2 の完全ラベリングを表現している. 他方, $tr[\mathcal{A}, \mathcal{R};\ \texttt{stable}] = \Pi \cup \{\leftarrow undec(X)\}$ は, $\mathcal{U}$ の要素を含まない M_1 を唯一の解集合としてもつ. よって, 定理 3.17 に基づき, それぞれの意味論の各解集合 M より拡張 $E = \{a \mid in(a) \in M|_\mathcal{I}\}$ が, 次のように得られる.

- M_1, M_2, M_3 より, 完全拡張: $\{a, d\}$, $\{a, c\}$, $\{a\}$.
- M_1 より, 安定拡張: $\{a, d\}$.

例 3.9 の結果が, 解集合より得られたことに注目されたい. □

一方,定義 3.24 より,選好ラベリング,基礎ラベリング,半安定ラベリングは,それぞれ完全ラベリング (L) の集合の中で $in(L)$ が極大, $in(L)$ が極小, $undec(L)$ が極小という条件を満たす完全ラベリングであった.そこで著者らのアプローチでは生成検査法に基づき,生成プログラム Π で解候補の完全ラベリングを生成し,それらが選好/基礎/半安定の各ラベリングの条件を満たせば解集合を出力するような検査プログラムを構成して,選好,基礎,半安定の意味論の変換論理プログラム

$$tr[\mathcal{A}, \mathcal{R}; \mathtt{preferred}] \stackrel{\text{def}}{=} \Pi \cup \Gamma \cup \Xi_{pr}$$
$$tr[\mathcal{A}, \mathcal{R}; \mathtt{grounded}] \stackrel{\text{def}}{=} \Pi \cup \Gamma \cup \Xi_{gr}$$
$$tr[\mathcal{A}, \mathcal{R}; \mathtt{semistable}] \stackrel{\text{def}}{=} \Pi \cup \Gamma \cup \Xi_{semi}$$

を定義している. $\Gamma, \Xi_{pr}, \Xi_{gr}$ などの詳細は文献 [69] を参照されたい.これらを含めた意味論 $\mathcal{S} \in \{\mathtt{complete}, \mathtt{stable}, \mathtt{preferred}, \mathtt{grounded}, \mathtt{semistable}\}$ の $tr[\mathcal{A}, \mathcal{R}; \mathcal{S}]$ の解集合についても,定理 3.17 の完全性定理/健全性定理が成り立つことが証明されている [69].したがって, $tr[\mathcal{A}, \mathcal{R}; \mathcal{S}]$ の解集合から同様に,選好拡張,基礎拡張,半安定拡張を計算することができる [78].

次の NLP Π_{adm} と NDP Π_{cf} は,それぞれ 1 対 1 対応の許容可能と無衝突のラベリングを表現し,それらの解集合から許容可能集合,無衝突集合を得ることができる [80, 79].

■**定義 3.35** 議論フレームワーク $AF = (\mathcal{A}, \mathcal{R})$ より,NLP $\Pi_{adm} \stackrel{\text{def}}{=} \Pi_{AF} \cup \Pi_{aLab}$ を構成する.ここで Π_{aLab} は次の 1~3 のルールからなり, AF の許容可能ラベリングを表現する.

1. $in(X) \leftarrow ag(X), not\ ng(X), not\ undec(X)$
   $ng(X) \leftarrow in(Y), def(Y, X)$
   $ng(X) \leftarrow undec(Y), def(Y, X)$
2. $out(X) \leftarrow in(Y), def(Y, X)$
3. $undec(X) \leftarrow ag(X), not\ in(X), not\ out(X)$ □

上記の項目 1. は 1 対 1 対応の許容可能ラベリング(定義 3.30)の条件 1 を,項目 2 はその条件 2 を表現している.完全ラベリングとは項目 1. の最初のルール

のみが異なることに注意されたい.

■**定義 3.36** 議論フレームワーク $AF = (\mathcal{A}, \mathcal{R})$ より,NDP $\Pi_{cf} \stackrel{\text{def}}{=} \Pi_{AF} \cup \Pi_{cLab}$ を構成する.ここで Π_{cLab} は次の 1~3 のルールからなり,AF の無衝突ラベリングを表現する.

1. $in(X); undec(X) \leftarrow ag(X), not\ ng(X)$
   $ng(X) \leftarrow in(Y), def(Y, X)$
2. $out(X) \leftarrow in(Y), def(Y, X)$
3. $undec(X) \leftarrow ag(X), not\ in(X), not\ out(X)$ □

項目 1. は 1 対 1 対応の無衝突ラベリング(定義 3.29)の条件 1 を,項目 2. はそれの条件 2 を表現している.

さらに Π の代わりに Π_{adm},Π_{cf} を生成プログラムとして用いて,アイデアル拡張やステージ拡張を計算する変換論理プログラム $tr[\mathcal{A}, \mathcal{R}; \text{ideal}]$,$tr[\mathcal{A}, \mathcal{R}; \text{stage}]$ を構成できる [79, 80].

次の定理は,定義 3.13 や定義 3.25 で述べた $\mathcal{S}$-意味論のもとでの論証の正当化判定が解集合プログラミングにより容易に計算できることを示す [69].ただし,$\mathcal{S} \in \{\texttt{complete}, \texttt{stable}, \texttt{preferred}, \texttt{grounded}, \texttt{semistable}, \texttt{ideal}, \texttt{stage}\}$.

■**定理 3.18** 議論フレームワーク $(\mathcal{A}, \mathcal{R})$ と $\mathcal{S}$-意味論が与えられている.論証 $a \in \mathcal{A}$ について,

- a が $\mathcal{S}$-意味論のもとで慎重 (skeptically) に正当化される
  iff $tr[\mathcal{A}, \mathcal{R}; \mathcal{S}] \cup \{\leftarrow in(a)\}$ は矛盾 (inconsistent) である.(すなわち,$tr[\mathcal{A}, \mathcal{R}; \mathcal{S}] \cup \{\leftarrow in(a)\}$ に安定モデルは存在しない)
- a が $\mathcal{S}$-意味論のもとで安易 (credulously) に正当化される
  iff $tr[\mathcal{A}, \mathcal{R}; \mathcal{S}] \cup \{\leftarrow not\ in(a)\}$ は無矛盾 (consistent) である.(すなわち,$tr[\mathcal{A}, \mathcal{R}; \mathcal{S}] \cup \{\leftarrow not\ in(a)\}$ に安定モデルが存在する)

なお上記では,安定意味論の場合,$tr[\mathcal{A}, \mathcal{R}; \text{stable}]$ が無矛盾,つまり $(\mathcal{A}, \mathcal{R})$ に安定拡張が存在するものと想定する. □

例 3.31 の AF で,論証の正当化判定を実際に計算してみる.

■**例 3.32** （例 3.31 の続き）図 3.2 の議論フレームワーク $(\mathcal{A}, \mathcal{R})$ において，完全意味論のもとで，論証の正当化判定を計算する[9]．例 3.31 の Π を用いて，

- $\Pi \cup \{\leftarrow in(a)\}$ に安定モデルが存在しない．よって論証 a は完全意味論のもとで，慎重 ($skeptically$) に正当化される．
- $\Pi \cup \{\leftarrow in(c)\}$ に安定モデルが存在する．ゆえに論証 c は完全意味論の下で，慎重に正当化されない．しかし，$\Pi \cup \{\leftarrow not\ in(c)\}$ に安定モデルが存在するので，c は安易 ($credulously$) に正当化される．
- $\Pi \cup \{\leftarrow in(b)\}$ に安定モデルが存在し，かつ $\Pi \cup \{\leftarrow not\ in(b)\}$ に安定モデルが存在しない．よって b は完全意味論のもとで，慎重にも安易にも正当化されない． □

---

[9] DLV などの ASP ソルバを用いると容易に計算できる．

第4章 プリファレンスと価値を用いた抽象議論

第3章で紹介したDungの抽象議論フレームワークでは，例3.13のNixon Diamond Exampleのように，2つの論証a, bが互いにコンフリクトして選好意味論や安定意味論のもとではいずれも安易 (credulously) に正当化されるが，慎重 (skeptically) に正当化される論証は存在しない．つまり，いずれの論証も議論で勝利したとはいえず，それゆえ論証の勝敗を決められなかった．一方，人間が行う議論では，しばしば第1章の例1.1のように互いにコンフリクトする論証が存在しても，ある論証を他の論証より優先・選好するという情報（つまりプリファレンス）を用いて論証間のコンフリクトを解消し，議論における論証の勝敗を決定することがある．

そこで，このようなプリファレンスを用いた人間の議論の形式化・理論化を目的として，Dungの抽象議論フレームワークを拡張した，プリファレンス付き議論フレームワーク (preference-based argumentation framework: PAF)[1]，価値に基づく議論フレームワーク (value-based argumentation framework: VAF)[8]，拡張議論フレームワーク (extended argumentation framework: EAF)[41] などの枠組が，それらの意味論とともに提案された．

4.1 プリファレンスの種類と分類

選好や優先度をプリファレンスという．プリファレンスは，次のように分類される．

- **オブジェクトレベル・プリファレンスとメタレベル・プリファレンス**
  応用領域の事実や規則に関する（プリファレンス以外の）プリファレンスをオブジェクトレベル・プリファレンスという．他方，あるプリファレンスを他の

プリファレンスより優先するというプリファレンス間の選好をメタレベル・プリファレンス (あるいは メタ・プリファレンス) という.

- **静的プリファレンスと動的プリファレンス**

  プリファレンス情報も議論・推論の対象となり，議論・推論の結果としてプリファレンスが導かれるものを動的プリファレンス (dynamic preferences) という [14, 47]．動的ではないプリファレンスを静的プリファレンス (static preferences) という．

PAF，VAF は静的かつオブジェクトレベルのプリファレンスを，EAF は動的プリファレンスかつメタレベル・プリファレンスを扱う．

法廷などの論争 (法的推論) では，法令間のコンフリクトに起因してたびたびメタ・プリファレンスを用いて動的にプリファレンスの推論を行い論争の勝敗を決めている．以下では動的プリファレンスの例として，船の担保権に関する法的推論の例 [35, 14] を用いて，プリファレンス自身が動的にデフィージブル推論される雰囲気を説明する．

■**例 4.1 (船の担保権の問題)** ある人は船を持っているが，登記をしていない．この人に担保権があるか否かを判定したい．

ここで，米国の法令 UCC (Uniform Commercial Code) では，「物を持っていれば，その物の所有者に担保権がある」と定めている．他方，法令 SMA (Ship Mortgage Act) では，「船を持っていても登記をしていなければ，その船の所有者に担保権がない」と定めている．すると，

論証 A:「船 (物) を持っているから法令 UCC より所有者に担保権がある」

論証 B:「船を持っているが登記をしていないので，法令 SMA より所有者に担保権はない」

という 2 つの論証が存在して主張が互いにコンフリクトし，この結果，船の担保権の有無を決定することができない．

ところで司法や法律の分野では，上位の法令を下位の法令より優先する "上位法優先 (Lex Superior: LS)"，新しい法令を古い法令より優先する "新法優先 (Lex Posterior: LP)"，特殊な法令を一般的な法令より優先する "特殊法優先 (Lex Specialis)" という原理がしばしば用いられている．これらはいずれもプリファレ

ンス知識である．たとえば，LS と LP は次の論理式 (規則)

$$more\text{-}recent(d_1, d_2) \supset d_1 \succ d_2 \qquad (LP(d_1, d_2))$$
$$fed\text{-}law(d_1), state\text{-}law(d_2) \supset d_1 \succ d_2 \qquad (LS(d_1, d_2))$$

で表現できる．$d_1 \succ d_2$ は d_1 を d_2 より優先することを表し，これを priority と称することにする．この船の担保権の問題で，

(1) 法令 UCC は法令 SMA より最近制定された．

という知識が存在した場合，$more\text{-}recent(UCC, SMA)$ であるので，新法優先 $LP(UCC, SMA)$ の規則により UCC を SMA より優先する ($UCC \succ SMA$) という priority が推論で導かれる．この結果，法令 UCC を用いた論証 A が法令 SMA を用いた論証 B より優先されることになり，論証 A が議論で勝利して「所有者に船の担保権がある」ことが決定されるだろう．ここで，さらに

(2) SMA は連邦法であり，UCC は州法である．

という知識が加わったとすると，$fed\text{-}law(SMA)$ かつ $state\text{-}law(UCC)$ であり，連邦法は州法より上位の法律であるから，上位法優先 $LS(SMA, UCC)$ の規則より連邦法 SMA が州法 UCC より優先される ($UCC \succ SMA$)．つまりこの場合，上位法優先と新法優先の両方が適用可能となり，$UCC \succ SMA$ と $UCC \succ SMA$ の両 priority が推論される．しかしこれらの priority が存在したとき，SMA を UCC より優先し，かつ UCC を SMA より優先すると，つまり上位法優先と新法優先が互いにコンフリクトして，UCC と SMA のいずれを優先するかが決まらない．それゆえ，再び船の担保権の有無は決定できなくなる．しかしこのような場合でも，さらに，

(3) 上位法優先を新法優先より優先する．

$$LS(SMA, UCC) \succ LP(UCC, SMA)$$

というメタ・プリファレンス (priority) が追加されたとする．この場合，$LP(UCC, SMA) \succ LS(SMA, UCC)$ の priority が存在しないので，上記のようなプリファレンス間のコンフリクトは生じない．よって，人間は新法優先 $LP(UCC, SMA)$ の規則の適用を無効化して，上位法優先の $LS(SMA, UCC)$ のみを適用するだろう．この結果，$SMA \succ UCC$ が導かれるが，(2) のケースで新法優先 $LP(UCC, SMA)$ により導かれていた $UCC \succ SMA$ はもはや導かれない．よって，priority (プリファレンス) の推論は非単調 (つまりデフィージブ

ル) である．この結果，上位法優先に基づいて論証 B が議論で勝利し，「所有者に船の担保権はない」という結論が導かれる．　　□

4.2　プリファレンス付き議論フレームワーク

(静的) プリファレンスを用いた人間の議論の形式化を目的として，Amgoud と Cayrol により PAF とその意味論が提案された [1]．

4.2.1　PAF フレームワークと意味論

■**定義 4.1（プリファレンス付き議論フレームワーク：PAF）**　PAF は 3 つ組

$$(\mathcal{A}, \mathcal{R}, \geq)$$

で定義される．ここで $\mathcal{A}$ は論証集合，$\mathcal{R} \subseteq \mathcal{A} \times \mathcal{A}$ は攻撃関係，$\geq \subseteq \mathcal{A} \times \mathcal{A}$ は $\mathcal{A}$ 上の擬順序 (preorder) である．つまり，$\geq$ は反射律 (reflexive law) と推移律 (transitive law) を満たす $\mathcal{A}$ 上の 2 項関係である．$b \geq a$ は"論証 a より論証 b を優先する"を表す．狭義の優先関係 $>$ は，$a > b \stackrel{\text{def}}{=} a \geq b$ かつ $b \not\geq a$ で定義される．　　□

Amgoud と Cayrol の議論意味論を以下に示す．

■**定義 4.2（Amgoud と Cayrol の PAF 意味論）**　PAF=$(\mathcal{A}, \mathcal{R}, \geq)$ において，$\mathcal{A}$ 上の関係 $\mathcal{R}$ と $\geq$ より，

$$a \, \text{Def} \, b \iff a \, \mathcal{R} \, b \text{ かつ } b \not> a \tag{4.1}$$

なる $\mathcal{A}$ 上の関係 Def を定義する．このとき，Def を用いて構成された議論フレームワーク $(\mathcal{A}, \text{Def})$ に対して Dung の議論意味論を適用したものが，PAF の議論意味論である．　　□

■**例 4.2**　例 4.1 において (1) の知識のみが存在して新法優先が適用される場合，PAF で表現すると，PAF=$(\{A, B\}, \{(A, B), (B, A)\}, \{(A, B), (A, A), (B, B)\})$ となる．この場合，Def=$\{(A, B)\}$ であるから，Amgoud と Cayrol のアプローチでは選好意味論，安定意味論，基礎意味論のもとで，唯一の拡張 $\{A\}$ が存在し，

「所有者に船の担保権がある」という結論が導かれる．これは例 4.1 (1) で示した人間の議論結果に一致する． □

4.3 価値に基づく議論フレームワーク

人間が行う議論において，たとえば「財産」より「命」を重視するという価値観を有する人間と，「命」より「財産」を重視する人間が同時に議論に参加したとき，議論で合意に至らないのは議論の参加者の価値観の違いによることが多い．そこで，論争は議論参加者の価値観，すなわち価値の優先度の違いにより生じるとの立場から，2003 年に Bench-Capon が「価値」と「聴衆」の概念を導入し AF を拡張した VAF [8] を提案した．VAF では説得的議論のモデル化が試みられ，実践的議論 (practical argumentation)[1]，倫理的な問題に関する議論，裁判や法的議論などにおける VAF の有用性が論じられている．

4.3.1 価値と聴衆

聴衆 (audience) と価値 (value) の概念を文献 [10] の例で説明する．
適切な所得税の決定

いかなる政府も適切な所得税を決めなくてはならない．このような場合，累進的な増税は収入の不平等を軽減するので，所得税を上げることに賛成する意見 (論証) がある．他方，減税すれば起業が増え，結果的に GNP(Gross National Product) が増えてすべての人の収入増をもたらすので，所得税を下げることに賛成する意見 (論証) がある．いずれも増税，あるいは減税する適切な理由があるので，これらの両意見 (論証) は妥当であると考えられる．しかしながら両者のアクション (意思決定) は，一方は増税をし，他方は減税することなので両立は無理である．この結果，このような場合のアクション選択は，意思決定者が直面する状況下で「平等 (equality)」という価値 (value) を重視するか，あるいは「起業 (enterprise)」という価値を重視するかに依存する．このように一般に 2 つの政党が課税率を変えることに賛同しても，具体的なアクションの選択と決定において合意できない事態

---
[1] 何をなすべきかに関する推論や議論のこと．第 9 章を参照．

が生じる．通常，異なる人々は社会的価値について異なる評価をするので，ある人たちは「平等を起業より優先」し，他の人たちは「起業を平等より優先」するだろう．この結果，両論証が妥当なものとして合意されても，ある聴衆 (audience) はいずれかの論証をより好み，他の聴衆は別の選択をする．それゆえ，これらの異なる価値をもつ聴衆は理性的に合意できないことになる．唯一合意が可能になるのは，すべての聴衆を彼ら自身の価値の選好に沿って納得させるような新たな論証を提案するか，あるいは，合意できない聴衆を異なる社会的価値をもつように価値観を変更させることである．

事実，このような方法で合意を実現した現実的事例がある．1980 年代マーガレット・サッチャー首相の率いる英国保守党が高所得者に対する所得税の劇的削減を正当化するために出した論証 (意見) は，公平さ (fairness) により「すべての人は各自の稼ぎの大部分を所有することが認められる」ということであった．党大会では，参加者のほとんど (聴衆) が高所得者であるので，この論証は問題なく受け入れられた．他方，国民の多くは高率の税金を徴収されていないので，この公平さの価値に基づく論証は説得力に欠け，別の論証が必要になる．しかし国民の多くに，上述のように減税によるトリクルダウン効果 (trickle down effect)（すなわち，収入のレベルに関係なくすべての人に収入増の恩恵）が期待されると確信させることにより，高所得者への所得税減税の論証は国民の多くに説得的 (persuasive) なものとなり，この結果，サッチャー女史は 2 度目の首相に再任されることになった．

4.3.2　VAF フレームワークと意味論

価値と聴衆を導入して Dung の AF を拡張した VAF とその意味論 [8, 10] を以下で説明する．

■**定義 4.3（価値に基づく議論フレームワーク：VAF）**　VAF は次の 5 つ組
$$\text{VAF} = (\mathcal{A}, \mathcal{R}, V, val, P)$$
で定義される．ここで $\mathcal{A}$ は論証の有限集合，$\mathcal{R}$ は $\mathcal{A}$ 上の攻撃関係，$V = \{v_1, v_2, \cdots, v_k\}$ は空ではない価値の集合，関数 $val : \mathcal{A} \to V$ は論証 $A \in \mathcal{A}$ に価値 $v_i \in V$ を対応付ける．P は可能な聴衆 (名) の集合である．　　□

VAF では各聴衆 $a \in P$ がもつ価値に関するプリファレンスは以下で定義される全順序 $Valpref_a$ で表現される．

■**定義 4.4 (聴衆固有の VAF)** 聴衆 $a \in P$ に固有の VAF (audience specific value-based argumentation framework: AVAF) は以下で定義される．
$$\text{VAF}_a = (\mathcal{A}, \mathcal{R}, V, val, Valpref_a)$$
$\mathcal{A}, \mathcal{R}, V, val$ は VAF で与えられたものと同じである．$Valpref_a \subseteq V \times V$ は，聴衆 a の価値に関するプリファレンス関係であり，非反射律 (irreflexive law)，反対称律 (asymmetric law)，推移律 (transitive law) を満たす．$(v_1, v_2) \in Valpref_a$ は，"聴衆 a は価値 v_1 を価値 v_2 より優先する" を意味し，価値に関する聴衆 a のプリファレンスを表す． □

VAF では，PAF において $\geq$ を考慮した攻撃関係 Def が (4.1) で定義されたのと類似の方法で，聴衆 a の価値に関するプリファレンス $Valpref_a$ を考慮した攻撃関係 $defeats_a$ が以下で定義される．

■**定義 4.5 (聴衆 a の攻撃関係: $defeats_a$)** VAF_a において，聴衆 $a \in P$ の攻撃関係 $defeats_a$ は次式で定義される (ただし，$defeats_a \subseteq \mathcal{A} \times \mathcal{A}$).
$$(A, B) \in defeats_a \iff (A, B) \in \mathcal{R} \text{ かつ } (val(B), val(A)) \notin Valpref_a \quad (4.2)$$
□

この $defeats_a$ を用いて，第 3 章の AF と同様，AVAF の聴衆 $a \in P$ に対する受理可能，無衝突，許容可能の概念が順に以下で定義される．

■**定義 4.6 (聴衆 a に受理可能)** $S \subseteq \mathcal{A}$ とする．論証 $A \in \mathcal{A}$ を $defeats_a$ で攻撃する任意の論証 $B \in \mathcal{A}$ (すなわち $(B, A) \in defeats_a$) に対して，$(C, B) \in defeats_a$ なる論証 $C \in S$ が存在すれば，A は S に関して聴衆 a に受理可能 (acceptable-to-audience-a) である． □

■**定義 4.7 (聴衆 a に対して無衝突 / 許容可能)** $S \subseteq \mathcal{A}$ とする．
- 論証集合 S に $(A, B) \in defeats_a$ なる要素 A, B が存在しなければ，S は聴衆 a に対して無衝突 (conflict-free-for-audience-a) である．
- S は聴衆 a に対して無衝突な論証集合とする．このとき，S の任意の要素が S に関して聴衆 a に受理可能ならば，S は聴衆 a に対して許容可能 (admissible-

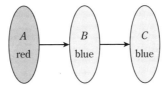

図 4.1 赤 (red) と青 (blue) の価値に基づく議論

for-audience-a) である. □

VAF の意味論は,次の選好拡張 $preferred_a$ の集合で与えられる.

■**定義 4.8** VAF における論証集合 $S \subseteq \mathcal{A}$ が (包含関係 $\subseteq$ に関して) 極大の聴衆 a に対する許容可能な集合であるならば, S は聴衆 a に対する選好拡張 ($preferred_a$) (preferred extension for-audience-a) である. □

なお任意の聴衆 $a \in P$ の AVAF, $\mathrm{VAF}_a = (\mathcal{A},\ \mathcal{R},\ V,\ val,\ Valpref_a)$ に対応して AF, $af_a = (\mathcal{A},\ defeats_a)$ を構成でき,あきらかに af_a の選好拡張は, VAF_a つまり VAF の聴衆 a に対する選好拡張 ($preferred_a$) に一致する.

VAF における議論の判定は次の客観的受理/主観的受理で定義されている.

■**定義 4.9 (客観的受理/主観的受理)** $\mathrm{VAF} = (\mathcal{A},\ \mathcal{R},\ V,\ val,\ P)$ において,
- 「論証 $A \in \mathcal{A}$ が客観的受理される (objectively acceptable)」のは,任意の聴衆 $a \in P$ のすべての選好拡張 $preferred_a$ において $A \in preferred_a$ でありそのときに限る.
- 「論証 $A \in \mathcal{A}$ が主観的受理される (subjectively acceptable)」のは,ある聴衆 $a \in P$ のある選好拡張 $preferred_a$ において $A \in preferred_a$ でありそのときに限る. □

■**例 4.3** [8] "red" と "blue" の 2 つの価値をもつ $\mathrm{VAF} = (\mathcal{A},\ \mathcal{R},\ V,\ val,\ P)$ を考える (図 4.1). ここで $\mathcal{A} = \{A, B, C\}$, $\mathcal{R} = \{(A, B), (B, C)\}$, $V = \{red, blue\}$, $val(A) = red$, $val(B) = blue$, $val(C) = blue$, $P = \{Red, Blue\}$ であり,聴衆 Red は red の方を好み (すなわち, $red > blue$), 聴衆 $Blue$ は blue の方を好む (すなわち, $blue > red$) とする. すると, $preferred_{Red} = \{A, C\}$, $preferred_{Blue} = \{A, B\}$ となり,論証 A は客観的受理されるが,論証 B, C は

主観的受理のみとなる.

4.3.3 VAFを用いた議論の例

■例 4.4 "An example moral debate"[8] の問題を以下に示す.

「糖尿病患者のハルは彼自身に過失のない事故でインシュリンを失う. 急いでインシュリンを補充しなければ命にかかわるので, 彼はもう一人の糖尿病患者であるカーラの家を訪れ, インシュリンを分けてもらおうとしたが, 彼女は不在であった. ハルは仕方なく彼女の家に無断で立ち入り, 彼女のインシュリンをいくらか使用した. ハルの行為は正しいだろうか? またカーラは弁償してもらう権利があるだろうか?」この議論において次の論証が存在したとする.

論証 A: 命を救うためなら他人の所有物を使う権利があるので, ハルの行為は正当化される.

論証 B: 他人の財産権を侵害してはいけない.

論証 C: ハルがカーラに弁償すれば, カーラの財産権は侵害されない.

論証 D: (貧しさが原因で死んではいけないので) ハルがあまりにも貧しくて弁償できないならば, 命のためにカーラのインシュリンを使っても, ハルは弁償しなくてもよい.

論証 A, D は命 ($life$), 論証 B, C は財産 ($prop$) を重視していると考えられるので, この議論は VAF $= (\mathcal{A}, \mathcal{R}, V, val, P)$ で表現される (図 4.2). ここで, $\mathcal{A} = \{A, B, C, D\}$, $\mathcal{R} = \{(D,C), (C,B), (B,A)\}$, $V = \{life, prop\}$, $val(A) = life$, $val(B) = prop$, $val(C) = prop$, $val(D) = life$, $P = \{a_1, a_2\}$. なお a_1, a_2 は次の聴衆とする.

聴衆 a_1: 命を財産より尊重 ($life > prop$)

聴衆 a_2: 財産を命より尊重 ($prop > life$)

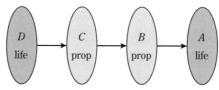

図 4.2　命と財産の価値に基づく議論

すると，$\text{VAF}_{a_1} = (\mathcal{A}, \mathcal{R}, V, val, Valpref_{a_1})$，ただし，$Valpref_{a_1} = \{(life, prop)\}$，$\text{VAF}_{a_2} = (\mathcal{A}, \mathcal{R}, V, val, Valpref_{a_2})$，ただし，$Valpref_{a_2} = \{(prop, life)\}$ に対して，次の af_{a_1}，af_{a_2} が定義される．

$$af_{a_1} = (\mathcal{A}, defeats_{a_1}), \quad \text{ここで } defeats_{a_1} = \{(D,C),(C,B)\}$$
$$af_{a_2} = (\mathcal{A}, defeats_{a_2}), \quad \text{ここで } defeats_{a_2} = \{(C,B),(B,A)\}$$

af_{a_1} は $\{A, B, D\}$，af_{a_2} は $\{A, C, D\}$ の選好拡張をもつ．ゆえに，A, D のいずれも客観的受理されるので，「ハルの行為は正しい (A)．かつハルはカーラに弁償しなくてもよい (D)」ことが結論として導かれる． □

4.4 動的プリファレンスと拡張議論フレームワーク

これまで説明した PAF や VAF は，いずれも静的プリファレンスを扱う議論の枠組であった．本節では動的プリファレンスを扱う EAF を説明する．以下に，日常的に人間が行っている動的プリファレンスを用いた議論の例 [41] を示す．

■例 4.5（天気予報についての議論） P と Q の 2 人が論証 $A, B \dots$ を互いに投げあいながら次の議論をしている．

　$\mathbf{P}_1$：BBC の天気予報では「晴天」なので，今日のロンドンは乾燥する $=A$

　$\mathbf{Q}_1$：CNN の天気予報では「雨」なので，今日のロンドンは湿度が高い $=B$

A, B の論証は互いに矛盾する結論を主張しているので，互いに攻撃をする．この結果，Dung の選好意味論では，2 つの拡張 $\{A\}$，$\{B\}$ が存在し，いずれの論証も慎重 (skeptically) に正当化されず，ロンドンが乾燥するか否かについて断定できない．このとき，P が次のプリファレンス情報を話したとする．

　$\mathbf{P}_2$：BBC の情報は CNN より信頼できる $=C$

すると，BBC $\geq$ CNN より論証 A が B より望ましい $(A \geq B)$ が導かれて A が正当化される．ここで Q も次のプリファレンスを話したとする．

　$\mathbf{Q}_2$：CNN の情報は BBC より統計的により正確な予報をしている $=C'$

　$\mathbf{Q}_3$：個人的な信頼感より統計に基づくほうが，より厳密で理性的である $=E$

$\mathbf{Q}_2$ のもつプリファレンス CNN$\geq$BBC より論証 B が A より望ましい $(B \geq A)$ が導かれ，$\mathbf{P}_2$ のプリファレンス $A \geq B$ にコンフリクトする．この結果，再びロ

ンドンが乾燥するか否かについて決定できないことになる．しかし，Q_3 のプリファレンスは，Q_2 のプリファレンス CNN≥BBC が P_2 のプリファレンス BBC≥CNN より優先するというメタなプリファレンスであり，これにより，Q_2 のプリファレンス (すなわち，CNN≥BBC) が優先されて，論証 B が正当化され，ロンドンは湿度が高いという結論が得られる． □

Modgil は，このような動的プリファレンスを扱える抽象議論の枠組として，拡張議論フレームワーク (EAF) とその意味論を提案した [41]．次の 4.4.1 項で Modgil の EAF フレームワーク，4.4.2 項で EAF の議論意味論を説明する．

4.4.1　EAF フレームワーク

EAF では，動的プリファレンスを表現するため，新たな攻撃関係 $\mathcal{D} \subseteq \mathcal{A} \times \mathcal{R}$ を導入して，Dung の議論フレームワーク $(\mathcal{A}, \mathcal{R})$ を拡張している．ここで $(X, (Y, Z)) \in \mathcal{D}$ なる $\mathcal{D}$ の要素は，「論証 X が $(Y, Z) \in \mathcal{R}$ を攻撃する」を表す．Amgoud らの PAF の意味論では，「プリファレンス $Z > Y$ は $(Y, Z) \in \mathcal{R}$ の攻撃を無効化」して攻撃関係 Def を構成していた．EAF でも類似の考えにより，「$(Y, Z) \in \mathcal{R}$ を攻撃する」を「Z を Y より優先する」というプリファレンスと解釈して，$(X, (Y, Z)) \in \mathcal{D}$ は「論証 X は Z を Y より優先する」を表現している．それゆえ，「X が $(Y, Z) \in \mathcal{R}$ を攻撃」すれば「X は Z を Y より優先する」を表し，「X' が $(Z, Y) \in \mathcal{R}$ を攻撃」すれば「X' は Y を Z より優先する」を表す．この結果，互いにコンフリクトするプリファレンスを表す論証は互いに攻撃すると定義している (すなわち，$(X, X'), (X', X) \in \mathcal{R}$)．

■**定義 4.10 (拡張議論フレームワーク：EAF)**　EAF は次の 3 つ組

$$(\mathcal{A}, \mathcal{R}, \mathcal{D})$$

で定義される．ここで $\mathcal{A}$ は論証集合，攻撃関係 $\mathcal{R}$ と第 2 の攻撃関係 $\mathcal{D}$ は次の条件を満たす．

- $\mathcal{R} \subseteq \mathcal{A} \times \mathcal{A}$
- $\mathcal{D} \subseteq \mathcal{A} \times \mathcal{R}$
- $(X, (Y, Z)), (X', (Z, Y)) \in \mathcal{D}$ ならば，$(X, X'), (X', X) \in \mathcal{R}$ □

■**例 4.6**　天気予報についての議論の例 4.5 を EAF で表すと，

$\mathcal{A} = \{A, B, C, C', E\}$
$\mathcal{R} = \{(A, B), (B, A), (C, C'), (C', C)\}$
$\mathcal{D} = \{(C, (B, A)), (C', (A, B)), (E, (C, C'))\}$ となる. □

4.4.2 EAFフレームワークの議論意味論

PAF の意味論では $\mathcal{R}$ とプリファレンス $\geq$ の両者を考慮した攻撃関係 Def が定義されていた. 一方, EAF では $\mathcal{R}$ とプリファレンスを表現する第 2 の攻撃 $\mathcal{D}$ の両者を考慮し, かつ論証集合 S をパラメータとしてもつ攻撃関係 defeats$_S$ が以下で定義される. それに基づき EAF の議論意味論が定義される.

■**定義 4.11** $(\mathcal{A}, \mathcal{R}, \mathcal{D})$ を EAF とする.
$S \subseteq \mathcal{A}$ に関する攻撃関係 defeats$_S \subseteq \mathcal{A} \times \mathcal{A}$ は以下で定義される.

A defeats$_S$ B
$\iff A \mathcal{R} B$ かつ $(C, (A, B)) \in \mathcal{D}$ なる $C \in S$ は存在しない. (4.3) □

■**例 4.7** $\mathcal{A} = \{A, B, C\}, \mathcal{R} = \{(A, B), (B, A)\}, \mathcal{D} = \{(C, (A, B))\}$ なる $(\mathcal{A}, \mathcal{R}, \mathcal{D})$ を考える. $S = \emptyset, \{A\}$ および $\{B\}$ では, $(A, B), (B, A) \in$ defeats$_S$ である. $S = \{C\}$ の場合, $(B, A) \in$ defeats$_{\{C\}}$, $(A, B) \notin$ defeats$_{\{C\}}$ となる. □

同様に, EAF における無衝突性 (conflict-freeness) は次のように定義される.

■**定義 4.12 (無衝突性)** $\Delta = (\mathcal{A}, \mathcal{R}, \mathcal{D})$ を EAF とする.
$S \subseteq \mathcal{A}$ は無衝突である.
$\iff \forall A, B \in S$ について, $(A, B) \in \mathcal{R}$ ならば,
$(B, A) \notin \mathcal{R}$ かつ $(C, (A, B)) \in \mathcal{D}$ なる C が存在する. □

EAF における受理可能性は, C defeats$_S$ B が上位のメタ・プリファレンスを表す攻撃によって無効化されないことを保証する復権集合を用いて定義される. 以後, $A \to^S B$ は A defeats$_S$ B を表すものとする.

■**定義 4.13 (復権集合)** $(\mathcal{A}, \mathcal{R}, \mathcal{D})$ において $S \subseteq \mathcal{A}$ とする. 以下の (1)〜(3) を満たす $R_S = [X_1 \to^S Y_1, \ldots, X_n \to^S Y_n]$ を $C \to^S B$ の復権集合 (reinstatement set) という.

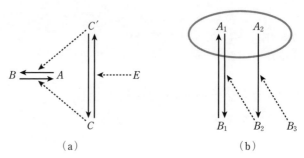

図 4.3 (a) は天気予報 (例 4.6) の EAF, (b) は例 4.8 の EAF

(1) $C \to^S B \in R_S$,
(2) $X_i \in S \ (1 \leq i \leq n)$,
(3) 任意の $X \to^S Y \in R_S$ と $(Y', (X, Y)) \in \mathcal{D}$ なる任意の Y' について, $X' \to^S Y' \in R_S$ となる $X' \in S$ が存在する. □

■**定義 4.14（受理可能性）** $(\mathcal{A}, \mathcal{R}, \mathcal{D})$ を EAF とする.

$A \in \mathcal{A}$ が $S \subseteq \mathcal{A}$ に関して受理可能である.
$\iff B \to^S A$ なる任意の B について, $C \to^S B$ なる $C \in S$ が存在し, かつ $C \to^S B$ に復権集合が存在する. □

図 4.3 は例 4.6 と例 4.8 の 2 つの EAF をグラフ表現したものである. 実線の矢印は $\mathcal{R}$ の攻撃, 点線の矢印は $\mathcal{D}$ の攻撃を表す.

■**例 4.8** 次の $(\mathcal{A}, \mathcal{R}, \mathcal{D})$ を考える (図 4.3 (b) 参照)[41].

ただし, $\mathcal{A} = \{A_1, A_2, B_1, B_2, B_3\}$, $\mathcal{R} = \{(A_1, B_1), (B_1, A_1), (A_2, B_2)\}$, $\mathcal{D} = \{(B_2, (A_1, B_1)), (B_3, (A_2, B_2))\}$ である.

$S = \{A_1, A_2\}$ について, $A_1 \to^S B_1$, $B_1 \to^S A_1$, $A_2 \to^S B_2$ が存在する. したがって A_2 は defeats$_S$ の攻撃を受けないので S に関して受理可能である. 他方, A_1 については, $B_1 \to^S A_1$ なる B_1 に対して, $A_1 \to^S B_1$ が存在する. そこで, $A_1 \to^S B_1$ に復権集合が存在するか否かを調べる. まず, $(B_2, (A_1, B_1)) \in \mathcal{D}$ なる B_2 について, $A_2 \to^S B_2$ が存在する. 次に $A_2 \to^S B_2$ について, $(B_3, (A_2, B_2)) \in \mathcal{D}$ が存在するが, B_3 を defeats$_S$ で攻撃する論証が S に存在しない. よって $A_1 \to^S B_1$ に復権集合が存在しないので, A_1 は S に

関して受理可能ではない.ゆえに,S は許容可能 (admissible) ではない. □

■**例 4.9** 例 4.6 の EAF を考える (図 4.3 (a) 参照). $S_1 = \{A, C\}$ の場合, $A \to^{S_1} B$, $C \to^{S_1} C'$, $C' \to^{S_1} C$ となる. A は $\mathtt{defeats}_{S_1}$ で攻撃を受けないので, S_1 に関して受理可能である. 一方, C に関して, $C' \to^{S_1} C$ なる C' について $C \to^{S_1} C'$ の攻撃が存在する. ところで $C \to^{S_1} C'$ について, $(E, (C, C')) \in \mathcal{D}$ となる E が存在するが, E を $\mathtt{defeats}_{S_1}$ で攻撃する論証が S_1 に存在しないので, $C \to^{S_1} C'$ に復権集合は存在しない. ゆえに, C は S_1 に関して受理可能ではない.

$S_2 = \{B, C', E\}$ の場合, $B \to^{S_2} A$, $C' \to^{S_2} C$ となる. よって, B, C', E のいずれも S_2 に関して受理可能である. さらに S_2 は無衝突であるので, 許容可能である. □

無衝突性と受理可能性の定義に基づき, EAF の許容可能拡張, 選好拡張, 完全拡張, 安定拡張などが Dung の AF における拡張と同様にして定義される.

■**定義 4.15 (EAF の議論意味論)** $(\mathcal{A}, \mathcal{R}, \mathcal{D})$ は EAF, $S \subseteq \mathcal{A}$ は無衝突な論証集合とする. すると,

- S は許容可能である.
  $\iff S$ に属する任意の論証は S に関して受理可能である.
- S は選好拡張である.
  $\iff S$ は (包含関係 $\subseteq$ に関して) 極大の許容可能拡張である.
- S は完全拡張である.
  $\iff S$ に関して受理可能な論証は S の要素である.
- S は安定拡張である.
  $\iff \forall B \in (\mathcal{A} \setminus S)$ に対して, $A \mathtt{defeats}_S B$ なる $\exists A \in S$ が存在する. □

EAF においても Dung の AF と同様, 基本的補題 (補題 3.1) が成り立つ. 基礎意味論については, EAF $\Delta = (\mathcal{A}, \mathcal{R}, \mathcal{D})$ の特性関数 F_Δ が以下で定義される.

- $F_\Delta : 2^{\mathcal{A}_c} \to 2^{\mathcal{A}}$, (ただし, $2^{\mathcal{A}_c}$ は $\mathcal{A}$ の無衝突な部分集合全体の集合を表す).
- $F_\Delta(S) = \{a \in \mathcal{A} \mid a$ は S に関して受理可能$\}$

なお F_Δ は単調ではないことが示されているので，最小不動点の存在は保証されない．しかし EAF の基礎拡張は，F_Δ を用いて Dung の AF の基礎拡張の定義に類似する以下の方法で定義されている．

■**補題 4.1** EAF の特性関数 F_Δ について，$F^0 = \emptyset$, $F^{i+1} = F_\Delta(F^i)$ とする．すると，$\forall i. F^i \subseteq F^{i+1}$ かつ F^i は無衝突である． □

■**定義 4.16** EAF $\Delta=(\mathcal{A},\mathcal{R},\mathcal{D})$ について，$F^0 = \emptyset$, $F^{i+1} = F_\Delta(F^i)$ とする．Δ の基礎拡張は $\bigcup_{i=0}^{\infty}(F^i)$ で定義される． □

■**例 4.10** 例 4.6 の EAF において，$\{B, C', E\}$ は唯一の選好拡張，完全拡張，安定拡張，かつ基礎拡張である． □

4.5 拡張の無衝突性保証の問題

2009 年に開催された人工知能の国際会議 (IJCAI-2009) で Amgoud と Vesic が次の例を示して，「Amgoud と Cayrol の議論意味論では，PAF の拡張に無衝突性 (conflict-freeness) が保証されない．かつ VAF，EAF の拡張も同様に無衝突性が保証されない」という衝撃的な技術的問題が提起された [2]．これは直観的には，プリファレンスを扱う PAF，VAF，EAF などの枠組における抽象議論では意味的に無矛盾性が保証されないことを意味する．

■**例 4.11 (ストラディバリウスについての幼児と専門家の議論)** a_1 は専門家，a_2 は 3 歳の幼児の論証であるとする．

論証 a_1：このバイオリンはストラディバリウスであり (s)，ストラディバリウスならば高価であるので $(s \rightarrow e)$，このバイオリンは高価である (e)．

論証 a_2：このバイオリンはストラディバリウスでない $(\neg s)$．

この例の議論フレームワーク $AF=(\mathcal{A},\mathcal{R})$ は，$\mathcal{A}=\{a_1, a_2\}$, $\mathcal{R}=\{(a_2, a_1)\}$ であるので拡張 $\{a_2\}$ が得られ，3 歳の幼児の論証 a_2 が議論で勝利する．しかし人間の議論では，幼児の意見 a_2 よりピアノの専門家の意見 a_1 が重要視されるので，3 歳の幼児がピアノの専門家に勝利することは有りえない．このように専門家の

意見を幼児の意見より優先する情報は，$\geq = \{(a_1,a_1),(a_2,a_2),(a_2,a_1)\}$ で表現される．ゆえに，Amgoud と Cayrol の PAF=$(\mathcal{A},\mathcal{R},\geq)$ では，Def $= \emptyset$ となり，任意の Dung の意味論で $(\mathcal{A},\text{Def})$ は唯一の拡張 $E = \{a_1,a_2\}$ をもつ．しかし，この E は $\mathcal{R}$ に関して無衝突ではない．事実，論証 a_1 は，バイオリンがストラディバリウスであることを主張し，他方，論証 a_2 は，バイオリンがストラディバリウスでないことを主張しているので，PAF から導かれた選好拡張 E は意味的に矛盾しており，拡張として不適切である． □

■**例 4.12** 上記の例を Modgil の EAF $(\mathcal{A},\mathcal{R},\mathcal{D})$ で表現すると，$\mathcal{A}=\{a_1,a_2,a_3\}$，$\mathcal{R}=\{(a_2,a_1)\}$，$\mathcal{D}=\{(a_3,(a_2,a_1))\}$ となる．ゆえに，$\{a_1,a_2,a_3\}$ がこの EAF の唯一の選好拡張となるが，$\mathcal{R}$ に関して無衝突ではない． □

■**例 4.13** 同様に上例を Bench-Capon の VAF で表現すると，$\mathcal{A}=\{a_1,a_2\}$，$\mathcal{R}=\{(a_2,a_1)\})$，$V = \{expert, child\}$，$val(a_1) = expert$，$val(a_2) = child$ となる．ゆえに，$expert > child$ となる聴衆では，$defeats$ は空集合となり，$\mathcal{R}$ に関して無衝突ではない拡張 $\{a_1,a_2\}$ が得られる． □

このように攻撃関係 $\mathcal{R}$ に対する拡張の無衝突性保証の問題に関して，Amgoud と Vesic は，PAF の意味論が満たすべき次の 2 つの条件を提案した [2]．

- **無衝突性**：E が $(\mathcal{A},\mathcal{R},\geq)$ の拡張ならば，E は $\mathcal{R}$ に関して無衝突である．
- **一般性 (generalization)**：$\mathcal{R}$ による攻撃を無効化するプリファレンスが $\geq$ に存在しなければ，$(\mathcal{A},\mathcal{R},\geq)$ の任意の拡張は Dung の議論フレームワーク $(\mathcal{A},\mathcal{R})$ の拡張であり，その逆も成り立つ．

4.5.1 PAF の新たな議論意味論

Amgoud と Cayrol のアプローチでは，PAF=$(\mathcal{A},\mathcal{R},\geq)$ における攻撃関係 $\mathcal{R}$ が優先関係 $\geq$ を考慮して変形され，この変形された攻撃関係 Def を用いて，変形議論フレームワーク $(\mathcal{A},\text{Def})$ を構成し，これに対して Dung の議論意味論が適用されていた．この結果，PAF の拡張が必ずしも $\mathcal{R}$ に関して無衝突であることが保証されなくなった．VAF，EAF でもプリファレンスを考慮して攻撃関係を変形するアプローチが採用されて，同様の技術的問題が生じている．

これらの技術的問題を克服するために，プリファレンスにより変形議論フレームワークを構成するのではなく，議論フレームワーク $AF=(\mathcal{A},\mathcal{R})$ の拡張から，プリファレンス $\leq \subseteq \mathcal{A}\times\mathcal{A}$ を考慮してもっとも望ましい拡張 ($\mathcal{P}$-拡張と称する) を選択し，それらによってPAFやVAFに意味論を与えるというアプローチを著者が提案した [71]．以下に著者のアプローチの概要を述べる．

■定義 4.17 プリファレンス付き議論フレームワーク (PAF) は，3つ組

$$(\mathcal{A},\ \mathcal{R},\ \leq)$$

で定義される．ここで $\mathcal{A}$ は論証集合，$\mathcal{R}$ は攻撃関係，$\leq$ は $\mathcal{A}$ 上の擬順序 (preorder)，つまり反射律，推移律を満たす $\mathcal{A}$ 上の2項関係 $\leq \subseteq \mathcal{A}\times\mathcal{A}$ である．$b \leq a$ は，"論証 b より論証 a を優先する" を表す．狭義 (strict) の優先関係 $<$ は，$a < b \stackrel{\text{def}}{=} a \leq b$ かつ $b \not\leq a$ で定義する． □

以下で $\sigma \in \{$ 完全, 選好, 基礎, 安定, 半安定, アイデアル $\}$ は議論意味論名を表す．

■定義 4.18 (プリファレンス関係 $\sqsubseteq_{ex}$) 所与の PAF=$(\mathcal{A},\mathcal{R},\leq)$ において，$(\mathcal{A},\mathcal{R})$ の σ 意味論の拡張 (すなわち σ 拡張) 全体の集合を $\mathcal{E}$ とする．このとき，$\mathcal{E}$ 上のプリファレンス関係 $\sqsubseteq_{ex}$ (すなわち，$\sqsubseteq_{ex} \subseteq \mathcal{E}\times\mathcal{E}$) を以下で定義する．任意の σ 拡張 $E_1,\ E_2,\ E_3 \in \mathcal{E}$ について，

1. $E_1 \sqsubseteq_{ex} E_1$．
2. 論証 $\exists a_2 \in E_2 \setminus E_1$ について，
    (i) $a_1 \leq a_2$ なる論証 $a_1 \in E_1 \setminus E_2$ が存在し，かつ
    (ii) $a_2 < a_3$ なる論証 $a_3 \in E_1 \setminus E_2$ が存在しない，
    ならば，$E_1 \sqsubseteq_{ex} E_2$．
3. $E_1 \sqsubseteq_{ex} E_2$ かつ $E_2 \sqsubseteq_{ex} E_3$ ならば，$E_1 \sqsubseteq_{ex} E_3$．

上記 1, 3 より $\sqsubseteq_{ex}$ は反射律，推移律を満たすので擬順序 (preorder) である．

なお狭義の $\sqsubset_{ex}$ は，$E_1 \sqsubset_{ex} E_2 \stackrel{\text{def}}{=} E_1 \sqsubseteq_{ex} E_2$ かつ $E_2 \not\sqsubseteq_{ex} E_2$ である． □

■例 4.14 $PAF=(\mathcal{A},\mathcal{R},\leq)$ を考える．ここで，$\mathcal{A}=\{a,b,c,d\}$，$\mathcal{R}=\{(a,b),(b,a),(c,d),(d,c),(c,a),(b,d)\}$，$\leq=\{(a,b),(a,c),(b,d),(c,d),(a,d)\}\cup\{(x,x)|x\in\{a,b,c,d\}\}$ とする．すると $AF=(\mathcal{A},\mathcal{R})$ には，選好意味論，および，安定意味論において $\{a,d\}$，$\{b,c\}$ の2つの拡張が存在する．ここで $b \leq d$ かつ $c \leq d$

であるので，$\{b,c\} \sqsubseteq_{ex} \{a,d\}$，$\{a,d\} \not\sqsubseteq_{ex} \{b,c\}$ が成り立つ． □

著者のアプローチでは次の $\mathcal{P}$-拡張で PAF の議論意味論が与えられる [71]．

■**定義 4.19 ($\mathcal{P}$-拡張 ($\mathcal{P}$-extensions))** 所与の PAF $= (\mathcal{A}, \mathcal{R}, \leq)$ において，$\mathcal{E}$ を $AF = (\mathcal{A}, \mathcal{R})$ の σ 意味論の拡張の集合とする．このとき，σ 拡張 $E \in \mathcal{E}$ について，$E \sqsubset_{ex} E'$ となる σ 拡張 $E' \in \mathcal{E}$ が存在しなければ，E を σ $\mathcal{P}$-拡張という（あるいは，σ 意味論の $\mathcal{P}$-拡張という）． □

■**例 4.15** (例 4.14 の続き) AF の 2 つの拡張のうち，$\{a,d\}$ のみが PAF の "選好 $\mathcal{P}$-拡張"，かつ "安定 $\mathcal{P}$-拡張" である．一方，4.2.1 項で述べた Amgoud と Cayrol のアプローチでは，$\{b,d\}$ が PAF の唯一の選好拡張かつ安定拡張として得られる．しかし，$\{b,d\}$ は $\mathcal{R}$ に関して無衝突ではない． □

■**例 4.16** 移動手段について，車，電車，自転車の 3 つから選びたい [71]．議論の場に出された論証を以下に示す．

C_0：電車・自転車を使わないなら車を使う
C_1：車を使えば荷物を多く積める
C_2：車を使えば疲れない
T_0：車・自転車を使わないなら電車を使う
T_1：電車を使えば渋滞に巻き込まれない
T_2：電車を使えば疲れない
B_0：車・電車を使わないなら自転車を使う
B_1：自転車を使えば運動になる
B_2：自転車を使えば渋滞に巻き込まれない

これらの論証に関して議論フレームワークは以下の AF として構成される．
$AF = (\mathcal{A}, \mathcal{R})$，ただし，$\mathcal{A} = \{C_i, T_i, B_i \mid 0 \leq i \leq 2\}$
$\mathcal{R} = \{(C_i, T_j), (T_j, C_i), (B_i, T_j), (T_j, B_i), (C_i, B_j), (B_j, C_i) | 0 \leq i, j \leq 2\}$

ここで，攻撃関係は「車を使った場合は自転車を使えない」など，各選択肢が排他的なことから導かれる．図 4.4 は AF のグラフで辺は双方向である．

Dung の意味論に基づき，選好（かつ安定）拡張として以下が得られる．
$$E_C = \{C_0, C_1, C_2\}, \quad E_T = \{T_0, T_1, T_2\}, \quad E_B = \{B_0, B_1, B_2\}$$

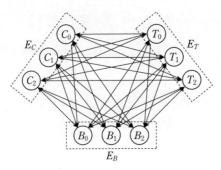

図 4.4 例 4.16 の AF

これらはそれぞれの見方で勝利した意見の集合であり，優劣はつけがたい．

ここで，「運動するよりも疲れたくない」「荷物を多く積めるよりも渋滞に巻き込まれたくない」という要望（プリファレンス）をエージェントがもっていたとき，

$$B_1 \leq T_2, \quad B_1 \leq C_2, \quad C_1 \leq T_1, \quad C_1 \leq B_2$$

として表現できる．これらを用いて拡張同士の優先関係が以下で得られる．

$$E_B \sqsubseteq_{ex} E_T, \quad E_C \sqsubseteq_{ex} E_T, \quad E_C \sqsubseteq_{ex} E_B, \quad E_B \sqsubseteq_{ex} E_C$$

ゆえに，選好，および，安定意味論のもとで $\mathcal{P}$-拡張は唯一 E_T のみとなり，「電車を使う」という期待される結果が得られる．一方，Amgoud らのアプローチではプリファレンスが効かず，PAF には AF と同じ E_B, E_T, E_C の 3 個の拡張が存在する． □

第 II 部
構造化論証を用いた議論

第5章 仮説に基づく議論

1997 年，Bondarenko, Dung, Kowalski, Toni らにより仮説に基づく議論 (assumption-based argumentation: ABA) [12, 13] が提案された．ABA は，第 3 章で述べた Dung の抽象議論の理論 [23] と同様，デフォルト論理，安定モデル意味論に基づく論理プログラミング，自己認識論理，極小限定などの種々の非単調推論をモデル化できる一般化された (抽象) 議論の理論であり，"no-evidence-to-the-contrary"(それに反するものの証拠がない) という概念に基づいて議論の理論構築がなされている．抽象議論 (AA) の Dung のフレームワークでは，論証 (argument) は抽象的概念として構造がないが，ABA の論証は構造をもつ．ABA は AA のインスタンスであることが示されている [25]．他方，AA は ABA のインスタンスとみなすことができることも示されている [62, 63]．ABA には種々のバージョンがあるが，本章では文献 [25, 63] および [24] に基づいて説明する．

5.1　仮説に基づく議論フレームワーク：ABA

ABA では，次の「仮説に基づく議論フレームワーク」(assumption-based argumentation framework: ABA フレームワーク，もしくは ABA) で知識が表現される．

■**定義 5.1**　ABA フレームワークは次の 4 つ組で定義される．
$$\langle \mathcal{L}, \mathcal{R}, \mathcal{A}, \overline{} \rangle$$
ここで，
- $(\mathcal{L}, \mathcal{R})$ は演繹システム (deductive system) である．ただし，$\mathcal{L}$ は可算個の文 (sentence) からなる論理的言語であり，$\mathcal{R}$ は次の形，
$$b_0 \leftarrow b_1, \ldots, b_m \qquad (m \geq 0)$$

の可算 (無限) 個の推論規則 (inference rules, 略してルール) の集合である. 以後, 上記の形式のルール r について, b_0 を r の頭部 (head) といい $head(r)$ で表す. $b_1, \ldots, b_m$ を r の本体 (body) といい $body(r)$ で表す.

- $\mathcal{A} \subseteq \mathcal{L}$ (ただし, $\mathcal{A} \neq \emptyset$) は, 仮説 (assumption) の集合である.
- $^-$ は $\mathcal{A}$ から $\mathcal{L}$ への全関数 (total mapping) である. 仮説 $\alpha \in \mathcal{A}$ に対して, $\bar{\alpha}$ は, "α の相反" (contrary of α) と称される. □

文献 [25] に従い, 本書で ABA フレームワークはフラット (flat), すなわち, 仮説 $\alpha \in \mathcal{A}$ はルールの頭部に出現しないものとする.

■**例 5.1** 次の例を考える.

「車があり車に異常がなければドライブができる. 車がある. 通常, 寒くないのにエンジンがかからなければ車に異常がある」

これを ABA フレームワーク $\langle \mathcal{L}, \mathcal{R}, \mathcal{A}, ^- \rangle$ で表現すると以下のようになる.

$$\mathcal{L} = \{a, b, c, p, q, r, s, t\},$$
$$\mathcal{R} = \{p \leftarrow q, a,\ q \leftarrow,\ r \leftarrow b, c\},$$
$$\mathcal{A} = \{a, b, c\},$$
$$\bar{a} = r, \bar{b} = s, \bar{c} = t$$

ここで, p は「ドライブができる」, a は「車に異常がない」, q は「車がある」, r は「車に異常がある」, b は「寒くない」, c は「エンジンがかからない」, s は「寒い」, t は「エンジンがかかる」を表す. □

5.1.1　ABA フレームワークにおける論証と攻撃

ABA の論証 (argument) と攻撃関係 (attacks) を説明する.

■**定義 5.2 (ABA の論証)**　ABA フレームワーク $\langle \mathcal{L}, \mathcal{R}, \mathcal{A}, ^- \rangle$ において, "K にサポートされたクレーム $c \in \mathcal{L}$ の論証 (an argument for the claim c supported by K)" は $K \vdash c$ で表し, $K \subseteq \mathcal{A}$ と $R \subseteq \mathcal{R}$ から演繹的に c が推論されることを意味する. □

つまり ABA の論証 $K \vdash c$ は, 仮説集合 $K \subseteq \mathcal{A}$ と推論規則集合 $R \subseteq \mathcal{R}$ から文 c の演繹的推論を表す. 論証 $K \vdash c$ において, K はサポート, c はクレームと

称される．論証は次の木構造で表現される．

■**定義 5.3（ABA の論証木）** ABA $\langle \mathcal{L}, \mathcal{R}, \mathcal{A}, \bar{} \rangle$ において，論証 $K \vdash c$ は，節点 (node) が $\mathcal{L}$ の要素または τ でラベル付けられた以下の木である．
- 根は c でラベル付けられる．
- すべての節点 N について，
  (1) N が葉であるならば，N は K に属する仮説，または τ でラベル付けられる．
  (2) N が葉ではなく，そして b_0 が N のラベルならば，b_0 を頭部にもつルール $b_0 \leftarrow b_1, \ldots, b_m (m \geq 0)$ が存在し，$m = 0$ ならば N の子節点は τ でラベル付けられ，$m > 0$ ならば N は $b_i (1 \leq i \leq m)$ でラベル付けられた m 個の子節点をもつ．
  (3) K は葉をラベル付けしている仮説からなる集合である．
- このような論証を表す木を論証木 (argument tree) と称する．

なお上記定義より，各仮説 $\alpha \in \mathcal{A}$ について，根が α でラベル付けされた唯一の節点の木が存在し，それらは $\{\alpha\}$ でサポートされたクレーム α の論証 $\{\alpha\} \vdash \alpha$ として表されることに注意されたい． □

ABA における攻撃関係 *attacks* は，"仮説に反する (contrary of assumptions)" の概念に基づいて定義される．

■**定義 5.4（論証間の攻撃 (attacks)）**
- 論証 $K \vdash c$ が仮説 α を攻撃する (i.e. $K \vdash c$ attacks α)．
  $\iff$ 論証のクレーム c が仮説 α の相反 $\bar{\alpha}$ である．すなわち，$c = \bar{\alpha}$．
- 論証 $K \vdash c$ が論証 $K' \vdash c'$ を攻撃する (i.e. $K \vdash c$ attacks $K' \vdash c'$)．
  $\iff K \vdash c$ が K' のある仮説を攻撃する．
   すなわち，$c = \bar{\alpha}$ なる仮説 α が K' に存在する． □

本章では以後，次の記法を用いる．

■**定義 5.5** $claim(A)$ は $K \vdash c$ なる論証 A のクレーム c を表す．$\text{Concs}(E)$ は E に属する論証のクレーム全体の集合，すなわち，

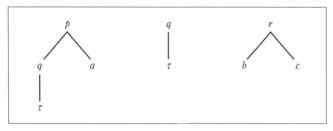

図 5.1　論証木の例

$$\mathrm{Concs}(E) = \{c \mid K \vdash c \in E\}$$

を表し，拡張 E の結論集合と称する．　□

■**例 5.2**　（例 5.1 に続く）例 5.1 の ABA $\langle \mathcal{L}, \mathcal{R}, \mathcal{A}, ^{-} \rangle$ は，次の 5 個の論証をもつ．

$$\{a\} \vdash p, \quad \{\} \vdash q, \quad \{b,c\} \vdash r, \quad \{a\} \vdash a, \quad \{b\} \vdash b, \quad \{c\} \vdash c$$

上記以外に本 ABA の論証は存在しない．たとえば，$\{a,b\} \vdash p$ は定義より論証ではない．なお，p, q, r をクレームにもつ論証は，それぞれ図 5.1 の p, q, r を根とする論証木として表現される．この ABA の攻撃関係 $attacks$ を以下に示す．

$$\{b,c\} \vdash r \ \ attacks \ \ \{a\} \vdash p, \quad \{b,c\} \vdash r \ \ attacks \ \ \{a\} \vdash a \quad □$$

5.1.2　ABA フレームワークの議論意味論

ABA に対応する抽象議論フレームワークが以下で定義される．

■**定義 5.6**　ABA フレームワーク $\mathcal{F} = \langle \mathcal{L}, \mathcal{R}, \mathcal{A}, ^{-} \rangle$ に対応する抽象議論フレームワークは次の $AF_\mathcal{F} = (AR, attacks)$ として構成される．

- 各論証 $A \in AR$ は，定義 5.3 に従って構成される論証 $K \vdash c$ である．
- $attacks$ は 定義 5.4 に従って $\mathcal{F}$ から構成される AR 上の 2 項関係 $attacks$ である．すなわち，「$A \ attacks \ B$　iff　$(A,B) \in attacks$」である．　□

ABA の議論意味論は，ABA $\mathcal{F}$ から構成された $AF_\mathcal{F}$ に Dung の議論意味論を適用して与えられる．まず，論証集合 $\mathcal{A}rgs \subseteq AR$ に対して，論証集合 $\mathcal{A}rgs^+$ を以下で定義する．

$$\mathcal{A}rgs^+ = \{A \in AR \mid B \in \mathcal{A}rgs \text{ について}, B \ attacks \ A\}$$

すると $Args \cap Args^+ = \emptyset$ ならば，論証集合 $Args$ は無衝突である．論証 A を攻撃するいかなる論証も $Args$ に属する論証によって攻撃されるならば，$Args$ は論証 A を防御する (defends) という．

■**定義 5.7** $\langle \mathcal{L}, \mathcal{R}, \mathcal{A}, \overline{} \rangle$ を ABA フレームワーク，AR を当該 ABA から構成されるすべての論証の集合，$Args \subseteq AR$ とする．

- $Args$ は許容可能 (admissible)
  $\iff Args$ は無衝突かつ $Args$ に属する任意の論証を $Args$ が防御する．
- $Args$ は完全論証拡張 (complete argument extension)
  $\iff Args$ は許容可能 かつ $Args$ が防御する論証はすべて $Args$ に属する．
- $Args$ は基礎論証拡張 (grounded argument extension)
  $\iff Args$ は (包含関係 $\subseteq$ に関して) 極小の完全論証拡張である．
- $Args$ は 選好論証拡張 (preferred argument extension)
  $\iff Args$ は (包含関係 $\subseteq$ に関して) 極大の許容可能な論証集合である．
  $\iff Args$ は (包含関係 $\subseteq$ に関して) 極大の完全論証拡張である．
- $Args$ は安定論証拡張 (stable argument extension)
  $\iff Args$ は無衝突 かつ $Args \cup Args^+ = AR$ をみたす[1]．
- $Args$ はアイデアル論証拡張 (ideal argument extension)
  $\iff$ 各選好論証拡張に包含される ($\subseteq$ に関して) 極大の許容可能な論証集合 (あるいは，極大の完全論証拡張 [20]) である． □

■**例 5.3** (例 5.2 の続き) 例 5.2 の論証を以下のように Ag_1, Ag_2, Ag_3, δ_1, δ_2, δ_3 とする．

$$Ag_1 : \{\} \vdash q, \qquad Ag_2 : \{a\} \vdash p, \qquad Ag_3 : \{b,c\} \vdash r,$$
$$\delta_1 : \{a\} \vdash a, \qquad \delta_2 : \{b\} \vdash b, \qquad \delta_3 : \{c\} \vdash c$$

すると例 5.1 の ABA に対応する議論フレームワーク $(AR, attacks)$

$$AR = \{Ag_1, Ag_2, Ag_3, \delta_1, \delta_2, \delta_3\}, \quad attacks = \{(Ag_3, Ag_2), (Ag_3, \delta_1)\}$$

が得られる．この結果，Dung の議論意味論により，$E = \{Ag_1, Ag_3, \delta_2, \delta_3\}$ が唯一の完全論証拡張，選好論証拡張，安定論証拡張，基礎論証拡張となる． □

---

[1] 定義 3.9 を参照．

歴史的に元来，ABA では，論証というより論証をサポートする仮説集合をベースに議論意味論の理論が構築され，拡張 (extension) も仮説集合として定義された [13]．以降で ABA の仮説集合に基づく議論意味論を説明する．仮説集合間の攻撃は次のように定義される．

■**定義 5.8（仮説集合間の攻撃 ($attacks$））**
- 仮説集合 $Asms$ は 仮説 α を攻撃する (i.e. $Asms\ attacks\ \alpha$)
  $\iff Asms$ により $\bar{\alpha}$ をクレームにもつ論証を構成できる．すなわち，
  $\exists Asms' \subseteq Asms$ について，論証 $Asms' \vdash \bar{\alpha}$ を構成できる．
- 仮説集合 $Asms_1$ は仮説集合 $Asms_2$ を攻撃 する
  (i.e. $Asms_1\ attacks\ Asms_2$)
  $\iff Asms_1$ は $Asms_2$ のある仮説 $\exists \alpha \in Asms_2$ を攻撃する [20]．
  $\iff Asms' \subseteq Asms_1, \exists \alpha \in Asms_2$ なる論証 $Asms' \vdash \bar{\alpha}$ が存在する [24]．
  $\iff Asms_1$ の部分集合でサポートされた論証が $Asms_2$ の部分集合でサポートされた論証を攻撃する． □

仮説集合 $Asms$ に対して，仮説集合 $Asms^+$ を以下で定義する．
$$Asms^+ = \{\alpha \in \mathcal{A} \mid Asms\ attacks\ \alpha\}$$
すると $Asms \cap Asms^+ = \emptyset$ のとき，仮説集合 $Asms$ は無衝突である．仮説 α を攻撃する任意の仮説集合を $Asms$ が攻撃するならば，$Asms$ は 仮説 α を防御する (defends) という．論証集合の代わりに仮説集合を用いた ABA の議論意味論が以下で定義される．

■**定義 5.9** $\langle \mathcal{L}, \mathcal{R}, \mathcal{A}, \bar{} \rangle$ を ABA フレームワーク，$Asms \subseteq \mathcal{A}$ とする．
- $Asms$ は許容可能 (admissible)
  $\iff Asms$ は無衝突 かつ $Asms$ に属する仮説を $Asms$ が防御する．
- $Asms$ は完全仮説拡張 (complete assumption extension)
  $\iff Asms$ は許容可能 かつ $Asms$ が防御する仮説はすべて $Asms$ に属する．
- $Asms$ は基礎仮説拡張 (grounded assumption extension)
  $\iff Asms$ は (包含関係 $\subseteq$ に関して) 極小の完全仮説拡張である．
- $Asms$ は選好仮説拡張 (preferred assumption extension)

$\iff Asms$ は (包含関係 $\subseteq$ に関して) 極大の許容可能な仮説集合である.

　　$\iff Asms$ は (包含関係 $\subseteq$ に関して) 極大の完全仮説拡張である.

- $Asms$ は安定仮説拡張 (stable assumption extension)

　　$\iff Asms$ は無衝突 かつ $Asms \cup Asms^+ = \mathcal{A}$ をみたす.

- $Asms$ はアイデアル仮説拡張 (ideal assumption extension)

　　$\iff$ 各選好仮説拡張に包含される ($\subseteq$ に関して) 極大の許容可能な仮説集合 (あるいは,極大の完全仮説拡張 [20]) である.　　□

■**例 5.4** (例 5.1, 例 5.2 の続き) 例 5.1 の ABA $\langle \mathcal{L}, \mathcal{R}, \mathcal{A}, ^- \rangle$ を考える. ただし, $\mathcal{R} = \{p \leftarrow q, a,\ q \leftarrow,\ r \leftarrow b, c\}$, $\mathcal{A} = \{a, b, c\}$, $\bar{a} = r, \bar{b} = s, \bar{c} = t$.

仮説 a について, $\bar{a} = r$ なる r をクレームとする論証 $\{b, c\} \vdash r$ を構成できるので, $\{b, c\}$ は a を攻撃する. 他方, $\bar{b} = s$, $\bar{c} = t$ なる s, t をクレームとする論証は構成されないので, 仮説 b, c を攻撃するいかなる仮説集合も存在しない.

したがって $Asms = \{a, b, c\}$ の場合, $Asms^+ = \{a\}$ だから $Asms \cap Asms^+ \neq \emptyset$ となり, $\{a, b, c\}$ は無衝突 ではない. $Asms = \{b, c\}$ の場合, $Asms^+ = \{a\}$ だから $Asms \cap Asms^+ = \emptyset$ となり, $\{b, c\}$ は無衝突である. 同様に $\{a, b, c\}$ 以外のすべての仮説集合 $Asms \subset \mathcal{A}$ は無衝突である.

次に, 無衝突な仮説集合 $\{a\}$, $\{a, b\}$, $\{a, c\}$ はいずれも仮説 a を攻撃する $\{b, c\}$ を攻撃できない (すなわち仮説 a を防御できない) ので, 許容可能ではない. しかし, これら以外の無衝突な仮説集合: $\{\}$, $\{b\}$, $\{c\}$, $\{b, c\}$ は許容可能である.

許容可能な仮説集合 $\{\}$, $\{b\}$ はいずれも仮説 c を防御できるが, $c \notin \{\}$, $c \notin \{b\}$ であるので, 完全仮説拡張ではない. 同様に許容可能な仮説集合 $\{c\}$ は, 仮説 b を防御できるが $b \notin \{c\}$ であるので, 完全仮説拡張ではない. 他方, $\{b, c\}$ は仮説 a を攻撃するが b, c を防御するので, $\{b, c\}$ は唯一の完全仮説拡張である. ゆえに, $\{b, c\}$ は基礎/選好/安定/アイデアル意味論の仮説拡張となる.　　□

許容可能性に基づく ABA の多くの議論意味論において, 仮説拡張と論証拡張の間に次の対応が存在することが証明されている [24, 20, 62, 72].

■**定理 5.1** $\langle \mathcal{L}, \mathcal{R}, \mathcal{A}, \bar{} \rangle$ を ABA フレームワーク，AR を当該 ABA から構成されるすべての論証の集合，$\sigma \in \{$完全, 選好, 基礎, 安定, アイデアル$\}$ とする[2]．
すると，

- $\mathcal{A}sms \subseteq \mathcal{A}$ が σ-仮説拡張であるならば，$\mathtt{Asms2Args}(\mathcal{A}sms)$ は σ-論証拡張である．
- $\mathcal{A}rgs \subseteq AR$ が σ-論証拡張であるならば，$\mathtt{Args2Asms}(\mathcal{A}rgs)$ は σ-仮説拡張である．

なお，$\mathtt{Asms2Args}: 2^{\mathcal{A}} \to 2^{AR}$ と $\mathtt{Args2Asms}: 2^{AR} \to 2^{\mathcal{A}}$ は以下の関数である．
$\mathtt{Asms2Args}(\mathcal{A}sms) = \{K \vdash c \in AR \mid K \subseteq \mathcal{A}sms\}$
$\mathtt{Args2Asms}(\mathcal{A}rgs) = \{\alpha \in \mathcal{A} \mid 論証 K \vdash c \in \mathcal{A}rgs について, \alpha \in K\}$． □

■**例 5.5** 例 5.1 の ABA $\langle \mathcal{L}, \mathcal{R}, \mathcal{A}, \bar{} \rangle$ を考える．定理 5.1 に基づき，例 5.2 において得られた完全論証拡張 $E = \{Ag_1, Ag_3, \delta_2, \delta_3\}$ より，$\mathtt{Args2Asms}(E) = \{b, c\}$ が完全仮説拡張として導かれる．他方，例 5.4 において得られた完全仮説拡張 $\{b, c\}$ より，$\mathtt{Asms2Args}(\{b,c\}) = \{\{\} \vdash q, \{b,c\} \vdash r, \{b\} \vdash b, \{c\} \vdash c\} = E$ が完全論証拡張として導かれる． □

■**例 5.6（鳥は飛びペンギンは飛ばない）** $\neg$ は明示的否定を表す記号とする．$\mathcal{F} = \langle \mathcal{L}, \mathcal{R}, \mathcal{A}, \bar{} \rangle$ において，$\mathcal{R}$, $\mathcal{A}$, $\bar{}$ は以下で与えられ，

(1) $\neg f \leftarrow p, not\_ab_1$ (2) $f \leftarrow b, not\_ab_2$ (3) $p \leftarrow$ (4) $b \leftarrow p$
(5) $ab_2 \leftarrow p$

$\mathcal{A} = \{not\_ab_1, not\_ab_2\}$, $\overline{not\_ab_1} = ab_1$, $\overline{not\_ab_2} = ab_2$.

とする．このとき，$\mathcal{F}$ より以下の論証が構成される．

$Ag_1 : \{not\_ab_1\} \vdash \neg f$, $Ag_2 : \{not\_ab_2\} \vdash f$, $Ag_3 : \{\} \vdash p$,
$Ag_4 : \{\} \vdash b$, $Ag_5 : \{\} \vdash ab_2$,
$Ag_6 : \{not\_ab_1\} \vdash not\_ab_1$, $Ag_7 : \{not\_ab_2\} \vdash not\_ab_2$

$attacks = \{(Ag_5, Ag_2), (Ag_5, Ag_7)\}$ より，$AF_{\mathcal{F}}$ は次の唯一の完全論証拡張 E をもつ．

$$E = \{Ag_1, Ag_3, Ag_4, Ag_5, Ag_6\}$$
ただし $\mathtt{Concs}(E) = \{\neg f, p, b, ab_2, not\_ab_1\}$ □

---
[2] この定理は，半安定意味論や eager 意味論のもとでは成り立たない [20]．

5.1.3 論理プログラムによる ABA のインスタンス化

標準論理プログラム (NLP) P によりインスタンス化された ABA の安定拡張と，P の安定モデルに 1 対 1 対応が存在することを示す．次の系は定理 3.10[23] を ABA の枠組で表現したものである．

■**系 5.1** $\mathcal{F}(P) = \langle \mathcal{L}_P, P, HB_{not}, \bar{\ } \rangle$ は NLP P によりインスタンス化された ABA フレームワークである．ここで $HB_{not} = \{not\ p \mid p \in HB_P\}$, $\mathcal{L}_P = HB_P \cup HB_{not}$, $\overline{not\ p} = p$ (ただし $not\ p \in HB_{not}$) である．また $\neg.CM = \{not\ a \mid a \in HB_P \setminus M\}$ とする．

このとき，ABA フレームワーク $\mathcal{F}(P)$ に対する議論フレームワーク $AF_{\mathcal{F}}(P) = (AR_P, attacks)$ は以下で定義される．

$AR_P = \{K \vdash k \mid K \subseteq HB_{not}$ はクレーム $k \in HB_P$ をサポートする $\}$
$\cup \{\{not\ k\} \vdash not\ k \mid k \in HB_P\}$,
$K \vdash h$ attacks $K' \vdash h'$ iff $\exists h^* \in K'$ について, $\overline{h^*} = h$

すると，エルブラン解釈 M が P の安定モデルであれば，そしてそのときに限り，$M \cup \neg.CM = \text{Concs}(E)$ となる $AF_{\mathcal{F}}(P)$ の安定拡張 E が存在する．   □

■**例 5.7** 例 2.17 の NLP $P = \{p \leftarrow not\ q,\quad q \leftarrow not\ p\}$ を考える．
$$HB_P = \{p, q\}$$
である．P は 2 つの安定モデル $M_1 = \{p\}$, $M_2 = \{q\}$ をもつ．

次に，P でインスタンス化された ABA $\mathcal{F}(P) = \langle \mathcal{L}_P, P, HB_{not}, \bar{\ } \rangle$ に対する $AF_{\mathcal{F}}(P) = (AR_P, attacks)$ を構成する．

$AR = \{\{not\ p\} \vdash q, \{not\ q\} \vdash p,$
　　　$\{not\ p\} \vdash not\ p), \{not\ q\} \vdash not\ q)\}$
$\{not\ p\} \vdash q$ attacks $\{not\ q\} \vdash p,$
$\{not\ p\} \vdash q$ attacks $\{not\ q\} \vdash not\ q,$
$\{not\ q\} \vdash p$ attacks $\{not\ p\} \vdash q,$
$\{not\ q\} \vdash p$ attacks $\{not\ p\} \vdash not\ p$

よって，$AF_{\mathcal{F}}(P)$ は次の 2 つの安定拡張 E_1, E_2 をもつ．

$$E_1 = \{\{not\ q\} \vdash p, \{not\ q\} \vdash not\ q\},$$
$$E_2 = \{\{not\ p\} \vdash q, \{not\ p\} \vdash not\ p\}$$

すると,

E_1 について, $\text{Concs}(E_1) = \{k \mid \exists K \vdash k \in E_1\} = \{p, not\ q\}$,

E_2 について, $\text{Concs}(E_2) = \{k \mid \exists K \vdash k \in E_2\} = \{q, not\ p\}$

ここで, P の 2 つの安定モデル $M_1 = \{p\}$, $M_2 = \{q\}$ について,

$$M_1 \cup \neg.CM_1 = \{p, not\ q\} = \text{Concs}(E_1),$$
$$M_2 \cup \neg.CM_2 = \{q, not\ p\} = \text{Concs}(E_2)$$

が成り立つ. よって系 5.1 が成り立つことが確認される. □

次の例は, NLP P の整礎モデルと P でインスタンス化された ABA の基礎拡張に, 定理 3.11 で示された 1 対 1 の対応が存在することを示す.

■**例 5.8** 例 2.9 の NLP P を考える. P の整礎モデルは $\langle \{b\}; \{a, c\} \rangle$ である. P でインスタンス化された ABA $\mathcal{F}(P) = \langle \mathcal{L}_P, P, HB_{not}, \overline{} \rangle$ (ただし, $HB_P = \{a, b, c\}$) において, 以下の論証集合 AR_P と攻撃関係 $attacks$ が得られる.

$$AR_P = \{\{not\ a\} \vdash b, \{not\ b\} \vdash c, \{not\ a\} \vdash not\ a,$$
$$\{not\ b\} \vdash not\ b, \{not\ c\} \vdash not\ c\}.$$

$\{not\ a\} \vdash b\ attacks\ \{not\ b\} \vdash c$,

$\{not\ a\} \vdash b\ attacks\ \{not\ b\} \vdash not\ b$.

このとき, $AF_{\mathcal{F}(P)} = (AR_P, attacks)$ は次の基礎拡張 E をもつ.

$$E = \{\{not\ a\} \vdash b,\ \{not\ a\} \vdash not\ a,\ \{not\ c\} \vdash not\ c\}$$

ここで $\text{Concs}(E) = \{b, not\ a, not\ c\}$ は P の整礎モデルを表している. □

次の例は, ELP P でインスタンス化された ABA の安定拡張と, (P の解集合ではなく) P の準無矛盾安定モデルとに 1 対 1 の対応があることを示す[3].

■**例 5.9** 例 2.15 の ELP $P = \{a \leftarrow,\ \neg a \leftarrow not\ b\}$ を考える. P でインスタンス化された ABA は $\mathcal{F}(P) = \langle \mathcal{L}_P, P, Lit_{not}, \overline{} \rangle$ である.

ただし, $Lit_P = \{a, b, \neg a, \neg b\}$, $Lit_{not} = \{not\ L \mid L \in Lit_P\}$, $not\ L \in Lit_{not}$

---

[3] これは, 定理 8.2 の $\Phi = \emptyset$ (Φ が空集合) の場合であり, 一般的に成り立つ [70, 72].

に対して $\overline{not\ L} = L$. この ABA より $AF_{\mathcal{F}}(P) = (AR_P, attacks)$ を構成すると,
$AR_P = \{\{\} \vdash a, \{not\ b\} \vdash \neg a, \{not\ a\} \vdash not\ a, \{not\ b\} \vdash not\ b,$
$\{not\ \neg a\} \vdash not\ \neg a, \{not\ \neg b\} \vdash not\ \neg b\}$, および
$\{\} \vdash a\ attacks\ \{not\ a\} \vdash not\ a,$
$\{not\ b\} \vdash \neg a\ attacks\ \{not\ \neg a\} \vdash not\ \neg a$

よって $AF_{\mathcal{F}}(P)$ は次の安定拡張 E をもつ.
$E = \{\{\} \vdash a, \{not\ b\} \vdash \neg a, \{not\ b\} \vdash not\ b, \{not\ \neg b\} \vdash not\ \neg b\}$,
ここで $\text{Concs}(E) = \{a, \neg a, not\ b, not\ \neg b\}$

P に解集合は存在しないが, P の準無矛盾安定モデル $M = \{a, \neg\ a\}$ が存在し, 安定拡張 E に対して, $M \cup \neg.CM = \text{Concs}(E)$ が成り立っている. ただし, $\neg.CM = \{not\ L \mid L \in Lit_P \setminus M\}$ (定理 8.2 を参照). □

5.1.4 相反関数の拡張による ABA の一般化

実践的推論[4](practical reasoning) などへの ABA の応用力を高めるために, Toni [32, 58, 31] らは次の一般化 ABA フレームワークを提案している.

■**定義 5.10** 一般化 ABA フレームワークは次のタップルである.
$$\langle \mathcal{L}, \mathcal{R}, \mathcal{A}, \mathcal{C} \rangle$$
ここで,
- $\mathcal{L}, \mathcal{R}, \mathcal{A}$ は定義 5.1 と同じ.
- $\mathcal{C}$ は一般化された相反関数であり, $\mathcal{C}: \mathcal{A} \to 2^{\mathcal{L}} \setminus \{\emptyset\}$ なる全関数 (total mapping) である. 各 $\beta \in \mathcal{C}(\alpha)$ は仮説 α の相反 (contrary) という. □

一般化 ABA では, これまでの標準的 ABA における $c = \bar{\alpha}$ を $\exists c \in \mathcal{C}(\alpha)$ と置き換えて考えればよい. この結果, 一般化 ABA の論証 (集合) は ABA の場合と同じく定義 5.3 により定義され, 一般化 ABA の攻撃関係 $attacks$ は ABA の攻撃関係の定義 5.4 と定義 5.8 を単にそれぞれ次の定義の (1), (2) に従って変更すればよい.

■**定義 5.11** 一般化 ABA $\langle \mathcal{L}, \mathcal{R}, \mathcal{A}, \mathcal{C} \rangle$ において,

---
[4] 第 9 章を参照.

(1) 論証 $K \vdash c$ が論証 $K' \vdash c'$ を攻撃する (i.e. $K \vdash c$ attacks $K' \vdash c'$)
$\iff c \in \mathcal{C}(\alpha)$ なる $\exists \alpha \in K'$ が存在.

(2) 仮説集合 $Asms_1$ は仮説集合 $Asms_2$ を攻撃する
(i.e. $Asms_1$ attacks $Asms_2$)
$\iff Asms' \subseteq Asms_1$ でサポートされた論証 $Asms' \vdash \beta$ について, $\beta \in \mathcal{C}(\alpha)$ なる $\exists \alpha \in Asms_2$ が存在.
$\iff Asms_1$ の部分集合でサポートされた論証が $Asms_2$ の部分集合でサポートされた論証を攻撃する. □

このように変更するだけで, 本章の $\langle \mathcal{L}, \mathcal{R}, \mathcal{A}, ^- \rangle$ に関する定義 5.7, 定義 5.9 や定理 5.1 は, $\langle \mathcal{L}, \mathcal{R}, \mathcal{A}, ^- \rangle$ を $\langle \mathcal{L}, \mathcal{R}, \mathcal{A}, \mathcal{C} \rangle$ に置きかえた一般化 ABA について, そのまま成り立つ. そこで今後, $\langle \mathcal{L}, \mathcal{R}, \mathcal{A}, ^- \rangle$ と $\langle \mathcal{L}, \mathcal{R}, \mathcal{A}, \mathcal{C} \rangle$ を特に区別しないで, ともに ABA と呼ぶ. $\langle \mathcal{L}, \mathcal{R}, \mathcal{A}, \mathcal{C} \rangle$ の具体例については, 例 8.1, 例 9.1, 例 9.2 などを参照されたい.

5.2　ABA の論争木と論争導出の証明手続き

許容可能性の概念は, 非構成的に定義されている. Dung らは ABA において論争木 (dispute tree) を構成しながら許容可能集合などを構成的に計算する証明手続きを示した. 以下でその概要を説明する.

5.2.1　ABA の論争木

論争木は, 論争で提案者 (proponent) が反論者 (opponent) に勝利する戦略 (strategy) を表す木構造である [25, 24]. 論争木構築プロセスは, 提案者がまず (その受理可能性が論争の対象である) 初期論証を提示し, その後, 提案者と反論者が交互に直前に提示された論証を攻撃する. そして, 提案者が反論者のすべての攻撃に対して反論 (counter-attack) ができれば提案者は勝利するという, ある種の零和・二人ゲームである.

■**定義 5.12**　初期論証 a に対する論争木 $\mathcal{T}$ は以下で定義される (有限とは限ら

ない) 木である[5].

1. T のすべての節点は論証でラベル付けられ，かつ提案者 (P) か，あるいは反論者 (O) であるかのステータス情報が付与されている．ただし，P, O の両者が共に付与されることはない．
2. 根は論証 a でラベル付けられた提案者 (P) の節点である．
3. ある論証 b でラベル付けられたすべての提案者 (P) の節点 N に対して，
   - b を攻撃する論証 c が存在するならば，そのようなすべての c に対して，c でラベル付けられた反論者 (O) である N の子節点が存在する．
   - そうでなければ (すなわち，b への攻撃がまったくない場合)，N は終端節点 (つまり葉) となる．
4. ある論証 b でラベル付けられたすべての反論者 (O) の節点 N に対して，b を攻撃する論証でラベル付けられ，かつ提案者 (P) のステータスであるちょうど 1 個の N の子節点が存在する．
5. 上記 1~4 で与えられたもの以外に T の節点は存在しない．

なお T の中の提案者 (P) の節点にラベル付けされた論証全体の集合を，T の防御集合 (defense set) という． □

論争木は，有限長，あるいは，無限長の枝 (branches) をもちうる．論争木の有限枝 (有限経路) は提案者が勝利する論証の系列を表しており，反論者が攻撃できないような提案者の論証で終了している．論争木の無限枝 (無限経路) も提案者が勝利する論証の系列を表しており，そこでは提案者は反論者の攻撃に対して反論することが無限に続いている．

上記論争木の定義では「提案者はすべての反論者の攻撃に反論できなくてはならない」という要求を満たしているが，「提案者は自分自身を攻撃しない」という要求は入っていない．さらに論争木に次の条件を追加して，許容可能論争木 (admissible dispute tree)，基礎論争木 (grounded dispute tree) が定義される．

■**定義 5.13** 論争木 T は，
- いかなる論証も 提案者 (P) と反論者 (O) の節点をラベル付けしなければ，そしてそのときのみ，許容可能 (論争木) である．

---
[5] ここで定義される論争木は，第 3 章の AF に対しても構成できる．

- 有限であるならば，そしてそのときのみ，基礎 (論争木) である． □

次の定理が文献 [24] で証明されている．

■**定理 5.2** 無限長の枝が存在しない論争木は許容可能である． □

したがって，上記定理より基礎論争木は許容可能であることがわかる．
論争木と ABA の議論意味論との関係が次の定理で示される．

■**定理 5.3** 許容可能論争木/基礎論争木と論証の許容可能集合/基礎論証集合 (すなわち基礎論証拡張) について以下の性質が成り立つ．
 1. 許容可能論争木の防御集合は許容可能である．
 2. 基礎論争木の防御集合は，基礎論証拡張の部分集合である．
 3. 論証 a が許容可能 (論証) 集合 A に属するならば，A の部分集合で許容可能な防御集合 A' をもつような a に対する許容可能論争木が存在する．
 4. 論証 a が基礎論証拡張 (基礎論証集合) A に属するならば (そして所与の ABA フレームワークにおいて仮説集合でサポートされる論証全体の集合が有限ならば)，A の部分集合で許容可能な防御集合 A' をもつような a に対する基礎論争木が存在する． □

さらに許容可能論争木に次の条件を追加して，アイデアル論争木 (ideal dispute tree) が定義される [24]．

■**定義 5.14** 許容可能論争木 $\mathcal{T}$ がアイデアルであるのは，$\mathcal{T}$ の各反論者 (O) のラベルが付与された節点の論証について，それを根とする許容可能論争木が存在しないときであり，そしてそのときに限る． □

アイデアル論争木については，定理 3.8 を用いて次の定理が証明されている．

■**定理 5.4**
 1. アイデアル論争木の防御集合はアイデアル (集合) である．
 2. 論証 a がアイデアル (論証) 集合 A の要素ならば，A の部分集合で許容可能な防御集合 A' をもつような a に対するアイデアル論争木が存在する． □

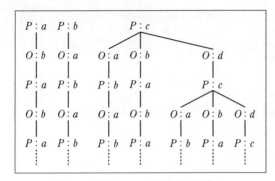
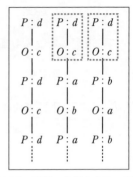

図 5.2 論証 a, b, c を根とする論争木

図 5.3 論証 d を根とする 3 種類の論争木

■**例 5.10** 例 3.19 の「パスポートは必要だろうか？」の議論（図 3.8）を考える．議論フレームワークは $AF_6 = (\{a,b,c,d\}, \{(a,b),(b,a),(a,c),(b,c),(c,d),(d,c)\})$ である．図 5.2 は論証 a, b, c を根とする論争木を表し，左より $\mathcal{T}_a$, $\mathcal{T}_b$, $\mathcal{T}_c$ とする．論争木 $\mathcal{T}_c$ について，論証 a(および b) でラベル付けされた節点で提案者 (P) と反論者 (O) のものが存在するので許容可能ではない．他方，$\mathcal{T}_a$, $\mathcal{T}_b$ は許容可能論争木であり，それらの防御集合 $\{a\}$, $\{b\}$ は許容可能集合である．なお $\mathcal{T}_a$ の反論者 (O) の節点は b のみでラベル付けされ，かつ b を根とする論争木 $\mathcal{T}_b$ が許容可能だから，$\mathcal{T}_a$ はアイデアルではない．同様に $\mathcal{T}_b$ もアイデアルではない．

図 5.3 は論証 d を根とする 3 種類の論争木が存在することを表す．左から順に $\mathcal{T}_d^1$, $\mathcal{T}_d^{2n}$, $\mathcal{T}_d^{3n}$ ($n \geq 1$) とする．ここで点線で囲まれた $P{:}d - O{:}c$ の部分は $P{:}d$ と $O{:}c$ の対の節点が n 回繰り返される長さ $2n-1$ のリストを表すものとする．たとえば $\mathcal{T}_d^{22}$ の木は，$P{:}d - O{:}c - P{:}d - O{:}c - P{:}a - O{:}b\ldots$ を表す．すると $\mathcal{T}_d^1$, $\mathcal{T}_d^{2n}$, $\mathcal{T}_d^{3n}$ のいずれも許容可能論争木であり，それらの防御集合 $\{d\}$, $\{a,d\}$, $\{b,d\}$ は許容可能集合である．このうち左から 2 番目の $\mathcal{T}_d^{2n}$ の木については，反論者 (O) のステータスの節点で論証 c と b でラベル付けされたものが存在し，かつ b が根の論争木 $\mathcal{T}_b$ は許容可能であるので，$\mathcal{T}_d^{2n}$ はアイデアルではない．同様に $\mathcal{T}_d^{3n}$ もアイデアルではない．$\mathcal{T}_d^1$ については，反論者 (O) のラベルの論証は c のみで，$\mathcal{T}_c$ は許容可能ではないので，$\mathcal{T}_d^1$ はアイデアル論争木である．したがって，$\mathcal{T}_d^1$ の防御集合 $\{d\}$ はアイデアルである．以上より，$\{d\}$ はアイデアル拡張であることが導かれる．　□

5.2.2 論争導出の証明手続き

論争導出 (dispute derivation) は議論で勝利するか否かを判定したい $\mathcal{L}$ の文を入力し,それをクレームとする論証を構成することから開始し,トップダウンに論争木を構成する.これまで許容可能仮説集合,基礎仮説拡張,アイデアル仮説拡張を計算する AB 論争導出 (AB-dispute derivation), GB 論争導出 (GB-dispute derivation), IB 論争導出 (IB-dispute derivation) のアルゴリズムが提案されている.詳細は文献 [25, 24] などを参照されたい.

5.3　ABA における議論意味論の無矛盾性の保証

$\neg$ は明示的否定を表す記号とする.次の例を考える.

■**例 5.11**　$\mathcal{F}_1 = \langle \mathcal{L}, \mathcal{R}_1, \mathcal{A}, \overline{} \rangle$ において,$\mathcal{R}_1$ は以下のルールからなり,
$$p \leftarrow \alpha, \quad \neg p \leftarrow$$
$\mathcal{A} = \{\alpha\}$, $a = \overline{\alpha}$ とする.すると $\mathcal{F}_1$ より以下の論証が構成され,
$$Ag_1 : \{\alpha\} \vdash p, \quad Ag_2 : \{\} \vdash \neg p, \quad Ag_3 : \{\alpha\} \vdash \alpha$$
$attacks = \emptyset$ なので,$AF_{\mathcal{F}_1}$ は次の唯一の完全拡張 E_1 をもつが,
$$E_1 = \{Ag_1, Ag_2, Ag_3\} \quad \text{ただし,} \text{Concs}(E) = \{p, \neg p, \alpha\}$$
$\{\neg p, p\} \subseteq \text{Concs}(E_1)$ であるので,E_1 の結論集合は矛盾している.

他方,$\mathcal{F}_2 = \langle \mathcal{L}, \mathcal{R}_2, \mathcal{A}, \overline{} \rangle$ において $\mathcal{R}_2 = \mathcal{R}_1 \cup \{a \leftarrow \neg p\}$ の場合,$Ag_4 : \{\} \vdash a$ の論証が追加され,この結果,結論集合が矛盾しない完全拡張 E_2 が得られる.
$$E_2 = \{Ag_2, Ag_4\} \quad \text{ただし,} \text{Concs}(E_2) = \{\neg p, a\} \qquad \square$$

上例の $\mathcal{F}_1$ のように,一般に ABA では結論集合が矛盾する完全拡張が存在しうる.このような矛盾する拡張は理論と応用面から一般に問題であると考えられ[6],Caminada と Amgoud は推論規則を有する議論システムの拡張が満たすべき性質として,拡張の無矛盾性と閉包性に関する合理性基準 [17] を示した (定義 6.15 参照).

---

[6] 矛盾を問題と考えない準無矛盾論理 (paraconsistent logic) のアプローチがあり,矛盾情報を扱う Belnap の 4 値論理などが提案されている.

このような背景のもとに，Dung は ABA の完全拡張が無矛盾であることを保証する (十分) 条件を帰結演算子 (consequence operator) $CN_{\mathcal{R}}$ を用いて示している [26]．なお，上例のように ABA の言語 $\mathcal{L}$ は明示的否定を表す否定演算子 $\neg$ を含みうる．以下にその概略を説明する．

■定義 5.15　ABA フレームワーク $\langle \mathcal{L}, \mathcal{R}, \mathcal{A}, ^{-} \rangle$ において，
集合 $X \subseteq \mathcal{L}$ は直接的矛盾 (contradictory) $\iff$
- X は $^{-}$ について矛盾，つまり $\{\alpha, \overline{\alpha}\} \in X$ なる仮説 $\alpha \in \mathcal{A}$ が存在する．
- X は $\neg$ について矛盾，つまり $\{\sigma, \neg\sigma\} \in X$ なる $\sigma \in \mathcal{L}$ が存在する．　□

■定義 5.16　$\langle \mathcal{L}, \mathcal{R}, \mathcal{A}, ^{-} \rangle$ において，$CN_{\mathcal{R}} : 2^{\mathcal{L}} \to 2^{\mathcal{L}}$ を帰結演算子と称する．ここで集合 $X \subseteq \mathcal{L}$ について，$CN_{\mathcal{R}}(X)$ は，

(1) $X \subseteq CN_{\mathcal{R}}(X)$

(2) 任意の $\sigma \leftarrow \sigma_1, \ldots, \sigma_n \in \mathcal{R}$ について，$\{\sigma_1, \ldots, \sigma_n\} \subseteq CN_{\mathcal{R}}(X)$ ならば，$\sigma \in CN_{\mathcal{R}}(X)$．

を満たす最小の集合として定義される．$CN_{\mathcal{R}}(X)$ を X の閉包 (closure) という．特に $X = CN_{\mathcal{R}}(X)$ が成り立つとき，X は ($CN_{\mathcal{R}}$ について) 閉じているという．他方，$CN_{\mathcal{R}}(X)$ が直接的矛盾 (contradictory) であるならば，X は間接的矛盾 (inconsistent) であるという．さらに X は間接的矛盾でなければ，X は無矛盾 (consistent) であるという．　□

すると ABA における Caminada と Amgoud の合理性基準は以下で定義される．

■定義 5.17　$\mathcal{F} = \langle \mathcal{L}, \mathcal{R}, \mathcal{A}, ^{-} \rangle$ から構成される $AF_{\mathcal{F}}$ の完全拡張を E とする．このとき，$\mathcal{F}$ の無矛盾性と閉包性の性質は以下で定義される．
- $\mathcal{F}$ は無矛盾性 (consistency-property) を満たす．
  $\iff$ 任意の E について $\mathtt{Concs}(E)$ は無矛盾である．
- $\mathcal{F}$ は ($\mathcal{R}$ について) 閉包性 (closure-property) を満たす．
  $\iff$ 任意の E について $\mathtt{Concs}(E)$ は閉じている．
  すなわち，$\mathtt{Concs}(E) = CN_{\mathcal{R}}(\mathtt{Concs}(E))$．　□

Dung は「完全拡張の無矛盾と閉包性」を保証するための条件として次の ab-自己矛盾公理 (ab-self-contradiction axiom) を定義している[7].

■**定義 5.18** $\mathcal{F} = \langle \mathcal{L}, \mathcal{R}, \mathcal{A}, ^- \rangle$ において,

- (ABA の **ab-自己矛盾公理**):任意の間接的矛盾な仮説集合 X について, $\overline{\alpha} \in CN_\mathcal{R}(X)$ なる仮説 $\alpha \in X$ が存在する,

ならば, ABA $\mathcal{F}$ は ab-自己矛盾公理を満たすという. □

Dung は,次の定理で ABA フレームワークが合理性基準としての「完全拡張の無矛盾と閉包性」を保証するための(十分)条件を示している[8].

■**定理 5.5** $\mathcal{F} = \langle \mathcal{L}, \mathcal{R}, \mathcal{A}, ^- \rangle$ とする.このとき,

- $CN_\mathcal{R}(\emptyset)$ が ¬ について無矛盾である,
  (すなわち, $\forall \sigma \in \mathcal{L}$ について $\{\sigma, \neg\sigma\} \not\subseteq CN_\mathcal{R}(\emptyset)$)
- かつ $\mathcal{F}$ は ab-自己矛盾公理を満たす,

ならば, $\mathcal{F}$ は無矛盾性と閉包性を満たす. □

■**例 5.12** 例 5.11 を考える. $\mathcal{F}_1, \mathcal{F}_2$ の ABA では,$CN_{\mathcal{R}_1}(\emptyset) = \{\neg p\}, CN_{\mathcal{R}_2}(\emptyset) = \{\neg p, a\}$ となり,いずれも ¬ について無矛盾である.

次に,$X = \{\alpha\}$ について,$\mathcal{F}_1, \mathcal{F}_2$ のいずれでも $\{\neg p, p\} \subseteq CN_{\mathcal{R}_1}(X), \{\neg p, p\} \subseteq CN_{\mathcal{R}_2}(X)$ であるから,$X = \{\alpha\}$ は間接的矛盾である.しかし $\mathcal{F}_1$ では,$a = \overline{\alpha}$ について $a \notin CN_{\mathcal{R}_1}(X)$ であるので,$\mathcal{F}_1$ は ab-自己矛盾公理を満たさない.よって,$\mathcal{F}_1$ における任意の完全拡張に無矛盾性は保証されない.

他方,$\mathcal{F}_2$ の場合,$X = \{\alpha\}$ について,$a \in CN_{\mathcal{R}_2}(X)$ であるので,$\mathcal{F}_2$ は ab-自己矛盾公理を満たす.よって,$\mathcal{F}_2$ の任意の完全拡張に無矛盾性が保証される.
□

■**例 5.13** 例 5.6 を考える. $CN_\mathcal{R}(\emptyset) = \{p, b, ab_2\}$ は ¬ について無矛盾である.次に,$X \subseteq \mathcal{A}$(ただし $X \neq \emptyset$)について調べる.まず $\{not\_ab_1\}$ は間接的矛盾ではない.次に,$X_1 = \{not\_ab_2\}$ について,$\{ab_2, not\_ab_2\} \subseteq CN_\mathcal{R}(X_1)$ であ

---

[7] 厳密には,Dung は ABA $\mathcal{F}$ に対して定義される抽象論理 (abstract logic) $AL_\mathcal{F}$ に基づいて ab-自己矛盾公理を定義している [26, Definition 17].
[8] [26, Corollary 3]

るので X_1 は間接的矛盾であり，かつ $ab_2 = \overline{not\_ab_2} \in CN_\mathcal{R}(X_1)$ である．同様に $X_2 = \{not\_ab_1, not\_ab_2\}$ について，$\{\neg f, f\} \subseteq CN_\mathcal{R}(X_2)$ であるから X_2 は間接的矛盾であり，かつ $ab_2 = \overline{not\_ab_2} \in CN_\mathcal{R}(X_2)$ である．よって，$\mathcal{F}$ は ab-自己矛盾公理を満たすので $\mathcal{F}$ の任意の完全拡張が無矛盾であることが保証される．事実，例 5.6 において $\mathrm{Concs}(E)$ は無矛盾であった． □

第6章 $ASPIC^+$ フレームワーク

2010年に Prakken により提案された構造化論証を扱う $ASPIC^+$ フレームワーク [49](以後, $ASPIC^+$) を説明する. $ASPIC^+$ は, 2004年～2007年に構造化論証を扱う種々のアプローチの整理・統合を目的として推進された, ヨーロッパの ASPIC (argumentation service platform with integrated components) プロジェクトの成果である ASPIC フレームワークを拡張したものである.

$ASPIC^+$ の特徴として, $ASPIC^+$ では否定 ($\neg$) の概念をもつ (特別に指定されていない) 論理的言語 ($\mathcal{L}$) を想定し, 推論規則として $\varphi_1, \ldots, \varphi_n \to \varphi$ (ただし $\varphi_i, \varphi \in \mathcal{L}$) の形のストリクト規則 (strict rule) と $\varphi_1, \ldots, \varphi_n \Rightarrow \varphi$ の形のデフィージブル規則 (defeasible rule) の2種類を用いることができる. ここで $\varphi_1, \ldots, \varphi_n$ と φ は, それぞれ各規則の前提 (antecedent) と帰結 (consequent) と称され, これらの推論規則の適用により構築される推論木として論証 (argument) が定義される.

ここで推論規則がストリクト (strict) であるとは,「前提が成り立つならば, いかなることがあろうとも帰結が成り立つ」ことを意味し, 他方, 推論規則がデフィージブル (defeasible) であるとは,「前提が成り立つならば, 帰結が成り立たないという理由がない限り帰結が成り立つ」ことを意味する.

他方, $ASPIC^+$ では, 反駁 (rebut), 無効化 (undercut) 前提の無効化 (undermine) の基本的な3種類の攻撃関係が用意されている. さらに, 明示的 (explicit) にプリファレンス情報が表現可能であり, それらのプリファレンスを議論で扱う推論メカニズムが備わっている.

6.1 $ASPIC^+$ における議論の理論

6.1.1 $ASPIC^+$ の議論の理論,議論システム,知識ベース

$ASPIC^+$ における議論の理論は,以下で定義される [49, 50].

■**定義 6.1** $ASPIC^+$ における議論の理論 (argumentation theory) は,$AT = (AS, KB, \preceq)$ なる 3 つ組である.各コンポーネントは以下で定義される.

1. $AS = (\mathcal{L}, ^-, \mathcal{R}, \leq)$ は議論システム (argumentation system) である.ここで,

   - $\mathcal{L}$ は論理的言語 (logical language),
   - $^-$ は $\mathcal{L}$ から $2^{\mathcal{L}}$ への相反関数 (contrariness function) であり,
     (1) $\varphi \in \overline{\psi}$ かつ $\psi \notin \overline{\varphi}$ ならば,φ は ψ の相反 (contrary) である.
     (2) $\varphi \in \overline{\psi}$ かつ $\psi \in \overline{\varphi}$ ならば,φ と ψ は矛盾する (contradictory) といい,$\varphi = -\psi$ で表す.特に論理否定 (classical negation) $\neg$ は,$\neg \alpha \in \overline{\alpha}$ かつ $\alpha \in \overline{\neg \alpha}$ となる特殊ケースである.
   - $\mathcal{R} = \mathcal{R}_s \cup \mathcal{R}_d$ (ただし $\mathcal{R}_s \cap \mathcal{R}_d = \emptyset$) は推論規則の集合である.ここで,$\mathcal{R}_s$ は式 (6.1) の形のストリクト規則の集合,$\mathcal{R}_d$ は式 (6.2) の形のデフィージブル規則の集合である.ただし,$\varphi_i, \varphi \in \mathcal{L}$ ($0 \leq i \leq m$).
     $$\varphi_1, \ldots, \varphi_m \rightarrow \varphi \tag{6.1}$$
     $$\varphi_1, \ldots, \varphi_m \Rightarrow \varphi \tag{6.2}$$
     なお,$n : \mathcal{R}_d \rightarrow \mathcal{L}$ なる部分関数 (partial function) を用いて,デフィージブル規則 $r \in \mathcal{R}_d$ のルール名 $n(r) \in \mathcal{L}$ を表現する [44].
   - $\leq$ は $\mathcal{R}_d$ 上の半擬順序 (partial preorder)[1] ($\leq \subseteq \mathcal{R}_d \times \mathcal{R}_d$) である.

2. $KB = (\mathcal{K}, \leq')$ は AS における知識ベースである.ここで,

   - $\mathcal{K} = \mathcal{K}_n \cup \mathcal{K}_p \cup \mathcal{K}_a$ は 3 種類の論理式 (formula) の集合で,$\mathcal{K} \subseteq \mathcal{L}$ である.$\mathcal{K}_n$ は公理 (axiom) の集合,$\mathcal{K}_p$ は普通の前提 (ordinary premise) の集合,$\mathcal{K}_a$ は仮説 (assumption) の集合であり,これらの $\mathcal{K}$ の部分集合は互いに共通部分はない.
   - $\leq'$ は $\mathcal{K}_p$ 上の半擬順序 (すなわち $\leq' \subseteq \mathcal{K}_p \times \mathcal{K}_p$) である.

---

[1] 反射律と推移律を満たす関係を半擬順序 (partial preorder) という.

3. $\preceq$ は"論証の優先順序"(argument ordering)である．後述の，論証集合 $\mathcal{A}_{AT}$ 上の半擬順序 (すなわち $\preceq\subseteq\mathcal{A}_{AT}\times\mathcal{A}_{AT}$) として定義される． □

相反関数 $^-$ は否定の概念を一般化している．これを用いて $ASPIC^+$ における無矛盾性 (consistency) が以下で定義される．

■**定義 6.2** $\mathcal{P}\subseteq\mathcal{L}$ とする．$\forall\varphi,\psi\in\mathcal{P}$ について $\varphi\notin\overline{\psi}$ であるならば，$\mathcal{P}$ は無矛盾 (consistent) であり，そうでなければ $\mathcal{P}$ は矛盾 (inconsistent) である． □

上記は，Caminada と Amgoud[17] が直接的無矛盾 (direct consistency) と称するもので，やや弱い無矛盾性の定義になっている．彼らはストリクト規則集合による閉包 (closure) を用いた間接的無矛盾 (indirect consistency) も定義している．これらについては 6.4 節で詳細を述べる．

なお $ASPIC^+$ では，事実を種々の方法で表現できる．つまり議論の余地のある事実 (disputable fact) φ は，$\varphi\in\mathcal{K}_p$ あるいは $\Rightarrow\varphi$ で表現でき，議論の余地のない事実 (undisputable fact) φ は，$\varphi\in\mathcal{K}_n$ あるいは $\rightarrow\varphi$ で表すことができる．また ABA における仮説 φ は，$\varphi\in\mathcal{K}_a$ となる．

■**例 6.1（Married John の問題）** 次の例を考える [17, 44]．
「John は結婚指輪らしきものをつけている．John はたびたび友人と深夜に外出している．John は独身であるならば結婚していない．結婚していれば独身ではない．結婚指輪らしきものをつけていれば恐らく結婚している．たびたび友人と深夜に外出していれば恐らく独身である」

上記の知識を $ASPIC^+$ の議論の理論 AT で表現する．ここで $wr=$ "John は結婚指輪らしきものをつけている", $go=$ "John はたびたび友人と深夜に外出している", $m=$ "John は結婚している", $b=$ "John は独身である" とする．

(1) 知識表現例 AT_1
   $\mathcal{L}=\mathcal{L}'\cup\{\neg\ell|\ell\in\mathcal{L}'\}$　ただし $\mathcal{L}'=\{wr, go, b, m\}$,
   $\mathcal{R}_s=\{b\rightarrow\neg m,\ m\rightarrow\neg b\}$,　$\mathcal{R}_d=\{wr\Rightarrow m,\ go\Rightarrow b\}$
   $\mathcal{K}_n=\{wr, go\}$,　$\mathcal{K}_p=\mathcal{K}_a=\emptyset$,　$\preceq=\preceq'=\emptyset$

(2) 知識表現例 AT_2
   $\mathcal{L}=\mathcal{L}'\cup\{\neg\ell|\ell\in\mathcal{L}'\}$　ただし $\mathcal{L}'=\{wr, go, b, m\}$,

$$\mathcal{R}_s = \{\to wr, \to go, \ b \to \neg m, \ m \to \neg b\},$$
$$\mathcal{R}_d = \{wr \Rightarrow m, \ go \Rightarrow b\}, \quad \mathcal{K}_n = \mathcal{K}_p = \mathcal{K}_a = \emptyset, \quad \leq = \leq' = \emptyset \qquad \Box$$

6.1.2　$ASPIC^+$ における論証

$ASPIC^+$ における論証は推論規則を連結した木構造で表現される．以下で定義される論証において，関数 Prem はその論証を構成するのに必要な $\mathcal{K}$ の要素 (論理式) からなる集合 (「前提」と称される) を，関数 Conc はその論証の結論 (conclusion) を，関数 Sub はその論証のすべての部分論証を，関数 DefRules はその論証に出現するすべてのデフィージブル推論規則からなる集合を，関数 TopRule は論証を構成する最上位の推論規則を，それぞれ値として返す．

■**定義 6.3 ($ASPIC^+$ の論証)**　$AS = \langle \mathcal{L}, ^-, \mathcal{R}, \leq \rangle$ と $KB = (\mathcal{K}, \leq')$ に基づく論証 A は次の 3 つの形のいずれかである．

1. $\varphi \in \mathcal{K}$ ならば，$A = \varphi$ は (ベース) 論証である．ここで，
   $\text{Prem}(A) = \{\varphi\}, \text{Conc}(A) = \varphi, \ \text{Sub}(A) = \{\varphi\}, \text{DefRules}(A) = \emptyset,$
   $\text{TopRule}(A) = $ 未定義

2. $A_1, \ldots, A_m$ がすでに定義された論証で，$\text{Conc}(A_1), \ldots, \text{Conc}(A_m) \to \psi$ が $\mathcal{R}_s$ の規則ならば，$A = A_1, \ldots, A_m \to \psi$ は (ストリクト規則形式の) 論証である．ここで，
   $\text{Prem}(A) = \text{Prem}(A_1) \cup \ldots \cup \text{Prem}(A_m),$
   $\text{Conc}(A) = \psi,$
   $\text{Sub}(A) = \text{Sub}(A_1) \cup \ldots \cup \text{Sub}(A_m) \cup \{A\},$
   $\text{DefRules}(A) = \text{DefRules}(A_1) \cup \ldots \cup \text{DefRules}(A_m),$
   $\text{TopRule}(A) = \text{Conc}(A_1), \ldots, \text{Conc}(A_m) \to \psi$

3. $A_1, \ldots, A_m$ がすでに定義された論証で，$\text{Conc}(A_1), \ldots, \text{Conc}(A_m) \Rightarrow \psi$ が $\mathcal{R}_d$ の規則ならば，$A = A_1, \ldots, A_m \Rightarrow \psi$ は (デフィージブル規則形式の) 論証である．ここで，
   $\text{Prem}(A) = \text{Prem}(A_1) \cup \ldots \cup \text{Prem}(A_m),$
   $\text{Conc}(A) = \psi,$
   $\text{Sub}(A) = \text{Sub}(A_1) \cup \ldots \cup \text{Sub}(A_m) \cup \{A\},$

$$\mathrm{DefRules}(A) = \mathrm{DefRules}(A_1) \cup \ldots \cup \mathrm{DefRules}(A_m) \cup$$
$$\{\mathrm{Conc}(A_1), \ldots, \mathrm{Conc}(A_m) \Rightarrow \psi\},$$
$$\mathrm{TopRule}(A) = \mathrm{Conc}(A_1), \ldots, \mathrm{Conc}(A_m) \Rightarrow \psi \qquad \Box$$

■例 6.2 次の例を考える [44]. ここでは次の $\mathcal{L}$, $\mathcal{R}_s$, $\mathcal{R}_d$ をもつ議論システム (AS) と $\mathcal{K} = \mathcal{K}_n \cup \mathcal{K}_p \cup \mathcal{K}_a$ をもつ知識ベース (KB) が与えられている.

$$\mathcal{L} = \mathcal{L}' \cup \{\neg \ell | \ell \in \mathcal{L}'\}$$

ただし $\mathcal{L}' = \{p, q, r, t, u, v, w, x, d_1, d_2, d_3, d_4, d_5, d_6\}$,

$$\mathcal{R}_s = \{s_1, s_2\}, \quad \mathcal{R}_d = \{d_1, d_2, d_3, d_4, d_5, d_6\}.$$

ここで, s_i, d_j は以下に示す:の直後の規則を表すものとする.

$$s_1: \; p, q \to r \qquad s_2: \; v \to \neg w$$
$$d_1: \; p \Rightarrow q \qquad d_2: \; w \Rightarrow t \qquad d_3: \; t \Rightarrow \neg d_1$$
$$d_4: \; u \Rightarrow v \qquad d_5: \; v, x \Rightarrow \neg t \qquad d_6: \; w \Rightarrow \neg p$$

$\mathcal{K}_n = \{p\}$, $\mathcal{K}_p = \{u, w, x\}$, $\mathcal{K}_a = \emptyset$.

ここでは, 各デフィージブル規則 $d_i \in \mathcal{L}$ ($1 \leq i \leq 6$) の名前 $n(d_i)$ を記号上の混乱がない限り, $d_i = n(d_i)$ として d_i で表す. たとえば, $n(p \Rightarrow q) = d_1$ とする. また定義 6.1 より, $\neg d_i \in \overline{d_i}, d_i \in \overline{\neg d_i}$ である. このとき, p, q, r を結論とする論証 A_1, A_2, A_3 は,

$$A_1: p$$
$$A_2: A_1 \Rightarrow q$$
$$A_3: A_1, A_2 \to r$$

で表現される. 特に論証 A_3 について, 以下が得られる.

$\mathrm{Prem}(A_3) = \{p\}$, $\quad \mathrm{Conc}(A_3) = r$, $\quad \mathrm{Sub}(A_3) = \{A_1, A_2, A_3\}$,
$\mathrm{DefRules}(A_3) = \{p \Rightarrow q\}$, $\quad \mathrm{TopRule}(A_3) = s_1$

図 6.1 は r を結論とする論証 A_3 の木表現である. 図 6.1 で s_1, d_1 はストリクト規則 $p, q \to r$ とデフィージブル規則 $p \Rightarrow q$ を表し, ストリクト規則を用いた枝は実線で, デフィージブル規則の枝は点線で表されている. 図では $\mathcal{K}_n$, $\mathcal{K}_p$, $\mathcal{K}_a$ に属する公理, 前提, 仮説にそれぞれ n, p, a の上付き添字が付けられ, さらに点線の節点は反駁 (後述) の攻撃を受けている結論であることを表す. $\quad \Box$

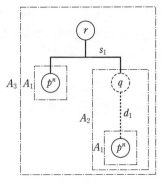

図 6.1 論証 A_3

■定義 6.4（論証の性質）

- $\mathrm{DefRules}(A) = \emptyset$ ならば A は「ストリクト (strict)」、そうでなければ、「デフィージブル (defeasible)」であるという
- $\mathrm{Prem}(A) \subseteq \mathcal{K}_n$ ならば A は「手堅い (firm)」、そうでなければ、「もっともらしい (plausible)」という. □

記法：$S \vdash \varphi$（あるいは、$S \mathrel{|\!\sim} \varphi$）は、前提がすべて S に含まれるような φ を結論とするストリクト（あるいは、デフィージブル）な論証が存在することを意味する. すなわち、$S \vdash \varphi$（あるいは、$S \mathrel{|\!\sim} \varphi$）は $\mathrm{Conc}(A) = \varphi$ かつ $\mathrm{Prem}(A) \subseteq S$ となるストリクト（あるいは、デフィージブル）な論証 A が存在することを表す.

■例 6.3
例 6.2 の論証 A_1 はストリクトかつ手堅い. A_2, A_3 はデフィージブルかつ手堅い. これらについて $\mathcal{K} \vdash p$, $\mathcal{K} \mathrel{|\!\sim} q$, $\mathcal{K} \mathrel{|\!\sim} r$ である. □

6.1.3　$ASPIC^+$ の攻撃関係: 攻撃と打破

$ASPIC^+$ では、論証間の 3 種類のコンフリクトに基づく 3 種類の攻撃 (attack) が用意されてる. これらは、論証を構成するデフィージブル推論規則の結論を攻撃する反駁 (rebutting attack), デフィージブル推論規則そのものを無効化する無効化 (undercutting attack), 公理以外の前提を攻撃する前提無効化 (undermining attack) からなる. これらの攻撃関係 attack は論証の優先順序 $\preceq$ の存在に関係なく定義される. 他方、$\preceq$ を考慮した論証集合上の攻撃関係として打破 (defeat)

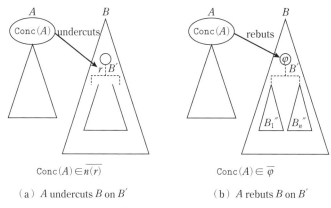

図 6.2 無効化 (undercut) と反駁 (rebut)

が定義されている.

■**定義 6.5 ($ASPIC^+$ の攻撃 (attack))** 論証 A は論証 B を無効化, 反駁, あるいは, 前提無効化をするとき, A は B を攻撃する (A attacks B) といい, それぞれ以下で定義される.

- 「論証 A は論証 B を (B' 上で) 無効化する (i.e. A undercuts $B(on\ B')$)」
  $\iff$ B のある部分論証 B' ($\exists B' \in \text{Sub}(B)$) で, それの最上位規則 r がデフィージブル規則であるものについて, $\text{Conc}(A) \in \overline{n(r)}$ である (ここで $n(r)$ は推論規則 r が適用可能であることを意味する (図 6.2(a) 参照)).
- 「論証 A は論証 B を (B' 上で) 反駁する (i.e. A rebuts $B\ (on\ B')$)」
  $\iff$ B のある部分論証 B' ($\exists B' \in \text{Sub}(B)$) で $B''_1, \ldots, B''_n \Rightarrow \varphi$ なる形 (すなわちデフィージブル論証) のものについて, $\text{Conc}(A) \in \overline{\varphi}$ である. (図 6.2(b) 参照) この場合, 特に $\text{Conc}(A)$ が φ の相反 (i.e. $\varphi \notin \overline{\text{Conc}(A)}$) ならば, 「$A$ は B を相反-反駁 (contrary-rebuts) する」という.
- 「論証 A は論証 B を (φ 上で) 前提無効化をする (i.e. A undermines $B\ (on\ \varphi)$)」
  $\iff \exists \varphi \in \text{Prem}(B) \setminus \mathcal{K}_n$ について $\text{Conc}(A) \in \overline{\varphi}$ である.
  この場合, 特に $\text{Conc}(A)$ が φ の相反 (i.e. $\varphi \notin \overline{\text{Conc}(A)}$) または $\varphi \in \mathcal{K}_a$ ならば, 「A は B を相反-前提無効化 (contrary-undermines) をする」と

いう.

- 「**論証 A は論証 B を攻撃する** (i.e. A attacks B)」
  $\iff A$ は B を無効化, または, 反駁, または, 前提無効化する. □

■**例 6.4**　(例 6.2 の続き)[44] 論証 A_3 は, $\text{Prem}(A_3) = \{p\}$ よりすべての前提が公理であるので前提無効化 (undermine) による A_3 への攻撃はない. 一方, A_3 は A_2 上で反駁 (rebut) される可能性があるが, 例 6.2 の議論の理論 AT では, そのような A_3 を反駁しうる $\neg q$ を結論にもつ論証は構成されない. しかし, $\neg d_1$ を結論にもつ次の論証 B_3 が A_3 を A_2 上で無効化 (undercut) の攻撃をする.

$B_1 : w$
$B_2 : B_1 \Rightarrow t$
$B_3 : B_2 \Rightarrow \neg d_1$

論証 B_3 は 1 個の "普通の前提" $w \in \mathcal{K}_p$ をもつので, B_3 は B_1 上で結論 $\neg w$ の論証 C_3 により前提無効化の攻撃を受ける.

$C_1 : u$
$C_2 : C_1 \Rightarrow v$
$C_3 : C_2 \to \neg w$

ところで, 結論 $\neg w$ の論証 C_3 の最上位規則 $\text{TopRule}(C_3) = s_2$ がストリクトであるので, 論証 B_1 は $w \in \overline{\neg w}$ であるが C_3 を反駁できないことに注意されたい.

他方, 論証 B_3 および B_2 は, それらの部分論証 B_2 の最上位規則 $\text{TopRule}(B_2) = d_2$ がデフィージブル規則であるので, 両者は B_2 上で反駁, あるいは 無効化される可能性がある. しかし, 本例題の議論の理論では, 結論 $\neg t$ をもつ次の D_4 の論証による反駁の攻撃のみが存在する.

$C_1 : u$
$C_2 : C_1 \Rightarrow v$
$D_3 : x$
$D_4 : C_2, D_2 \to \neg t$

以上より, B_3 は A_2 と A_3 の両者を攻撃 (attacks) (すなわち A_2 上で無効化), C_3

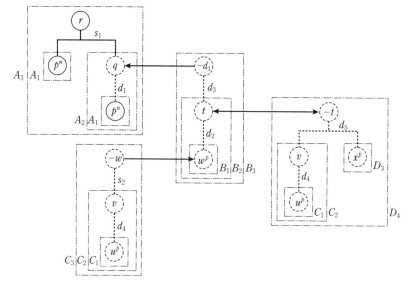

図 6.3 例 6.2 の論証と無効化，反駁そして前提無効化

は B_1, B_2, B_3 のすべてを攻撃 (attacks)（すなわち，w 上で前提無効化），D_4 は B_2 と B_3 の両者を攻撃 (attacks)（すなわち，B_2 上で反駁），他方，B_2 は D_4 を攻撃 (attacks)（すなわち，D_4 上で反駁）する．これらすべての論証と attack による攻撃を図 6.3 に示す． □

■**定義 6.6 ($ASPIC^+$ の打破 (defeat))** A, B を論証とする．打破 (defeat) は以下で定義される[2]．なお $\prec$ は"厳密な論証の優先順序"を表し，$A \prec B \stackrel{def}{=} (A \preceq B)$ かつ $(B \not\preceq A)$ で定義される．

- 「A は B を成功裏に反駁する (successfully rebuts)」
  $\iff$ 「A は B を相反-反駁する」，あるいは「A は B を B' 上で反駁し，かつ $A \not\prec B'$ である」
- 「A は B を成功裏に前提無効化する (successfully undermines)」
  $\iff$ 「A は B を相反-前提無効化する」，あるいは「A は B を φ 上で前提無効化し，かつ $A \not\prec \varphi$ である」

---

[2] 文献 [43] では，無効化，相反-反駁，相反-前提無効化をプリファレンスに独立な攻撃 (preference-independent attack) と称している．

- 「A は B を打破する (defeats)」(i.e. A defeats B)
  $\iff$ A は B を無効化，または，成功裏に反駁，または，成功裏に前提無効化する．
- 「A は B を厳密に打破する (strictly defeats)」
  $\iff$ A は B を打破し，かつ，B は A を打破しない．　□

■**例 6.5** (例 6.4 の続き) 例 6.2 を考える [44]．

B_3 は A_2, A_3 の両者を無効化するので，B_3 は A_2, A_3 の両者を打破する．

$B_1 = w$ について，$C_3 \not\prec B_1$ であるならば，C_3 は B_1, B_2, B_3 のすべてを成功裏に前提無効化し，よって C_3 は B_1, B_2, B_3 のすべてを打破する．

$B_2 \preceq D_4$ かつ $D_4 \preceq B_2$ の場合，あるいは，$B_2 \not\preceq D_4$ かつ $D_4 \not\preceq B_2$ の場合，B_2 と D_4 は互いに打破する．この場合，D_4 は B_3 を打破するが，B_3 は D_4 を打破しない (すなわち，D_4 は B_3 を厳密に打破する)．

他方，$D_4 \prec B_2$ の場合，B_2 は D_4 を厳密に打破し，$B_2 \prec D_4$ の場合，D_4 は B_2, B_3 のいずれをも厳密に打破する．　□

6.2 $ASPIC^+$ の議論意味論

6.2.1 議論フレームワークの構成と議論意味論

$ASPIC^+$ では所与の $AT = (AS, KB, \preceq)$ より，前節で述べた論証集合と打破の攻撃関係を構成して Dung の抽象議論フレームワークを生成し，それに対して第3章の議論意味論が与えられる．

■**定義 6.7 ($ASPIC^+$ の議論フレームワーク)** $AT = (AS, KB, \preceq)$ に対応する抽象議論フレームワーク (AF) は ($\mathcal{A}, Def$) である．ここで，
- $\mathcal{A}$ は定義 6.3 に基づいて構成される論証集合である．
- Def は定義 6.6 に基づいて構成される打破 ($\mathcal{A}$ 上の関係) である．　□

上記で定義された AF により，$ASPIC^+$ における論証の正当化判定は定義 3.13 に従い，種々の議論意味論のもとで定義可能となる．他方，$ASPIC^+$ の整合論理式 (well-formed formula) に関する正当化の判定が以下で定義される．

■**定義 6.8** 議論意味論 μ が指定されている．AT を任意の議論の理論，E を AT の μ-拡張とする．論理式 $\varphi \in \mathcal{L}_{AT}$（ただし $\mathcal{L}_{AT}$ は AT の言語）について，
- φ が慎重（$skeptically$）に正当化される．
  $\iff$ 任意の μ-拡張 E に φ を結論とする論証 a が存在する．
- a が安易（$credulously$）に正当化される．
  $\iff$ φ を結論とする論証 a について，$a \in E$ なる μ-拡張 E が少なくとも1つ存在する．　□

■**例 6.6**（例 6.5 の続き）例 6.2 を考える．
例 6.2 の $AT = (AS, KB, \preceq)$ に対応する $AF=(\mathcal{A}, Def)$ を構成する．
$\mathcal{A} = \{A_1, A_2, A_3, B_1, B_2, B_3, C_1, C_2, C_3, D_3, D_4\}$ である．
(i) $\preceq = \emptyset$ の場合，
$$\text{defeat}=\{(B_3, A_2), (B_3, A_3), (B_2, D_4), (D_4, B_2), (D_4, B_3),$$
$$(C_3, B_1), (C_3, B_2), (C_3, B_3)\}$$
である．Def=defeat より，AF は次の唯一の基礎拡張 E_1 をもつので，
$$E_1 = \{A_1, A_2, A_3, C_1, C_2, C_3, D_3, D_4\}$$
$r = \text{Conc}(A_3)$ は基礎意味論で慎重（$skeptically$）に正当化される．

(ii) $\preceq = \{(C_3, B_1)\}$（すなわち $C_3 \preceq B_1$，$B_1 \not\preceq C_3$）の場合，
$$\text{defeat}=\{(B_3, A_2), (B_3, A_3), (B_2, D_4), (D_4, B_2), (D_4, B_3)\}$$
であるので，
Def=defeat より，AF は次の2つの選好拡張（安定拡張でもある）をもつ．
$$E_2 = \{A_1, A_2, A_3, B_1, C_1, C_2, C_3, D_3, D_4\}$$
$$E_3 = \{A_1, B_1, B_2, B_3, C_1, C_2, C_3, D_3\}$$
ゆえに，$r = \text{Conc}(A_3)$ は選好意味論と安定意味論で安易に正当化されるが，慎重には正当化されない．一方，AF は基礎拡張 $E_4 = \{A_1, B_1, C_1, C_2, C_3, D_3\}$ をもつので，$r = \text{Conc}(A_3)$ は基礎意味論で慎重に正当化される．　□

6.2.2　$ASPIC^+$ におけるプリファレンスの表現

すでに述べたように $ASPIC^+$ ではプリファレンスに依存して定まる defeat の攻撃があり，その際，"論証の優先順序"（argument ordering）$\preceq$ を考慮する必要

があった．このような $\preceq$ は $ASPIC^+$ を用いるユーザが $ASPIC^+$ フレームワークで自由に指定できる．他方，定義 6.1 で示した議論の理論 $AT = (AS, KB, \preceq)$ では，AS でデフィージブル規則集合 $\mathcal{R}_d$ 上の擬順序 $\leq$，および，KB で $\mathcal{K}_p$ 上の擬順序 $\leq'$ が表現可能であり，これらの $\leq$ と $\leq'$ のプリファレンスから論証集合上の擬順序 $\preceq$ を生成する"最終リンクの原理"と"最弱リンクの原理"と称される 2 つの方法が $ASPIC^+$ で提供されている．なお，これら 2 つの方法のいずれを選択するかについては，$ASPIC^+$ を用いるユーザに委ねられている[3]．以下で，最終リンクと最弱リンクの方法を説明する．

$ASPIC^+$ では次式で定義される $\leq$ と $\leq'$ の厳密な擬順序 (strict orders) $< (')$

$$X <(') Y \iff X \leq^{(')} Y \text{ かつ } Y \not\leq^{(')} X$$

を用いて，$2^{\mathcal{R}_d}$ 上，あるいは，$2^{\mathcal{K}_p}$ 上の擬順序 $\trianglelefteq_s$ を定義している．

同様に，$\triangleleft_s$ は $\trianglelefteq_s$ の厳密な擬順序であり，以下で定義される．

$$\Gamma \triangleleft_s \Gamma' \iff \Gamma \trianglelefteq_s \Gamma' \text{ かつ } \Gamma' \not\trianglelefteq_s \Gamma.$$

$ASPIC^+$ では，Elitist (Eli と略記) あるいは Democratic (Dem と略記) のいずれかの方法で $\trianglelefteq_s$ を定義できる [44]．以下で $s \in \{\text{Eli}, \text{Dem}\}$ とする．

■**定義 6.9** R_1, R_2 は $\mathcal{R}_d$ の部分集合，K_1, K_2 は $\mathcal{K}_p$ の部分集合とする．

1. $R_1 \trianglelefteq_s R_2$
   $\iff R_1 \neq \emptyset$，かつ次の条件 (1)～(3) のいずれか 1 つを満たす．
   (1) $R_2 = \emptyset$
   (2) $s=$Eli かつ $\forall d_2 \in R_2$ について，$d_1 \leq d_2$ なる $\exists d_1 \in R_1$ が存在．
   (3) $s=$Dem かつ $\forall d_1 \in R_1$ について，$d_1 \leq d_2$ なる $\exists d_2 \in R_2$ が存在．

2. $K_1 \trianglelefteq_s K_2$
   $\iff K_1 \neq \emptyset$，かつ次の条件 (1)～(3) のいずれか 1 つを満たす．
   (1) $K_2 = \emptyset$
   (2) $s=$Eli かつ $\forall e_2 \in K_2$ について，$e_1 \leq' e_2$ なる $\exists e_1 \in K_1$ が存在．
   (3) $s=$Dem かつ $\forall e_1 \in K_1$ について，$e_1 \leq' e_2$ なる $\exists e_2 \in K_2$ が存在．

---

[3] $ASPIC^+$ における $\preceq, \leq, \leq'$ は静的プリファレンスである．文献 [42] では第 4 章で紹介した EAF フレームワークを $ASPIC^+$ でインスタンス化を行って，動的プリファレンスを扱えるように $ASPIC^+$ の拡張を試みている．

注意：$R_1 \triangleleft_s R_2$ および $K_1 \triangleleft_s K_2$ は，上記 1, 2 で直接 $\leq$, $\leq'$, $\triangleleft_s$ を $<$, $<'$, $\triangleleft_s$ に置き換えたものでも定義可能である．　□

次に示す最終リンクの原理と最弱リンクの原理は，このような $\triangleleft_s$ に基づいて論証集合上の擬順序 $\preceq$ を生成する方法である [49, 44]．最終リンクの原理では，次の最終デフィージブル規則の集合が用いられる．

■**定義 6.10 (最終デフィージブル規則 (Last defeasible rule))**　論証 A について，最終デフィージブル規則集合 LastDefRules(A) は以下で定義される．
 (1) LastDefRules$(A) = \emptyset$ iff DefRules$(A) = \emptyset$
 (2) $A = A_1, \ldots, A_m \Rightarrow \psi$ ならば，
  LastDefRules$(A) = \{\text{Conc}(A_1), \ldots, \text{Conc}(A_m) \Rightarrow \psi\}$
 (3) $A = A_1, \ldots, A_m \to \psi$ ならば，
  LastDefRules$(A)=$LastDefRules$(A_1)\cup\ldots\cup$LastDefRules(A_m)　□

■**例 6.7**　$\mathcal{K} = \{p, q\}$, $\mathcal{R}_s = \{r, s \to t\}$, $\mathcal{R}_d = \{p \Rightarrow r, \ q \Rightarrow s\}$ を考える．Conc$(A) = t$ なる論証 A に対して，LastDefRules$(A) = \{p \Rightarrow r, \ q \Rightarrow s\}$ となる．　□

■**定義 6.11 (最終リンクの原理 (Last link principle))**　A, B を論証とする．$A \preceq B$ であるのは次の 2 つのいずれかの場合である．
 (1) LastDefRules$(A) \triangleleft_s$ LastDefRules(B); あるいは
 (2) LastDefRules$(A) =$ LastDefRules$(B) = \emptyset$ かつ Prem$(A) \triangleleft_s$ Prem(B)
なお厳密な優先関係 $A \prec B$ は「$A \preceq B$ かつ $B \not\preceq A$」で定義されるが，直接上記の (1), (2) で $\triangleleft_s$ を $\triangleleft_s$ に置き換えたもので定義できる．　□

■**例 6.8**　(例 6.4 の続き) 例 6.2 において，$u <' w$, $x <' w$, $d_2 < d_5$, $d_4 < d_2$ が与えられているとする．最終リンクの原理を適用する [44]．
　まず，C_3 が B_1 を打破するか否かを調べる．LastDefRules$(C_3) = \{d_4\}$, LastDefRules$(B_1) = \emptyset$ であるので，あきらかに $\{d_4\} \triangleleft_{\text{Eli}} \emptyset$．よって $C_3 \prec B_1$ であるから，C_3 は B_1 を打破しない．次に，B_2 と D_4 間のコンフリクトを調べる．この場合，LastDefRules$(B_2) = \{d_2\}$, LastDefRules$(D_4) = \{d_5\}$ かつ $d_2 < d_5$

であるので，LastDefRules(B_2) ◁$_{\text{Eli}}$ LastDefRules(D_4)．よって $B_2 \prec D_4$ であるから，D_4 は B_2（と B_3）を厳密に打破する． □

次に，最弱リンクの原理を説明する．Prem$_p(A)$ = Prem(A) ∩ $\mathcal{K}_p$ とする．

■定義 6.12（最弱リンクの原理 (Weakest link principle)） A, B を論証とする．$A \preceq B$ であるのは次の 3 つのいずれかの場合である．
 (1) A, B がストリクト（すなわち DefRules(A) = DefRules(B) = $\emptyset$）ならば，Prem$_p(A)$ ⊴$_s$ Prem$_p(B)$，そうでなければ，
 (2) A, B が手堅い（すなわち Prem(A) ⊆ $\mathcal{K}_n$, Prem(B) ⊆ $\mathcal{K}_n$）ならば，DefRules(A) ⊴$_s$ DefRules(B)，そうでなければ，
 (3) Prem$_p(A)$ ⊴$_s$ Prem$_p(B)$ かつ DefRules(A) ⊴$_s$ DefRules(B)．

最弱リンクの原理でも，直接上記の (1), (2), (3) で ⊴$_s$ を ◁$_s$ に置き換えたもので $A \prec B$ が定義できる． □

■例 6.9 例 6.8 において，最弱リンクの原理を適用する [44]．

まず C_3 が B_1 を打破するか否かを調べる．Prem$_p(C_3)$ = $\{u\}$, Prem$_p(B_1)$ = $\{w\}$ かつ $u <' w$ であるから，Prem$_p(C_3)$ ⊴$_{\text{Eli}}$ Prem$_p(B_1)$ となる．さらに DefRules(C_3) = $\{d_4\}$ と DefRules(B_1) = $\emptyset$ を比較すると，あきらかに $\{d_4\}$ ◁$_{\text{Eli}}$ $\emptyset$ となる．よって $C_3 \prec B_1$ であるので，C_3 は B_1 を打破しない．次に，B_2 と D_4 に関するコンフリクトを調べる．Prem$_p(B_2)$ = $\{w\}$, Prem$_p(D_4)$ = $\{u, x\}$ かつ $u <' w$, $x <' w$ であるから，Prem$_p(D_4)$ ⊴$_{\text{Eli}}$ Prem$_p(B_2)$ である．次に，DefRules(B_2) = $\{d_2\}$, DefRules(D_4) = $\{d_4, d_5\}$ について，$d_4 < d_2$ であるから DefRules(D_4) ◁$_{\text{Eli}}$ DefRules(B_2) である．ゆえに $D_4 \prec B_2$ だから，B_2 は D_4 を厳密に打破する． □

■例 6.10

$$\mathcal{K}_p = \{Snores, Professor\}.$$
$$\mathcal{R}_d = \{$$
$$Snores \Rightarrow_{d_1} Misbehaves;$$
$$Misbehaves \Rightarrow_{d_2} AccessDenied;$$
$$Professor \Rightarrow_{d_3} \neg AccessDenied\},$$

$Snores <'Professor$, $d_1 < d_2$, $d_1 < d_3$, $d_3 < d_2$ が与えられている [44, 49].
次の論証を考える.

$A_1 : Snores$ 　　$A_2 : A_1 \Rightarrow Misbehaves$　　$A_3 : A_2 \Rightarrow AccessDenied$
$B_1 : Professor$　　$B_2 : B_1 \Rightarrow \neg AccessDenied$

最終リンクの原理を適用する. A_3 と B_2 のコンフリクトについて, `LastDefRules`(A_3) =$\{d_2\}$, `LastDefRules`$(B_2) = \{d_3\}$ かつ $d_3 < d_2$ であるので, `LastDefRules`(B_2) $\lhd_{Eli}$`LastDefRules`(A_3), よって A_3 は B_2 を厳密に打破 (strictly defeat) する. ゆえに A_3 は任意の意味論で (慎重に) 正当化され, $AccessDenied$ が結論として得られる.

他方, 最弱リンクの原理を適用すると A_3 と B_2 について, $Snores <' Professor$ より `Prem`$_p(A_3) \lhd_s$ `Prem`$_p(B_2)$ が得られる. また, `DefRules`$(A_3) = \{d_1, d_2\}$, `DefRules`$(B_2) = \{d_3\}$, $d_1 < d_3$ より `DefRules`$(A_3) \lhd_{Eli}$`DefRules`(B_2) となる. ゆえに $A_3 \prec B_2$ だから, B_2 は A_3 を厳密に打破する. ゆえに $\neg AccessDenied$ が議論の結論として得られる. 　　　□

6.3 　仮説に基づく ABA との関係

Prakken は, 第 5 章で説明した ABA が, 推論規則はストリクト規則のみ, $\mathcal{K} = \mathcal{K}_a$, かつプリファレンスが存在しない場合の $ASPIC^+$ に対応する, つまり, ABA は $ASPIC^+$ の特殊ケースであることを示した. 以下に具体的に説明する. ABA に対応する $ASPIC^+$ の議論の理論は次の AT_{ABA} で定義される [49].

■**定義 6.13** 所与の ABA=$\langle \mathcal{L}_{ABA}, \mathcal{R}_{ABA}, \mathcal{A}, \overline{}_{ABA} \rangle$ に対応する $ASPIC^+$ の議論の理論 $AT_{ABA} = (AS, KB, \preceq)$ は, 以下の $AS = (\mathcal{L}_{AT}, \overline{}_{AT}, \mathcal{R}_{AT}, \leq)$, $KB = (\mathcal{K}, \leq')$, $\preceq = \emptyset$ である. ただし,

- $\mathcal{L}_{AT} = \mathcal{L}_{ABA}$
- $\varphi \in \overline{\psi}_{AT}$ 　iff 　$\varphi = \overline{\psi}_{ABA}$
- $\mathcal{R}_{AT} = \mathcal{R}_s = \mathcal{R}_{ABA}$
- $\mathcal{K}_n = \mathcal{K}_p = \emptyset$
- $\mathcal{K}_a = \mathcal{A}$

- $\leq = \leq' = \preceq = \emptyset$

さらに，定義 5.2 で定義された ABA の論証 $K \vdash c$ を $K \vdash_{ABA} c$ で，他方，定義 6.4 における $S \vdash \varphi$ を $S \vdash_{AT} \varphi$ で表すと，次の定理が成り立つことが示されている [49]．これは，ABA の拡張と $ASPIC^+$ の議論の理論 AT_{ABA} の拡張に 1 対 1 対応が存在することを意味する．

■**定理 6.1** 完全意味論に包含される任意の意味論を μ 意味論とすると，ABA に対応する議論の理論 AT_{ABA} について以下が成り立つ．

(1) E が ABA の μ-(論証) 拡張であるならば，E_{AT} は AT_{ABA} の μ-拡張である．ここで，$E_{AT} = \{A \vdash_{AT} \alpha \mid A \vdash_{ABA} \alpha \in E\}$．

(2) E が AT_{ABA} の μ-拡張であるならば，E_{ABA} は ABA の μ-(論証) 拡張である．ここで，$E_{ABA} = \{A \vdash_{ABA} \alpha \mid A \vdash_{AT} \alpha \in E\}$．

6.4 $ASPIC^+$ 議論意味論の無矛盾性の保証

拡張が無矛盾であるとは，直感的には，拡張に含まれる構造化論証の結論全体の集合が無矛盾であることを意味する．一般に構造化論証を扱う場合，その集合である拡張が無衝突であっても，次の例が示すように拡張の無矛盾性が必ずしも保証されないという問題が存在する．

■**例 6.11**（例 6.6 の続き）例 6.2 を考える．例 6.6 の (ii) の場合，$C_3 \prec B_1$ により C_3 は B_1 を defeat できず，2 つの拡張 E_2, E_3 が生成され，いずれも B_1 と C_3 を含んでいた．ここで $\mathrm{Conc}(B_1) = w$，$\mathrm{Conc}(C_3) = \neg w$ なので，E_2, E_3 のいずれも矛盾している．同様に，基礎拡張 E_4 も矛盾している．

一方，理性的な人間の議論において，上記の例のように議論で導かれた結論同士が矛盾することはない．議論の形式的理論におけるこのような問題点を回避するために，Caminada と Amgoud は，構造化論証を扱う議論フレームワークの拡張が満たすべき合理性基準 (rationality postulates) を提案した [17]．

以下でまず「ストリクト規則による閉包」の定義 [17] を紹介した後，Caminada らの合理性基準を説明する．

■**定義 6.14（ストリクト規則集合による閉包）** $\mathcal{P} \subseteq \mathcal{L}$ とする．ストリクト規則集合 $\mathcal{R}_s$ による $\mathcal{P}$ の閉包 $C\ell_{R_S}(\mathcal{P})$ は，次の条件を満たす最小の集合である．
 (i) $\mathcal{P} \subseteq C\ell_{R_S}(\mathcal{P})$．
 (ii) $\varphi_1, \ldots, \varphi_n \to \psi \in \mathcal{R}_s$ かつ $\varphi_1, \ldots, \varphi_n \in C\ell_{R_S}(\mathcal{P})$ ならば，$\psi \in C\ell_{R_S}(\mathcal{P})$．
特に $\mathcal{P} = C\ell_{R_S}(\mathcal{P})$ であるとき，「$\mathcal{P}$ は $\mathcal{R}_s$ による閉包のもとで閉じている」という． □

■**定義 6.15（Caminada と Amgoud の合理性基準）** $(\mathcal{A}, Def)$ は $ASPIC^+$ から定義 6.7 に従って構成された抽象議論フレームワーク，E はその任意の完全拡張とする．以下で定義される拡張の結論集合 Concs(E)
$$\text{Concs}(E) = \{\text{Conc}(A) | A \in E\}$$
を用いて合理性基準を示す．

- **部分論証の閉包性（Sub-argument Closure）**：拡張 E に属する任意の論証 A について，A のすべての部分論証は E に属する．すなわち，
 $\forall A \in E$ について，$A' \in \text{Sub}(A)$ であるならば，$A' \in E$．
- **ストリクト規則のもとでの閉包性（Closure under Strict Rules）**：拡張 E が結論 $\alpha_1, \ldots, \alpha_n$ をもつ論証を含んでいるならば，これらの結論にストリクト規則のみを適用して得られる任意の論証は E に属する．つまり，拡張 E の結論集合は $\mathcal{R}_s$ による閉包のもとで閉じている．すなわち，
 $\text{Concs}(E) = C\ell_{R_S}(\text{Concs}(E))$．
- **直接的無矛盾性（Direct Consistency）**：$\text{Concs}(E)$ は無矛盾である．
- **間接的無矛盾性（Indirect Consistency）**：$C\ell_{R_S}(\text{Concs}(E))$ は無矛盾である． □

$ASPIC^+$ では，完全拡張が "部分論証の閉包性" と "ストリクト規則のもとでの閉包性" の 2 つの合理性基準を無条件に満たしていることを Prakken が証明している[4]．この結果，完全拡張が直接的無矛盾性を満たせば，ストリクト規則のも

---
[4] 文献 [49] の Proposition 6.1, Proposition 6.2.

とでの閉包性が満たされているので，間接的無矛盾性も満たされることがいえる．

他方，Caminada と Amgoud[17] は $ASPIC^+$ フレームワークの簡略版，つまり $\le = \le' = \preceq = \emptyset$ かつ $\mathcal{K} = \emptyset$ の場合に，ストリクト規則集合 $\mathcal{R}_S$ が無矛盾[5]かつ以下で定義されるトランスポジションのもとで $\mathcal{R}_S$ が閉じていれば，Dung の標準的意味論のもとで任意の拡張 (すなわち完全拡張) は，無条件に直接的無矛盾性と間接的無矛盾性を満たしていることを示している[6]．

■定義 6.16 (トランスポジション)　ストリクト規則 s が $\varphi_1, \ldots, \varphi_n \to \psi$ のトランスポジション (transposition) である．
$\iff s = \varphi_1, \ldots, \varphi_{i-1}, -\psi, \varphi_{i+1}, \ldots, \varphi_n \to -\varphi_i \ (1 \le i \le n)$ □

■定義 6.17 (トランスポジション操作)　$\mathcal{R}_S$ をストリクト規則集合とする．$C\ell_{tp}(\mathcal{R}_S)$ は，次の条件を満たす最小の集合である．
- $\mathcal{R}_S \subseteq C\ell_{tp}(\mathcal{R}_S)$，そして
- $s \in C\ell_{tp}(\mathcal{R}_S)$ かつ t が s の トランスポジションならば，$t \in C\ell_{tp}(\mathcal{R}_S)$．

特に $\mathcal{R}_S = C\ell_{tp}(\mathcal{R}_S)$ であるとき，「$\mathcal{R}_S$ はトランスポジションのもとで閉じている」という．このとき「議論システム (および，議論の理論) はトランスポジションのもとで閉じている」という． □

他方，Prakken は $ASPIC^+$ で次のコントラポジションを定義している．

■定義 6.18 (コントラポジション)　任意の $S \subseteq \mathcal{L}, s \in S, \varphi$ について，$S \vdash \varphi$ ならば，$S \setminus \{s\} \cup \{-\varphi\} \vdash -s$ が成り立つとき，「議論システム (および，議論の理論) はコントラポジション (contraposition) のもとで閉じている」という． □

■例 6.12　(例 6.1 の続き) 例 6.1 の議論の理論 AT_2 を考える．AT_2 の $\mathcal{R}_S$ は無矛盾であり，$\mathcal{R}_S$ はトランスポジションのもとで閉じている．よって AT_2 から構成される AF の完全拡張は，直接的無矛盾かつ間接的無矛盾であることが予想される．実際に AT_2 から AF を構成してみる．まず論証は，

---
[5] 彼らの議論フレームワーク $(\mathcal{A}, Def)$ で，$\text{Conc}(A) = -\text{Conc}(B)$ なるストリクト論証 A, B が $\mathcal{A}$ に存在しないとき，ストリクト規則集合 $\mathcal{R}_S$ は無矛盾であると定義されている．
[6] 彼らは $ASPIC^+$ の rebut を restricted rebutting と称している．

$$A_1 :\to wr \quad A_2 : A_1 \Rightarrow m \quad A_3 : A_2 \to \neg b$$
$$B_1 :\to go \quad B_2 : B_1 \Rightarrow b \quad B_3 : B_2 \to \neg m$$

が存在する．ここで A_3 は B_3(と B_2 を) を B_2 上で反駁し，一方，B_3 は A_3(と A_2) を A_2 上で反駁する．A_2 は B_3 を反駁せず，B_2 は A_3 を反駁しないことに注意されたい．$\le = \le' = \emptyset$ であるから，$\preceq = \emptyset$ である．よって，

$$\text{defeat} = \{(A_3, B_3), (A_3, B_2), (B_3, A_3), (B_3, A_2)\}$$

であるので，以下の選好拡張 E_1, E_2 が得られる．

$$E_1 = \{A_1, B_1, A_2, A_3\}, \quad \text{ここで Concs}(E_1) = \{wr, go, m, \neg b\}$$
$$E_1 = \{A_1, B_1, B_2, B_3\}, \quad \text{ここで Concs}(E_1) = \{wr, go, b, \neg m\}$$

確かに，拡張 E_1, E_2 は直接的無矛盾かつ間接的無矛盾である． □

■**例 6.13** （例 6.11 の続き）例 6.2 を考える．例 6.6 の (ii) の場合，

$$E_2 = \{A_1, A_2, A_3, B_1, C_1, C_2, C_3, D_3, D_4\}$$
$$E_3 = \{A_1, B_1, B_2, B_3, C_1, C_2, C_3, D_3\}$$

のいずれも「部分論証の閉包性」の基準を満している．また各拡張の結論

$$\text{Concs}(E_2) = \{p, q, r, w, u, v, \neg w, x, \neg t\}$$
$$\text{Concs}(E_3) = \{p, w, t, \neg d_1, u, v, \neg w, x\}$$

は $\text{Concs}(E_i) = Cl_{\mathcal{R}_S}(\text{Concs}(E_i))$ （ただし $i = 2, 3$）であるので，$\mathcal{R}_s$ による閉包のもとで閉じている．しかし，あきらかに直接的かつ間接的無矛盾ではない．そこで，例 6.2 で $\mathcal{R}_S$ のすべてのストリクト規則にトランスポジション操作を適用して得られる次の集合 $\mathcal{R}'_S$ を考える．

$$\mathcal{R}'_S = \mathcal{R}_S \cup \{w \to \neg v, \quad q, \neg r \to \neg p, \quad p, \neg r \to \neg q\}$$

あきらかに $\mathcal{R}'_S = Cl_{tp}(\mathcal{R}'_S)$ であり，$\mathcal{R}'_S$ はトランスポジションのもとで閉じている．例 6.2 の議論システムで $\mathcal{R}_S$ の代わりに $\mathcal{R}'_S$ を用いると，次の論証 F_1

$$F_1: \quad B_1 \to \neg v$$

が追加される．すると例 6.6 (ii) の $\preceq$ のもとで，F_1 が (C_2 上で) C_3, D_4 を反駁する．よって，F_1 から C_2, C_3, D_4 への厳密な打破が追加される．この結果，直接的無矛盾かつ間接的無矛盾である次の唯一の完全拡張 E_5

$$E_5 = \{A_1, B_1, B_2, B_3, C_1, D_3, F_1\}$$

が得られる．ここで，$\text{Concs}(E_5) = \{p, w, t, \neg d_1, u, x, \neg v\}$ は無矛盾である □

上例の場合，トランスポジションのもとで閉じているストリクト規則集合を用いて，「$ASPIC^+$ の完全拡張が直接的無矛盾かつ間接的無矛盾となる」，つまりすべての合理性基準を満たすことが可能となった．Prakken は一般に $ASPIC^+$ の任意の完全拡張 (すなわち，完全意味論に包含される任意の意味論の拡張) が直接的無矛盾かつ間接的無矛盾であることを保証する (十分) 条件を次の定理で示している[7]．

■**定理 6.2** $ASPIC^+$ の議論の理論 $AT = (AS, KB, \preceq)$ が次の条件

- $\mathcal{R}_S$ はトランスポジションまたはコントラポジションのもとで閉じている．
- AT は整合的 (well-formed) である．すなわち，φ が ψ の相反ならば，$\psi \notin \mathcal{K}_n$ かつ ψ がストリクト規則の結論ではない．
- $\mathcal{K}_n$ のストリクト規則のもとでの閉包 ($C\ell_{\mathcal{R}_S}(\mathcal{K}_n)$) は無矛盾である．
- $\preceq$ は *reasonable* である (詳細は文献 [49, 43] を参照)．

を満たしており，E はその完全拡張とする．すると $\mathtt{Concs}(E)$ は無矛盾である．よって，$C\ell_{\mathcal{R}_S}(\mathtt{Concs}(E))$ も無矛盾である． □

一方，Dung は議論システムの $\mathcal{R}_S$ が必ずしもトランスポジションまたはコントラポジションのもとで閉じていなくても，閉包性と無矛盾性に関する合理性の基準を満たし，かつ自然な議論の結果が得られることがあり，さらに，トランスポジションまたはコントラポジションのもとで閉じている ASPIC 的 (ASPIC-like) 議論システムが不自然な議論結果を示すことがあることを指摘した．そして，プリファレンスが存在しない ASPIC 的議論システム[8]について，閉包性と無矛盾性に関する合理性の基準を満たすための新たな「自己矛盾公理 (self-contradiction axiom)」[26] と称される条件を示し，「トランスポジションまたはコントラポジションのもとで閉じている条件」がこの条件の十分条件になることを示した．つまり，$C\ell_{\mathcal{R}_S}(\emptyset)$ が無矛盾[9]かつプリファレンスが存在しない ASPIC 的議論システムが「トランスポジションまたはコントラポジションのもとで閉じていれば，自己矛盾公理を満たす」．そして，そのような議論システムが「自己矛盾公理を満たせば，閉包性と無矛盾性に関する合理性の基準を満たす」ことを示している．

---

[7] 直接的無矛盾は [49, Theorem 6.9]，間接的無矛盾は [49, Theorem 6.10] で示されている．
[8] Caminada と Amgoud が合理性基準を提案した議論システム [17] などがある．
[9] 「$C\ell_{\mathcal{R}_S}(\emptyset)$ が無矛盾」とは，ストリクト規則集合 R_S が無矛盾であることを意味する．

第7章 不動点意味論と対話的証明論

本章では，1997年にPrakkenとSartor [47] により提案され，後に(プリファレンスの扱いの部分を除いて)Schweimeierらにより形式化が洗練された「議論の対話的証明手続きと不動点意味論」[54] を説明する．対話的証明手続きは，議論の場に複数の人間が集まり，議題に関する各自の意見を述べあい，そして論争相手に反論したりして最終的に結論を導くプロセスをシミュレートしている．また，その議論意味論(すなわち不動点意味論)は基礎意味論との対応がある．

第5章のABAや第6章の$ASPIC^+$は一般的な議論の枠組であるので，種々の議論の応用にABAや$ASPIC^+$を用いる際，言語$\mathcal{L}$や推論規則の集合$\mathcal{R}$は，各応用で採用されたそれぞれの論理的言語(たとえば命題論理や拡張論理プログラムなど) を用いてインスタンス化することが可能である．一方，本章で説明する議論の理論 [54] は，ABAや$ASPIC^+$と同様，構造化証論を扱う．しかし，知識表現言語に拡張論理プログラムを指定して構造化論証や攻撃関係を具体的に定義した議論システムである．

7.1 議論の対話と不動点意味論

人間社会にはさまざまな意思決定すべき問題，たとえば，「原発建設の是非」，「死刑制度の是非」などの問題や議題があり，これらの問題解決のために，複数の人間が集まって議論を行い，最終的に適切な解決策や合意策を見つけている．このような複数の人間が行う議論のプロセスを分析すると，(i) まず議題に関して，肯定的(あるいは否定的) 意見である論証を提案者 (proponent) が提示, (ii) 次に提案者と異なる意見をもつ反論者 (opponent) が各自のもつ知識から「理由付きの意見」(論証)を提示して提案者の意見に反論, それを繰り返し続けて, (iii) つ

いには論争相手の反論者が反論できなくなったとき，提案者が議論で勝利し，提案者の意見が議論の結論として合意される．

このような人間が行う議論のプロセスをコンピュータ上で実現し，議論の勝敗の判定をコンピュータに行わせたいというニーズが電子商取引などで現実に存在する．このような背景のもとに，前述のニーズなどに対応する1つの技術的アプローチとして，対話的証明手続きが提案された．そこでは，議論に参加する人間はソフトウェア・エージェント(以後，エージェント)，各自の人間がもつ知識は，エージェントのもつ知識ベースで実現する．そして議論の参加者が提示する意見を論証 (argument) と呼び，提案者と反論者が互いに論証としての意見を出し合うプロセスを議論 (argumentation) と呼んでいる．

7.1.1　拡張論理プログラムから論証と議論フレームワークの構成

議論を行うエージェントの知識ベースが ELP P で表現されているとする．このとき，P から構成される論証は以下で定義される．攻撃関係は 7.1.2 項で定義される．これらより ELP P から構成される議論フレームワーク AF_P が定義される．

■**定義 7.1 (論証)**　式 (2.3) の形式の ELP のルール集合 P が与えられて，P から構成される論証 Ag は，次の条件を満たす基礎ルール $r_i \in P$ の有限系列 $Ag = [r_1; \ldots; r_n]$ である．

条件：任意の $1 \leq i \leq n$ なる基礎ルール r_i について $L_j \in body^+(r_i)$ ならば，$i < k$ かつ $head(r_k) = L_j$ なる基礎ルール r_k が Ag に存在する．

論証 Ag の中で各ルールは高々1回出現する．論証 Ag に属する任意のルール r_i の頭部 $head(r_i)$ は Ag の結論 (conclusion) といい，Ag に属する任意のルールの本体に出現する NAF リテラル (すなわち，$not\ L$) を Ag の仮定 (assumption) という．このとき，論証 Ag の仮定の集合を $assm(Ag)$，Ag の結論の集合を $conc(Ag)$ で表す．なお Ag の最初のルール r_1 の頭部を論証 Ag のクレーム (claim) と称し，$claim(Ag)$ で表す．当然，$claim(Ag) \in conc(Ag)$ である．

論証 Ag の部分系列で論証になっているものを，論証 Ag の部分論証という．結論 L をもつ論証 Ag で，それの部分論証に結論 L をもつものが存在しなけれ

ば，"L について極小な論証" という．論証 Ag がある L に対して極小であるとき，"極小論証" という．以後，所与の ELP P から構成される極小論証の集合を $Args_P$ で表す．　□

■**例 7.1（プロジェクトは終了するか?）**　次の例を考える．
「部品が届いているという事実がなければ，プロジェクトは終了しない．太郎が働けばプロジェクトは終了する．部品が届けば太郎は働く．代金を支払えば部品が届く．代金を支払った」

議題は「プロジェクトは終了するか？」である．

これは次の ELP P で表現される．

$$P: \quad \neg finish(project) \leftarrow not\ arrive(parts)$$
$$finish(project) \leftarrow work(taro)$$
$$work(taro) \leftarrow arrive(parts)$$
$$arrive(parts) \leftarrow pay(parts)$$
$$pay(parts) \leftarrow$$

P より次の (極小) 論証が構成される．

$A: [\neg finish(project) \leftarrow not\ arrive(parts)]$

$B: [finish(project) \leftarrow work(taro); work(taro) \leftarrow arrive(parts);$
　　$arrive(parts) \leftarrow pay(parts); pay(parts)]$

$C: [work(taro) \leftarrow arrive(parts); arrive(parts)$
　　$\leftarrow pay(parts); pay(parts)]$

$D: [arrive(parts) \leftarrow pay(parts); pay(parts)]$

$E: [pay(parts)]$

よって $Args_P = \{A, B, C, D, E\}$ であり，C, D, E は B の部分論証である．
　□

7.1.2　攻撃の概念と攻撃関係

Dung[22]，および Prakken と Sartor[47] は 2 つの基本的な攻撃の概念があることを指摘していた．1 つは論証の仮定を無効にする無効化 (undercuts: 数学的集合表現では u)，もう 1 つは論証の結論に反論する反駁 (rebuts: r) である．

Schweimeier ら は，これらを用いてさらに詳細化した攻撃の概念：攻撃 (attacks: a), 打破 (defeats: d), 完全な攻撃 (strongly attacks: sa), 完全な無効化 (strongly undercuts: su) を定義している．これらは以下で定義される．

■**定義 7.2 (攻撃の概念)**　L は リテラル，A_1, A_2 を論証とする．
 (1) A_1 は A_2 を無効化する (i.e. A_1 undercuts A_2)
   $\iff L$ が論証 A_1 の結論であり，$not\ L$ が論証 A_2 の仮定である．すなわち，$L \in conc(A_1)$ かつ $not\ L \in assm(A_2)$.
 (2) A_1 は A_2 を反駁する (i.e. A_1 rebuts A_2)
   $\iff L$ が論証 A_1 の結論であり，$\neg L$ が論証 A_2 の結論である．すなわち，$L \in conc(A_1)$ かつ $\neg L \in conc(A_2)$.
 (3) A_1 は A_2 を攻撃する (i.e. A_1 attacks A_2)
   $\iff A_1$ undercuts あるいは rebuts A_2.
 (4) A_1 は A_2 を打破する (i.e. A_1 defeats A_2)
   $\iff$ ● A_1 undercuts A_2，または
   ● A_1 rebuts A_2，かつ A_2 undercuts A_1 ではない．
 (5) A_1 は A_2 に強い攻撃をする (i.e. A_1 strongly attacks A_2)
   $\iff A_1$ attacks A_2，かつ A_2 undercuts A_1 ではない．
 (6) A_1 は A_2 に強い無効化をする (i.e. A_1 strongly undercuts A_2)
   $\iff A_1$ undercuts A_2，かつ A_2 undercuts A_1 ではない．　□

攻撃の概念に基づく論証集合上の攻撃関係が以下で定義される．

■**定義 7.3**　攻撃の概念 x は，各 ELP P に対して，P から構成される論証集合 $Args_P$ 上の攻撃関係 x_P (すなわち，$x_P \subseteq Args_P \times Args_P$) を対応付ける関数である．攻撃の概念 (r, u など) は，任意の P について $x_P \subseteq y_P$ ならば，$x \subseteq y$ で表す．攻撃の概念 x の逆 (inverse) x^{-1} は，$x_P^{-1} = \{(B, A) | (A, B) \in x_P\}$ として定義される．　□

定義 7.2 より，a=u∪r, d=u∪(r−u^{-1}) が導かれる．各攻撃の概念は図 7.1 に示される関係がある [54]．

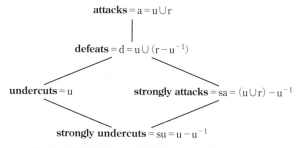

図 7.1 攻撃の概念の包含関係 ($\subseteq$) に関するハッセ図

■**例 7.2** (例 7.1 の続き) 論証 A と B は互いに反駁 (r) の攻撃をする．B の部分論証の D は A を無効化 (u) するので，B も A を無効化 (u) する．ゆえに，B は A を打破 (d) する．他方，A は B を打破しない．よって，

$\mathrm{r}_P = \{(A,B),(B,A)\}, \quad \mathrm{u}_P = \{(B,A),(C,A),(D,A)\}, \quad \mathrm{d}_P = \mathrm{u}_P.$ □

本章では以後，文脈から P があきらかである場合，r_P, u_P, a_P, d_P などの攻撃関係を r, u, a, d で表す．

7.2 不動点意味論

次の定義は，反論者の攻撃 (x) と提案者の攻撃 (y) をパラメータとして，Dung の受理可能性（定義 3.4）を拡張している．

■**定義 7.4** (x/y-**受理可能性** (x/y-acceptability)) x, y を攻撃関係，A を論証，S を論証集合とする．このとき，$(B,A) \in x$ なるすべての論証 B について，$(C,B) \in y$ なる論証 $C \in S$ が存在すれば，「論証 A は S に関して x/y-受理可能である」という． □

x/y-受理可能性に基づいて次の単調関数 $F_{P,x/y}$ が定義される．

■**定義 7.5** x, y を攻撃関係，P を拡張論理プログラムとする．
$F_{P,x/y} : \mathcal{P}(Args_P) \to \mathcal{P}(Args_P)$ は以下で定義される関数 [54, 47] である．
$$F_{P,x/y} = \{A \mid A \text{ は } S \text{ に関して } x/y\text{-受理可能である}\}$$ □

次の命題は，単調関数 $F_{P,x/y}$ に最小不動点が存在すること，およびその計算方法を示す．以後，$F_{P,x/y}$ の最小不動点を $J_{P,x/y}$ で表す．特に ELP P が文脈よりあきらかである場合は，添字の P を省略して，$F_{x/y}$, $J_{x/y}$ で表す．

■**命題 7.1**　任意の拡張論理プログラム P について，関数 $F_{P,x/y}$ は単調 (monotone) である．タルスキーの不動点定理 [57] (Tarski, 1955) により，$F_{P,x/y}$ は最小不動点をもち，次の超限帰納法 (transfinite induction) により最小不動点 $J_{x/y}$ を反復的に構成・計算できる．以下で α は任意の順序数である．

最初の順序数 0 について，　　　$J^0_{x/y} := \emptyset$
後続順序数 $\alpha+1$ について，　$J^{\alpha+1}_{x/y} := F_{P,x/y}(J^\alpha_{x/y})$
極限順序数 λ について，　　$J^\lambda_{x/y} := \bigcup_{\alpha < \lambda} J^\alpha_{x/y}$

であり，$F_{P,x/y}(J^{\lambda_0}_{x/y}) = J^{\lambda_0}_{x/y} =: J_{x/y}$ となる最小の順序数 λ_0 が存在する．　□

次に $F_{P,x/y}$ の最小不動点 $J_{x/y}$ に基づく論証の正当化 (Justification) が定義される．

■**定義 7.6 (論証の正当化判定)**　$J_{x/y}$ を $F_{P,x/y}$ の最小不動点とする．このとき，
- $A \in J_{x/y}$ なる論証 A は，x/y-正当化される (x/y-justified) という．
- x/y-正当化された論証から攻撃される論証は，x/y-却下される (x/y-overruled) という．
- x/y-正当化でも x/y-却下でもない論証は x/y-防御可能 (x/y-defensible) という．　□

注意：上記の定義は，正当化された論証に真のリテラルを，却下された論証に偽のリテラルを，そして防御可能な論証に未定義のリテラルを対応させた3値論理を意味する．しかし，この定義では正当化かつ却下される論証が存在しうる．そのような場合はベルナップの4値論理 (Belnap, 1977) での解釈が可能である [54]．

先行研究として，1993 年 Dung は所与の ELP P より，NAF リテラルの集合として論証を表現し，反駁 (rebut) と無効化 (undercut) に対応する RAA-attacks と g-attacks の2種類の攻撃関係を定義して議論フレームワーク $AF(P)$ を構成，それの特性関数の不動点として基礎拡張（ここでは J_{Dung} で表す）を定義した [22]．一方，1997 年 Prakken と Sator は所与の ELP P と NAF リテラルが出現

するデフィージブル規則集合上の優先関係より，基礎ルールの有限系列としての論証と defeat の攻撃，特性関数の不動点として議論意味論（ここでは J_{PS} で表す）を定義している [47]．また 3.4 節で示したように，1995 年 Dung は所与の NLP P から議論フレームワーク $AF_{napif}(P)$ を構成して，基礎拡張（GE で表す）を定義した [23]．

Schweimeier らは ELP（または NLP）P が与えられた時，これらの異なる 3 つのアプローチでそれぞれ定義される基礎拡張 J_{Dung}, J_{PS}, GE が，定義 7.5 で定義される最小不動点 $J_{x/y}$ を用いて，$J_{a/a}$, $J_{d/d}$, $J_{u/u}$ として統一的に理論的説明が可能であることを次の定理で示している．

■**定理 7.1** ELP P から構成される議論フレームワーク $AF(P)$ の基礎拡張 [22] を J_{Dung} とする．このとき，$J_{Dung} = J_{a/a}(= J_{a/u} = J_{a/d} = J_{a/su} = J_{a/sa})$ が成り立つ． □

■**定理 7.2** ELP P が与えられた時，Prakken と Sartor の議論意味論 [47] で，すべての論証が等しい優先度 (priority) をもつ場合の正当化された論証の集合を J_{PS} とすると，$J_{PS} = J_{d/d}(= J_{d/a} = J_{d/u} = J_{d/su} = J_{a/sa})$ が成り立つ． □

■**定理 7.3** $AF_{napif}(P)$ は NLP P から構成された議論フレームワーク，GE はそれの基礎拡張とすると [23]，$GE = J_{u/u}(= J_{u/su})$ が成り立つ． □

次の定理は最小不動点 $J_{x/y}$ の無衝突性 (conflict-freeness) を保証する．

■**定理 7.4** x と y を $Args_P$ 上の攻撃関係とする．$x \supseteq y$ ならば $J_{x/y}$ は x に関して無衝突である． □

以下で最小不動点 $J_{x/y}$ と正当化判定に関する計算例を示す．

■**例 7.3** $J_{x/y}^1 := F_{x/y}(\emptyset)$ はどの論証からも x 攻撃されていない論証の集合である． □

■**例 7.4** 次の ELP P を考える [54]．
　$P=\{p \leftarrow not\ q,\ q \leftarrow not\ p,\ \neg q \leftarrow not\ r,\ r \leftarrow not\ s,\ s \leftarrow,\ \neg s \leftarrow not\ s\}$
P から論証集合 $Args_P=\{Ag_1, Ag_2, Ag_3, Ag_4, Ag_5, Ag_6\}$ が構成される．

ただし，
$$Ag_1 = [p \leftarrow not\ q], \quad Ag_2 = [q \leftarrow not\ p], \quad Ag_3 = [\neg q \leftarrow not\ r],$$
$$Ag_4 = [r \leftarrow not\ s], \quad Ag_5 = [s], \quad Ag_6 = [\neg s \leftarrow not\ s]$$

このとき，
u=$\{(Ag_1, Ag_2), (Ag_2, Ag_1), (Ag_4, Ag_3), (Ag_5, Ag_4), (Ag_5, Ag_6)\}$,
r=$\{(Ag_2, Ag_3), (Ag_3, Ag_2), (Ag_5, Ag_6), (Ag_6, Ag_5)\}$,
a = u $\cup$ r, d = a $- \{(Ag_6, Ag_5)\}$

となる．$J_{a/x}$, $J_{u/u}$, $J_{d/d}$ を順に計算する．

(1) $J_{a/x}$ の計算

$J_{a/x}^0 := \emptyset;\quad J_{a/x}^1 = F_{P,a/x}(\emptyset)$．ここで $Args_P$ に属するすべての論証は a の攻撃を受けているので，$\emptyset$ に関して a/x-受理可能な論証は存在しない．

ゆえに $F_{P,a/x}(\emptyset) = \emptyset$．よって，$F_{P,a/x}$ の最小不動点は $\emptyset$ である．

(2) $J_{u/u}$ の計算

$J_{u/u}^0 := \emptyset;\quad J_{u/u}^1 = F_{P,u/u}(\emptyset) = \{Ag_5\}$,
$J_{u/u}^2 = F_{P,u/u}(J_{u/u}^1) = F_{P,u/u}(\{Ag_5\}) = \{Ag_5, Ag_3\}$,
$J_{u/u}^3 = F_{P,u/u}(J_{u/u}^2) = F_{P,u/u}(\{Ag_5, Ag_3\}) = \{Ag_5, Ag_3\}$

ゆえに，$F_{P,u/u}$ の最小不動点は $\{[\neg q \leftarrow not\ r], [s]\}$ である．

(3) $J_{d/d}$ の計算

$J_{d/d}^0 := \emptyset;\quad J_{d/d}^1 = F_{P,d/d}(\emptyset) = \{Ag_5\}$,
$J_{d/d}^2 = F_{P,d/d}(J_{d/d}^1) = F_{P,d/d}(\{Ag_5\}) = \{Ag_5\} = J_{d/d}^1$

ゆえに，$F_{P,d/d}$ の最小不動点は $\{[s]\}$ である．

この場合，$J_{d/d} = \{Ag_5\} = \{[s]\}$ より，論証 Ag_5 は d/d-正当化される．他方，Ag_4, Ag_6 は d/d-却下され，Ag_1, Ag_2, Ag_3 は d/d-防御可能である． □

■**例 7.5** 次の P は例 5.6 の知識を拡張論理プログラムで表現したものである．

$P: \quad \neg f \leftarrow p, not\ ab_1, \quad f \leftarrow b, not\ ab_2, \quad p \leftarrow, \quad b \leftarrow p, \quad ab_2 \leftarrow p$

定義 7.1 に従って，P より次の論証が構成される．

$A_1 : [\neg f \leftarrow p, not\ ab_1; p \leftarrow]$
$A_2 : [f \leftarrow b, not\ ab_2; b \leftarrow p; p \leftarrow]$

$A_3 : [p \leftarrow]$
$A_4 : [b \leftarrow p;\ p \leftarrow]$
$A_5 : [ab_2 \leftarrow p;\ p \leftarrow]$

定義 7.2 より，次の r, u, a の攻撃関係が得られる.

$$\text{r}=\{(A_1,A_2),(A_2,A_1)\},\quad \text{u}=\{(A_5,A_2)\},\quad \text{a}=\text{u}\cup\text{r}.$$

よって，最小不動点 $J_{\text{a/u}}=\{A_1,A_3,A_4,A_5\}$ が得られるので，論証 $A_1=[\neg f \leftarrow p, not\ ab_1;\ p \leftarrow]$ は，a/u-正当化される．他方，$A_2=[f \leftarrow b, not\ ab_2;\ b \leftarrow p;\ p \leftarrow]$ は，a/u-却下される．

なお，$\text{Concs}(J_{\text{a/u}}) = \{claim(A)|A \in J_{\text{a/u}}\} = \{\neg f, p, b, ab_2\}$ となり，例 5.6 の $\text{Concs}(E)$ に類似の結果が得られる． □

7.3　対話的証明論

論証の正当化を証明論的に判定する方法である，Schweimeier らの証明手続き (proof procedure) を説明する．1997 年，Prakken と Sartor は彼らの議論意味論 (すなわち，不動点意味論) に対して，対話木 (dialogue tree) に基づく対話的証明論を提案したが，定理 7.2 で示したように Prakken と Sartor の議論意味論は最小不動点 $J_{\text{d/d}}(=J_{\text{d/su}}$ など) に対応している．Schweimeier らは，Prakken と Sartor の対話的証明論を一般化して，任意の議論意味論 $J_{x/y}$ に関する健全で完全な対話的証明論 (dialectical proof theory) を提案した．

7.3.1　対話的証明手続き

Prakken・Sartor の対話 (dialogue) を一般化した Schweimeier らの x/y-対話を説明する．P は提案者 (proponent)，O は反論者 (opponent) を表す．

■**定義 7.7 (x/y-対話)**　P を拡張論理プログラムとする．x/y-対話 (x/y-dialogue) とは，次の条件を満たす提議 $move_i=(Player_i, Arg_i)$ $(i \geq 1)$ の空でない有限列である．ここで $Player_i \in \{P,O\}$, $Arg_i \in Args_P$ である．

(1) i が奇数ならば，$Player_i = P$ (提案者)，

i が偶数ならば，$Player_i = O$ (反論者)．
(2) $Player_i = Player_j = P$ $(i \neq j)$ ならば，$Arg_i \neq Arg_j$．
(3) $Player_i = P$ $(i \geq 3)$ ならば，Arg_i は $(Arg_i, Arg_{i-1}) \in y$ となる論証．
(4) $Player_i = O$ $(i \geq 2)$ ならば，Arg_i は $(Arg_i, Arg_{i-1}) \in x$ となる論証．□

条件 (1) は，x/y-対話が提案者から始まり，提案者と反論者が交互に提議することを表している．条件 (2) は提案者による同じ論証の再提議を禁じている．これは x/y-対話が循環するのを防ぐためのものである．x/y-対話が有限列であるので，x/y-対話が循環するような場合は必ず反論者の提議で停止するようになる．条件 (3)，(4) では，反論者は x 攻撃を，提案者は y 攻撃をするものとして，両者はいずれも相手の直前の提議 $move_{i-1}$ に対して攻撃しなければならないことを述べている．

■**定義 7.8 (x/y-対話木)**　x/y-対話木 (x/y-dialogue tree) とは，すべての枝 (branch) が x/y-対話となる木である．ただし，すべての提議 $move_i=(P, Arg_i)$ に対し，その子は $(Arg_{j_k}, Arg_i) \in x$ となるようなすべての提議 (O, Arg_{j_k}) $(k \geq 1)$ である． □

なお x/y-対話は有限長であるが，一般に論証集合や攻撃関係は有限とは限らないので，x/y-対話木の高さは有限とは限らない．

■**例 7.6**　次の ELP を考える．

$$p \leftarrow q, not\ r$$
$$\neg p \leftarrow u$$
$$q \leftarrow not\ s$$
$$r \leftarrow not\ t$$
$$s \leftarrow not\ t$$
$$t \leftarrow not\ w$$
$$u \leftarrow not\ \neg v$$
$$v \leftarrow not\ q$$
$$\neg v \leftarrow not\ r$$

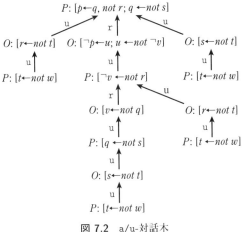

図 7.2 a/u-対話木

図 7.2 は根の論証が $[p \leftarrow q, not\ r;\ q \leftarrow not\ s]$ である a/u-対話木を表す．これは a/a-対話木でもある．各節点には，提案者に対して P，反論者に対して O が付けられている．また辺 $A \xrightarrow{x} B$ は A が B を x の攻撃の概念で攻撃，すなわち，$(A, B) \in x$ を表す． □

■**定義 7.9 (x/y-勝利対話木)** 以下で提案者と反論者をプレイヤと称する．

- プレイヤは他のプレイヤが提議を行うことができなくなったならば，その x/y-対話で勝利する (win) という．
- プレイヤは x/y-対話木のすべての x/y-対話で勝利するならば，プレイヤはその x/y-対話木で勝利する (win) という．
- 提案者 P が勝利する x/y-対話木を「x/y-勝利対話木」という．
- 論証 A を根にもつ x/y-勝利対話木が存在すれば，「A は証明論的に x/y-正当化された」という． □

上述の定義により，$Args_P$ の論証集合と x, y の攻撃関係から「x/y-勝利対話木」が構成されると，木の根の提案者 P の論証が (証明論的に) 議論で勝利したと判定される．また，このような x/y-勝利対話木構築により論証の正当化判定をする手続きを「対話的証明手続き (dialectical proof procedure)」という．

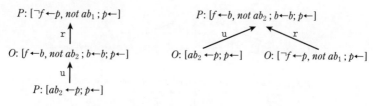

図 7.3 ペンギンの例の 2 つの a/u-対話木

7.3.2 健全性・完全性定理

最小不動点 $J_{x/y}$ に基づく論証の議論判定と，x/y-勝利対話木構築による根の論証の証明論的議論判定が，次の健全性・完全性定理により関係付けられる．これは Prakken・Sartor が示した不動点意論味と対話的証明論に関する健全性・完全性定理の一般化になっている．

■**定理 7.5（健全性定理）** 論証 A を根にもつ x/y-勝利対話木が存在すれば，A は x/y-正当化される（すなわち，$A \in J_{x/y}$）． □

■**定理 7.6（完全性定理）** 論証 A が x/y-正当化されるならば，A を根にもつ x/y-勝利対話木が存在する． □

上記の健全性定理より，対話的証明手続きで勝利した論証は議論の意味論において正当なものであり，他方，完全性定理より，議論意味論において正当化されるすべての論証は対話的証明手続きの判定で勝利することが保証される．

■**例7.7（鳥は飛びペンギンは飛ばない）** （例7.5の続き）図7.3は論証 A_1, A_2 をそれぞれ根とするa/u-対話木を表す．あきらかに左の $A_1 = [\neg f \leftarrow p, not\ ab_1;\ p \leftarrow]$ を根とする木は a/u-勝利対話木である．したがって，A_1 は証明論的に a/u-正当化されたと判定される．他方，右の $A_2 = [f \leftarrow b, not\ ab_2;\ b \leftarrow p;\ p \leftarrow]$ を根とする木は a/u-勝利対話木ではない．よって $claim(A_1) = \neg f$ より，$\neg f$（"飛ばない"）が議論の結果として得られた．

他方，例7.5において，$J_{a/u} = \{A_1, A_3, A_4, A_5\} \ni A_1$ であり，不動点意味論に基づき A_1 は a/u-正当化されていた．このように，上記の健全性・完全性定理が成り立つことが確認される． □

第8章 プリファレンスと仮説に基づく議論

第1章のデフィージブル議論の例1.1で示したように，人間の議論では互いの主張がコンフリクトして合意ができない場合でも，選好情報（プリファレンス）を利用して議論の勝敗や合意を導けることがある．一方，第5章で述べたように，ABAでは陽に存在するプリファレンス情報を表現することができない．そこで，プリファレンスをABAで扱うToniらの先行研究 [63] では，"ABAは陰にプリファレンスを考慮した議論・推論を行える"という基本的考えに基づき[1]，所与の問題で陽に存在するプリファレンスを通常のABAの枠組にマッピングし，それにABAの標準的な意味論を適用して対応している．しかし彼らのアプローチでは，マッピングされたABAに膨大な推論規則が生じるなどのいくつかの技術的問題が生じている (第9章参照)．そこで最近，このような問題を克服する方法として，ABAの枠組を拡張・一般化してプリファレンスを陽に表現可能とする，"プリファレンス付きABA"(p_ABA) [70, 72] が提案されている．以下でp_ABAの概要を説明する．

8.1 プリファレンス付き ABA

プリファレンス付きABAでは，次の「プリファレンスを備えた仮説に基づく議論フレームワーク」(assumption-based argumentation equipped with preferences: p_ABAフレームワーク，もしくはp_ABA) で知識を表現する．

---

[1] Reiterのデフォルト論理や解集合意味論に基づく論理プログラムでも，プリファレンスを陰に考慮した推論が可能である．しかし，それらの知識表現力が弱いことから，これまで，プリファレンスを陽に表現可能とするデフォルト論理の一般化や多くの優先度付き論理プログラムが提案されている [21]．

8.1.1 p_ABA フレームワーク

■**定義 8.1** p_ABA フレームワークは，以下の 5 つ組で定義される．
$$\langle \mathcal{L}, \mathcal{R}, \mathcal{A}, \mathcal{C}, \preceq \rangle$$
ここで，

- $\langle \mathcal{L}, \mathcal{R}, \mathcal{A}, \mathcal{C} \rangle$ は ABA フレームワーク[2]．
- $\preceq \subseteq \mathcal{L} \times \mathcal{L}$ は擬順序 (preorder)，すなわち，反射律，推移律を満たす 2 項関係である．ここで，$c' \preceq c$ は「c は c' と同程度かそれ以上に好ましい」を表す．狭義の擬順序 $\prec$ は，$c' \prec c \overset{\text{def}}{=} c' \preceq c$ かつ $c \not\preceq c'$ で定義される．

なお任意の仮説 $\alpha \in \mathcal{A}$ が唯一の相反 (contrary) をもつ場合（つまり，$|\mathcal{C}(\alpha)|=1$），$\mathcal{C}$ の代わりに，$\bar{}: \mathcal{A} \to \mathcal{L}$ の相反関数を用いた次の 5 つ組，

$$\langle \mathcal{L}, \mathcal{R}, \mathcal{A}, \bar{}, \preceq \rangle$$

で p_ABA を表してもよい． □

■**例 8.1** 次の問題を考える．「ある学生が就職活動で A 社と B 社の 2 社から内定をもらった．A 社は給料と社風が良く，B 社は福利厚生と給料が良い．その学生は，社風より福利厚生が良い会社のほうを，そして福利厚生より給料が良い会社のほうを優先する．この学生はどの企業を選択するだろうか？」

まず $a=$ "A 社である"，$b=$ "B 社である" $h\_pay=$ "給料が良い"，$cult=$ "社風が良い"，$welf=$ "福利厚生が良い" とする．

この問題の知識は，次の p_ABA $\langle \mathcal{L}, \mathcal{R}, \mathcal{A}, \mathcal{C}, \preceq \rangle$ で表現できる．

$$\mathcal{L} = \{a, b, h\_pay, cult, welf\},$$
$$\mathcal{R} = \{h\_pay \leftarrow a,\ cult \leftarrow a,\ h\_pay \leftarrow b,\ welf \leftarrow b\},$$
$$\mathcal{A} = \{a, b\}, \quad \mathcal{C}(a) = \{b\}, \quad \mathcal{C}(b) = \{a\},$$
$$\preceq = \{(cult, welf), (welf, h\_pay), (cult, h\_pay)\}$$
$$\cup \{(X, X) | X \in \{cult, welf, h\_pay\}\}$$

□

---

[2] 5.1.4 項を参照されたい．

8.1.2 p_ABA フレームワークの議論意味論

第5章で述べたように ABA は σ 意味論のもとで，σ 拡張で意味論が与えられた．一方，p_ABA では，以下で定義されるプリファレンス関係 $\sqsubseteq_{ex}$ に関して極大の σ 拡張 (σ $\mathcal{P}$-拡張と称する) で意味論が与えられることを以下で説明する．

まず p_ABA では，文の優先順序 (sentence ordering) $\preceq$ から論証の優先順序 (argument ordering) $\leq$ が以下の定義に基づいて生成される．

■**定義 8.2** 所与の p_ABA $\langle \mathcal{L}, \mathcal{R}, \mathcal{A}, \mathcal{C}, \preceq \rangle$ において、$\mathcal{F} = \langle \mathcal{L}, \mathcal{R}, \mathcal{A}, \mathcal{C} \rangle$ から構成された議論フレームワークを $AF_\mathcal{F} = (AR, attacks)$ とする．論証の優先順序 $\leq$ は，以下で定義される AR 上の2項関係 ($\leq \subseteq AR \times AR$) である．
$K_1 \vdash c_1$, $K_2 \vdash c_2$ なる論証 $Ag_1, Ag_2 \in AR$ について，
$$c_1 \preceq c_2 \quad \text{ならばそしてそのときに限り} \quad Ag_1 \leq Ag_2$$
である (ここで，$c_i = claim(Ag_i)$ $(i=1,2)$). □

本章では，$\sigma \in \{$ 完全, 選好, 安定, 基礎 $\}$，つまり σ は任意の標準的な Dung の議論意味論 (名) を表すものとする．

■**定義 8.3 (プリファレンス関係 $\sqsubseteq_{ex}$)** p_ABA $\langle \mathcal{L}, \mathcal{R}, \mathcal{A}, \mathcal{C}, \preceq \rangle$ において，$AF_\mathcal{F} = (AR, attacks)$ は ABA $\mathcal{F} = \langle \mathcal{L}, \mathcal{R}, \mathcal{A}, \mathcal{C} \rangle$ から構成される議論フレームワーク，$\mathcal{E}$ は $AF_\mathcal{F}$ の σ 意味論における σ-論証拡張の集合，$f: 2^{AR} \times 2^{AR} \to 2^{AR}$ は以下で定義される関数とする．
$$f(U,V) = \{X| \ X \in U, \ Y \in V \text{ について，} claim(X) = claim(Y)\}$$
プリファレンス関係 $\sqsubseteq_{ex}$ は以下で定義される $\mathcal{E}$ 上の関係 ($\sqsubseteq_{ex} \subseteq \mathcal{E} \times \mathcal{E}$) である．

任意の σ-論証拡張 $E_1, E_2, E_3 \in \mathcal{E}$ について，
1. $E_1 \sqsubseteq_{ex} E_1$ である．
2. 論証 $\exists Ag_2 \in E_2 \setminus \Delta_2$ について，
   (i) $claim(Ag_1) \preceq claim(Ag_2)$ なる論証 $Ag_1 \in E_1 \setminus \Delta_1$ が存在し，
   (ii) $claim(Ag_2) \prec claim(Ag_3)$ なる論証 $Ag_3 \in E_1 \setminus \Delta_1$ が存在しない，
   ならば，$E_1 \sqsubseteq_{ex} E_2$ である．ただし，$\Delta_1 = f(E_1, E_2)$，$\Delta_2 = f(E_2, E_1)$．
3. $E_1 \sqsubseteq_{ex} E_2$ かつ $E_2 \sqsubseteq_{ex} E_3$ ならば，$E_1 \sqsubseteq_{ex} E_3$ である．

項目 1, 3 より，$\sqsubseteq_{ex}$ は擬順序である．厳密なプリファレンス関係 $\sqsubset_{ex}$ は，

$$E_1 \sqsubset_{ex} E_2 \overset{\text{def}}{=} E_1 \sqsubseteq_{ex} E_2 \text{ かつ } E_2 \not\sqsubseteq_{ex} E_1$$

で定義される.$E_1 \sqsubset_{ex} E_2$ は,「E_1 より E_2 を優先する」ことを表す. □

定義 8.3 における $E_1 \setminus \Delta_1, E_2 \setminus \Delta_2$ は,E_1 と E_2 でそれらの共通部分が除かれ(すなわち,$E_1 \setminus E_2, E_2 \setminus E_1$),かつ E_1 と E_2 で互いに同じクレームをもつ論証も除かれた集合であることに注意されたい.つまり,

$$E_1 \cap E_2 \subseteq \Delta_1 \subseteq E_1, \quad E_1 \cap E_2 \subseteq \Delta_2 \subseteq E_2.$$

が成り立つ [72].

次の命題は,上記のリファレンス関係 $\sqsubseteq_{ex}$ が文の優先順序 $\preceq$ の代わりに論証の優先順序 $\leq$ を用いても定義可能であることを示す.

■**命題 8.1** $\sqsubseteq_{ex}$ の定義 8.3 において,項目 2 の $claim(Ag_1) \preceq claim(Ag_2)$ と $claim(Ag_2) \prec claim(Ag_3)$ を,それぞれ $Ag_1 \leq Ag_2$,$Ag_2 < Ag_3$ で置換して定義される $\mathcal{E}$ 上の 2 項関係を $\sqsubseteq'_{ex}$ とする(すなわち,$\sqsubseteq'_{ex} \subseteq \mathcal{E} \times \mathcal{E}$).すると,$\sqsubseteq'_{ex} = \sqsubseteq_{ex}$ が成り立つ. □

p_ABA の議論意味論は,このようなプリファレンス関係 $\sqsubseteq_{ex}$ に関して極大の拡張($\mathcal{P}$-拡張と称する)により与えられる.

■**定義 8.4($\mathcal{P}$-拡張)** 所与の p_ABA フレームワーク $\langle \mathcal{L}, \mathcal{R}, \mathcal{A}, \mathcal{C}, \preceq \rangle$ と σ 意味論において,ABA $\mathcal{F} = \langle \mathcal{L}, \mathcal{R}, \mathcal{A}, \mathcal{C} \rangle$ から構成される議論フレームワーク $AF_{\mathcal{F}} = (AR, attacks)$ の σ-論証拡張の集合を $\mathcal{E}$ とする.このとき,σ-論証拡張 $E \in \mathcal{E}$ は,$E \sqsubset_{ex} E'$ となる σ-論証拡張 $E' \in \mathcal{E}$ が存在しなければ,p_ABA の $\sigma \mathcal{P}$-論証拡張と称する.このような $\sigma \mathcal{P}$-論証拡張 E に対して,Args2Asms(E) を $\sigma \mathcal{P}$-仮説拡張と称する.今後,文脈からあきらかな場合,$\sigma \mathcal{P}$-論証拡張と $\sigma \mathcal{P}$-仮説拡張を区別しないで,いずれも $\sigma \mathcal{P}$-拡張と呼ぶ. □

次の命題はプリファレンスが存在しないとき(すなわち,$\preceq = \emptyset$),σ-意味論のもとで p_ABA の $\sigma \mathcal{P}$-拡張は ABA の σ-拡張に一致することを示す.つまり p_ABA は ABA を一般化した議論の枠組である.

■**命題 8.2(一般化)** $\langle \mathcal{L}, \mathcal{R}, \mathcal{A}, \mathcal{C}, \preceq \rangle$ は $\preceq = \emptyset$(空集合)である p_ABA とする.

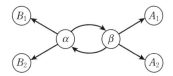

図 8.1　例 8.1 の p_ABA から構成される議論フレームワーク

このとき，E は $\langle \mathcal{L}, \mathcal{R}, \mathcal{A}, \mathcal{C}, \emptyset \rangle$ の $\sigma\mathcal{P}$-拡張であれば，そしてそのときに限り，E は $\langle \mathcal{L}, \mathcal{R}, \mathcal{A}, \mathcal{C} \rangle$ の σ-拡張である． □

p_ABA における論証の正当化判定は定義 3.13 と同様の方法で定義される．

■**定義 8.5**　p_ABA $\langle \mathcal{L}, \mathcal{R}, \mathcal{A}, \mathcal{C}, \preceq \rangle$ が与えられている．$E_1, \ldots, E_n$ は当該 p_ABA の $\sigma\mathcal{P}$-論証拡張とする．論証 $Ag \in AR$ について，

- Ag が σ-意味論のもとで慎重 (*skeptically*) に正当化される．
  $\iff \forall E_i$ について，$Ag \in E_i$　$(1 \leq i \leq n)$．
- Ag が σ-意味論のもとで安易 (*credulously*) に正当化される．
  $\iff \exists E_i$ について，$Ag \in E_i$　$(1 \leq i \leq n)$． □

■**例 8.2（例 8.1 の続き）**　例 8.1 の p_ABA $\langle \mathcal{L}, \mathcal{R}, \mathcal{A}, \mathcal{C}, \preceq \rangle$ より，下記の論証が構成される．

- A_1: $\{a\} \vdash h\_pay$,
- A_2: $\{a\} \vdash cult$,
- B_1: $\{b\} \vdash h\_pay$,
- B_2: $\{b\} \vdash welf$,
- α: $\{a\} \vdash a$,
- β: $\{b\} \vdash b$

これらから図 8.1 に示す議論フレームワーク (AF) が構成され，ABA $\langle \mathcal{L}, \mathcal{R}, \mathcal{A}, \mathcal{C} \rangle$ に次の 2 つの選好 (および安定) 論証拡張 E_1, E_2 が存在する．

- $E_1 = \{\alpha, A_1, A_2\}$ with $\texttt{Concs}(E_1) = \{a, h\_pay, cult\}$,
- $E_2 = \{\beta, B_1, B_2\}$ with $\texttt{Concs}(E_2) = \{b, h\_pay, welf\}$

よって，A, B のいずれの会社を選んだらよいかは決定できない．なお，

$$\texttt{Args2Asms}(E_1) = \{a\}, \quad \texttt{Args2Asms}(E_2) = \{b\}$$

の 2 つの選好 (および安定) 仮説拡張がこれらから導かれる．

E_1, E_2 に関して，$claim(A_1) = claim(B_1) = h\_pay$ には，$\Delta_1 = f(E_1, E_2) = \{A_1\}$，$\Delta_2 = f(E_2, E_1) = \{B_1\}$ であり，かつ $claim(A_2) = cult$, $claim(B_2) = welf$ に対して $cult \preceq welf$ であるので，$E_1 \sqsubseteq E_2$ が得られる．ゆえに，E_2 が p_ABA

の唯一の選好 $\mathcal{P}$-論証拡張である．よって，学生は B 会社を選択する．　　　□

例 1.1 のプリファレンスを用いたデフィージブル推論の知識が p_ABA で表現できることを以下に示す．

■**例 8.3**　例 1.1 では，大臣の私的な情報の公開に関する是非がプリファレンスを用いて議論されていたが，次の p_ABA $\langle \mathcal{L}, \mathcal{R}, \mathcal{A}, \mathcal{C}, \preceq \rangle$ でモデル化できる．

$\mathcal{R} = \{ health(i,p) \leftarrow,$
$\quad \neg agree(p,i) \leftarrow,$
$\quad aboutPrivateLife(i,p) \leftarrow health(i,p),$
$\quad \neg publishNews(i) \leftarrow aboutPrivateLife(i,p), \neg agree(p,i), \alpha(i),$
$\quad minister(p) \leftarrow,$
$\quad affectPolFunc(i,p) \leftarrow,$
$\quad significant(i) \leftarrow minister(p), affectPolFunc(i,p),$
$\quad publishNews(i) \leftarrow significant(i), \beta(i) \}$

$\mathcal{A} = \{ \alpha(i), \beta(i) \},$

$\mathcal{C}(\alpha(i)) = \{ publishNews(i) \}, \quad \mathcal{C}(\beta(i)) = \{ \neg publishNews(i) \}$

$\preceq = \{ (\beta(i), \alpha(i)), (\alpha(i), \alpha(i)), (\beta(i), \beta(i)) \}$　　　□

ところで Toni は，ABA で本体に仮説が出現する規則をデフィージブル推論規則と称し，一般に $ASPIC^+$ のようにストリクト規則集合とデフィージブル規則集合を ABA で表現する方法を提案して，それらを用いたデフィージブル推論による議論が ABA でも可能であることを示している [59]．それゆえ，p_ABA でもこの結果に基づき，ストリクト規則とデフィージブル規則を用いた議論が可能である．加えて p_ABA では，$ASPIC^+$ のようにデフィージブル規則集合上のプリファレンスも技術的に表現可能であるので，デフィージブル規則とそれらに関するプリファレンスを用いた議論が p_ABA で実現可能である [70, 72]．

8.1.3　優先度付き論理プログラムによる p_ABA のインスタンス化

本書の第 3 章 定理 3.10，および 第 5 章 系 5.1 で，NLP P の安定モデルと，P でインスタンス化された ABA の安定拡張に 1 対 1 対応が存在することを述べた．一方，論理プログラミングの研究分野では，論理プログラムにプリファレン

スを付与して知識表現力を高めた種々のプリファレンス付き論理プログラム言語とその意味論が提案されている [21]．そのような言語の1つに，坂間・井上により提案された優先度付き論理プログラム (prioritized logic program: PLP) がある (付録 B，[55])．

本節では，PLP というプリファレンスが付与された論理プログラムの意味論と p_ABA の議論意味論に同様の対応が存在することを述べる．具体的には，以下の定理は，PLP (P, Φ) でインスタンス化された p_ABA の安定 $\mathcal{P}$-拡張と当該 PLP の優先的安定モデル (および，優先的準無矛盾安定モデル[3]) に1対1対応があることを示す．これは Dung の定理 [23]，すなわち，定理 3.10 や系 5.1 の一般化になっている．

■**定理 8.1** $\mathcal{F}(P, \Phi) = \langle \mathcal{L}_P, P, HB_{not}, \mathcal{C}, \Phi^* \rangle$ は PLP (P, Φ) によりインスタンス化された p_ABA フレームワークである．ここで，P は NLP，$\mathcal{L}_P = HB_P \cup HB_{not}$，$not\ p \in HB_{not}$ について $\mathcal{C}(not\ p) = \{p\}$，$\Phi \subseteq \mathcal{L}_P^2$ である．$\neg.CM$ は系 5.1 で与えられたものとする．

このとき，M が PLP (P, Φ) の優先的安定モデル (すなわち，優先的解集合) であれば，そしてそのときに限り，$M \cup \neg.CM = \mathrm{Concs}(E)$ なる p_ABA $\mathcal{F}(P, \Phi)$ の安定 $\mathcal{P}$-拡張 E が存在する． □

■**定理 8.2** $\mathcal{F}(P, \Phi) = \langle \mathcal{L}_P, P, Lit_{not}, \mathcal{C}, \Phi^* \rangle$ は PLP (P, Φ) によりインスタンス化された p_ABA フレームワークである．ここで，P は ELP，$Lit_{not} = \{not\ L \mid L \in Lit_P\}$，$\mathcal{L}_P = Lit_P \cup Lit_{not}$，$not\ L \in Lit_{not}$ について $\mathcal{C}(not\ L) = \{L\}$，$\Phi \subseteq \mathcal{L}_P^2$ である．また，$M \subseteq Lit_P$ について $\neg.CM = \{not\ L \mid L \in Lit_P \setminus M\}$ とする．

このとき，M が PLP (P, Φ) の優先的準無矛盾安定モデルであれば，そしてそのときに限り，$M \cup \neg.CM = \mathrm{Concs}(E)$ なる p_ABA $\mathcal{F}(P, \Phi)$ の安定 $\mathcal{P}$-拡張 E が存在する[4]． □

■**例 8.4** 例 8.1 の知識を PLP (P, Φ) で表現する．ここで P は次の NLP である．

---

[3] 付録 B を参照.
[4] PLP の優先的解集合と p_ABA の安定 $\mathcal{P}$-拡張に関する類似の定理は文献 [72] で示されている．

$p = \{h\_pay \leftarrow a,\ cult \leftarrow a,\ h\_pay \leftarrow b,\ welf \leftarrow b,\ a \leftarrow not\ b,\ a \leftarrow not\ b\}$,
$\Phi = \{(welf, h\_pay), (cult, welf)\}$

上記の P に 2 つの安定モデル $S_1 = \{a, h\_pay, cult\}$, $S_2 = \{b, h\_pay, welf\}$ が存在し，そのうち S_2 のみが PLP (P, Φ) の優先的安定モデルである．

この PLP を用いてインスタンス化した p_ABA の安定 $\mathcal{P}$-拡張 E_2 と S_2 について，定理 8.1 の対応が成り立つことが確認できる． □

8.2　p_ABA 議論意味論の無矛盾性の保証

p_ABA $\langle \mathcal{L}, \mathcal{R}, \mathcal{A}, \mathcal{C}, \preceq \rangle$ の $\sigma \mathcal{P}$-論証拡張は，ABA $\langle \mathcal{L}, \mathcal{R}, \mathcal{A}, \mathcal{C} \rangle$ の σ-論証拡張の集合から $\sqsubseteq_{ex}$ に関する極大元として選択されたものである．したがって，p_ABA $\langle \mathcal{L}, \mathcal{R}, \mathcal{A}, \mathcal{C}, \preceq \rangle$ における $\langle \mathcal{L}, \mathcal{R}, \mathcal{A}, \mathcal{C} \rangle$ が 5.3 節で述べた条件等を満たして拡張の無矛盾性が保証されれば，p_ABA の議論意味論も拡張の無矛盾性が保証される．

第 III 部
議論の応用

第9章 意思決定と実践的議論

　従来，人工知能は，ソフトウェア・エージェントなどの人工物に，対象とする世界についての信念 (belief) に関する推論，つまり認識論的推論 (epistemic reasoning) を行わせるための推論メカニズムの研究に重点が置かれていた．しかし近年のソフトウェア・エージェント技術の進展に伴って，知的に環境と相互作用をするエージェントに，「与えられた状況でどのアクションや意思決定を選択・実行するのがもっとも望ましいか？」に関する推論能力が求められている．言い換えると，知的エージェントに実践的推論 (practical reasoning) の能力の付与が必要になってきている [4]．実践的推論の具体例として，人間が日常的に行っている次の例 K1 が Kenny[36] によって示されている．

K1　私は4時15分にロンドンにいなくてはならない．

　　もし私が2時30分の列車に乗れば，私は4時15分にロンドンにいる．

　　よって，私は2時30分の列車に乗るだろう．

　哲学の分野でこのような推論は，アリストテレスにより提唱され，近年，次の実践的三段論法 (practical syllogism) PS1 の形式化に基づいて説明されている [9, 36]．

PS1　エージェント P はゴール G を実現することを望んでいる．

　　もし P がアクション A を実行すれば，G が実現されるだろう．

　　よって，P はアクション A を実行しなくてはならない．

　上例が示すよう，実践的推論には発想推論的な性質 (abductive nature) がある．このような実践的推論に関する問題では，一般に，指定の目的（ゴール）を実現可能とするアクションが複数存在し，それらのアクションの中からもっとも望ましいものを選択する必要がある．さらにゴールも複数存在し，それらに選好が存在する場合もある．これまで，実践的推論の問題解決を議論で行うアプローチは数多く提案されてきている．本章では p_ABA を用いた実践的議論への最近のアプローチを紹介する [70, 72]．

9.1 プリファレンスを用いた意思決定

Fan・Toni らの先行研究 [31] ではプリファレンスを扱う意思決定問題を次の拡張意思決定フレームワークと称される枠組を用いて表現している.

■**定義 9.1** 拡張意思決定フレームワーク (extended decision framework: 以後, edf と略記)[31] は次の 6 つの組で定義される.

$$\langle \mathtt{D}, \mathtt{A}, \mathtt{G}, \mathtt{DA}, \mathtt{GA}, \mathtt{P} \rangle$$

ここで,
- 決定項目の集合 (a set of decisions)：$\mathtt{D} = \{d_1, \ldots, d_n\}, n > 0$.
- 属性の集合 (a set of attributes)：$\mathtt{A} = \{a_1, \ldots, a_m\}, m > 0$.
- ゴールの集合 (a set of goals)：$\mathtt{G} = \{g_1, \ldots, g_\ell\}, \ell > 0$.
- ゴール集合上の半順序 (a partial order over goals)：$\mathtt{P}$ (すなわち $\mathtt{P} \subseteq \mathtt{G} \times \mathtt{G}$).
  これは各ゴールの選好のランク (プリファレンス) を表す. つまり $\mathtt{P}$ は $g_i > g_j$ (ただし, $g_i, g_j \in \mathtt{G}$) の集合である.
- 2 つのテーブル：$\mathtt{DA}_{i,j}$ (サイズ: $n \times m$) と $\mathtt{GA}_{i,j}$ (サイズ: $\ell \times m$). ただし,
  - 任意の $\mathtt{DA}_{i,j}$ ($1 \leq i \leq n, 1 \leq j \leq m$) について,
    決定項目 d_i が属性 a_j をもつならば, その値は 1, さもなくば値は 0.
  - 任意の $\mathtt{GA}_{i,j}$ ($1 \leq i \leq \ell, 1 \leq j \leq m$) について,
    ゴール g_i が属性 a_j を満たすならば, その値は 1, さもなくば値は 0. □

■**例 9.1** 次の例を考える [31]. エージェントはロンドンでの宿泊施設として, ホテル (jh) かインペリアル・カレッジ・ホール (ic) のいずれかを選択したい. したがって, 決定項目 (D) は jh と ic の 2 つとなる. これらに関する属性 (A) は, 宿泊代金の £50, £70, および宿泊場所のケンジントン南部 (inSK), 裏通り (backSt) の 4 個からなる. ゴール (G) は 安い ($cheap$), 近い ($near$) そして静寂 ($quiet$) の 3 個からなり, このエージェントのプリファレンス (P) は $near > cheap > quiet$ である. DA と GA は表 9.1, 表 9.2 で与えられている. □

このような edf で表現された意思決定問題は, 次の定義で示すように p_ABA で edf の知識を表現し, それの選好拡張から容易に解を得ることができる [70, 72].

表 9.1 DA

	£50	£70	inSK	backSt
jh	0	1	1	1
ic	1	0	1	0

表 9.2 GA

	£50	£70	inSK	backSt
near	0	0	1	0
cheap	1	0	0	0
quiet	0	0	0	1

■定義 9.2　所与の $edf=\langle \mathrm{D}, \mathrm{A}, \mathrm{G}, \mathrm{DA}, \mathrm{GA}, \mathrm{P}\rangle$ について，$\mathcal{PF}_{edf}=\langle \mathcal{L}, \mathcal{R}, \mathcal{A}, \mathcal{C}, \preceq\rangle$ を edf に対応する p_ABA フレームワークとする．ここで，

- $\mathcal{R}$ は次の推論規則からなる (ただし，$1 \leq k \leq n, 1 \leq i \leq m, 1 \leq j \leq \ell$)．
  - $\mathrm{DA}_{k,i} = 1$ ならば，$a_i \leftarrow d_k \in \mathcal{R}$．
  - $\mathrm{GA}_{j,i} = 1$ ならば，$g_j \leftarrow a_i \in \mathcal{R}$．
- $\mathcal{A} = \mathrm{D}$．$\mathcal{C}$ は，$d_k \in \mathrm{D}$ に対して $\mathcal{C}(d_k) = \mathrm{D} \setminus \{d_k\}$．
- $\preceq$ は $\mathrm{P} \subseteq \mathrm{G} \times \mathrm{G}$ の反射・推移閉包である．

このとき，$\mathcal{PF}_{edf}$ の選好 $\mathcal{P}$-論証拡張 E について，$\{d\} \vdash d$ が E の要素ならば，そのような $d \in \mathrm{D}$ は意思決定の解として，"選択された決定 (selected decision)" という．換言すると，$\mathcal{PF}_{edf}$ の選好 $\mathcal{P}$-仮説拡張 $\mathtt{Args2Asms}(E)$ について，$d \in \mathtt{Args2Asms}(E) \cap \mathrm{D}$ であるならば，d は "選択された決定" である．　□

■例 9.2　(例 9.1 の続き) 例 9.1 の edf に対応する p_ABA フレームワークは，
$$\mathcal{PF}_{edf} = \langle \mathcal{L}, \mathcal{R}, \mathcal{A}, \mathcal{C}, \preceq\rangle$$
で表される．ここで，

- $\mathcal{R}$: $£70 \leftarrow jh,\quad inSK \leftarrow jh,\quad backSt \leftarrow jh,\quad £50 \leftarrow ic,$
  $inSK \leftarrow ic,\quad cheap \leftarrow £50,\quad near \leftarrow inSK,\quad quiet \leftarrow backSt$
- $\mathcal{A} = \mathrm{D} = \{jh, ic\},\quad \mathcal{C}(jh) = \{ic\},\quad \mathcal{C}(ic) = \{jh\}$
- $\preceq = \{(cheap, near), (quiet, cheap), (quiet, near)\}$
  $\cup \{(X, X) | X \in \mathrm{G} = \{near, cheap, quiet\}\}$

すると，ABA $\mathcal{F}_{edf} = \langle \mathcal{L}, \mathcal{R}, \mathcal{A}, \mathcal{C}\rangle$ から次の論証からなる集合 AR が得られる．

- $A_1 : \{jh\} \vdash £70$
- $A_2 : \{jh\} \vdash inSK$
- $A_3 : \{jh\} \vdash near$
- $A_4 : \{jh\} \vdash backSt$
- $A_5 : \{jh\} \vdash quiet$
- $B_1 : \{ic\} \vdash £50$
- $B_2 : \{ic\} \vdash inSK$
- $B_3 : \{ic\} \vdash near$
- $B_4 : \{ic\} \vdash cheap$
- $\alpha : \{jh\} \vdash jh$
- $\beta : \{ic\} \vdash ic$

同様に攻撃関係 $attacks$ が得られて，$AF_{edf} = (AR, attacks)$ が構成される．
$$attacks = \{(\alpha,\beta),(\beta,\alpha)\}\cup\{(\beta,A_i)|1\leq i\leq 5\}\cup\{(\alpha,B_j)|1\leq j\leq 4\}$$
この場合，AF_{edf} は次の2つの選好論証拡張 E_1, E_2 をもつ
$$E_1 = \{\alpha, A_1, A_2, A_3, A_4, A_5\}, \qquad E_2 = \{\beta, B_1, B_2, B_3, B_4\}$$
また選好仮説拡張は Args2Asms(E_1)=$\{jh\}$，Args2Asms(E_2)=$\{ic\}$ となる．

すると $claim(A_5) = quiet, claim(B_4) = cheap$ について，$quiet \preceq cheap$ であるので，E_1, E_2 に関して，$E_1 \sqsubseteq E_2$ が導かれる．ここで $E_1\setminus\Delta_1 = \{\alpha, A_1, A_4. A_5\}$, $E_2 \setminus \Delta_2 = \{\beta, B_1, B_4\}$ である．それゆえ，p_ABA $\mathcal{PF}_{edf}$ において，E_2 は選好 $\mathcal{P}$-論証拡張であり，$\{ic\}$ は選好 $\mathcal{P}$-仮説拡張である．

ゆえに，"ic" が意思決定の解として選択された決定となる． □

参考：Fan・Toni らの先行研究 [31] では，プリファレンスを含む意思決定問題を edf の枠組みで表現し，その edf からプリファレンスを陽に表現しない標準的な ABA $\langle\mathcal{L},\mathcal{R},\mathcal{A},\mathcal{C}\rangle$ にマッピングして解を求めている．しかしこの例の小さな edf から彼らのアプローチで生成された $\langle\mathcal{L},\mathcal{R},\mathcal{A},\mathcal{C}\rangle$ には，$\mathcal{R}$ に 53 個の推論規則，$\mathcal{A}$ に 14 個の仮説，$\mathcal{C}$ に 14 個の相反の集合が生成され，計算量的に高価になることが言及されている．他方，上記のように p_ABA を用いると，$\mathcal{R}$ は 8 個の推論規則，$\mathcal{A}$ は 2 個の仮説からなり，非常に少量の記述で edf の知識表現ができ，かつプリファレンス・マッピングは不要で容易に解が得られる．

9.2 プリファレンスを用いた実践的議論

Bench-Capon と Prakken により示された次の実践的推論の例 [9] を考える．

■**例 9.3（刑の量定の問題）** 裁判官は犯罪者を罰する（$punish$）最良の刑罰を決定しなくてはならない．裁判官が選択できる刑罰として，

(i) 禁錮 (imprisonment, $prison$)

(ii) 罰金 (a fine, $fine$)

(iii) 社会奉仕 (community service, $service$)

があり，これらが決定項目になる．つまり D=$\{prison, fine, service\}$ となる．他

方，このような刑罰について，
 (a) 一般大衆の犯罪を阻止し (deter)
 (b) 犯罪者を社会復帰させ (rehabilitate)
 (c) さらなる犯罪から社会を守りたい (protect)

という目的（ゴール）があり，G={punish, deter, rehabilitate, protect} となる．さらに裁判官は，次の信念 (belief) をもっている．

- 犯罪者を禁錮にすれば (prison)，犯罪の阻止 (deter) と社会の保護 (protect) を推進するが，犯罪者の社会復帰 (rehabilitate) を損なう．
- 犯罪者に罰金を課すならば (fine)，犯罪の阻止 (deter) に貢献するが，犯罪者の社会復帰 (rehabilitate) や社会の保護 (protect) の効果はない．
- 犯罪者に社会奉仕をさせるならば (service)，犯罪者の社会復帰 (rehabilitate) に貢献するが，犯罪の阻止 (deter) は損なわれる．

このとき，問題はゴールの集合 (G) と G 上のプリファレンスが与えられて，D の中から，それらを満す最良の量刑を見つける（つまり意思決定をする）ことである．Toni らの先行研究 [58] では，G 上のプリファレンスが存在しない場合，この問題の知識が，次の ABA $\mathcal{F}=\langle \mathcal{L}, \mathcal{R}, \mathcal{A}, \mathcal{C} \rangle$ で表現できることを示している．

- $\mathcal{A}=\{prison, fine, service, \alpha, \beta, \gamma, \delta\}$ [1]
- $\mathcal{C}(prison)=\{fine, service\}$, $\mathcal{C}(fine)=\{prison, service\}$, $\mathcal{C}(service)=\{prison, fine\}$, $\mathcal{C}(\alpha)=\{\neg deter\}$, $\mathcal{C}(\beta)=\{deter\}$, $\mathcal{C}(\gamma)=\{\neg rehabilitate\}$, $\mathcal{C}(\delta)=\{rehabilitate\}$.
- $\mathcal{R}$ は次の 9 個の推論規則からなる．

$punish \leftarrow prison$ $deter \leftarrow prison, \alpha$ $rehabilitate \leftarrow service, \gamma$
$punish \leftarrow fine$ $deter \leftarrow fine, \alpha$ $\neg rehabilitate \leftarrow prison, \delta$
$punish \leftarrow service$ $\neg deter \leftarrow service, \beta$ $protect \leftarrow prison$

上記の $\mathcal{F}$ から以下の論証が構成される．

- $A_1 : \{prison\} \vdash prison$ • $A_2 : \{fine\} \vdash fine$ • $A_3 : \{service\} \vdash service$
- $A_4 : \{\alpha\} \vdash \alpha$ • $A_5 : \{\beta\} \vdash \beta$ • $A_6 : \{\gamma\} \vdash \gamma$ • $A_7 : \{\delta\} \vdash \delta$
- $B_1 : \{prison\} \vdash punish$ • $B_2 : \{fine\} \vdash punish$
- $B_3 : \{service\} \vdash punish$ • $C_1 : \{prison, \alpha\} \vdash deter$

---

[1] D={prison, fine, service} $\subseteq \mathcal{A}$ に注意されたい．

- $C_2 : \{fine, \alpha\} \vdash deter$
- $C_3 : \{service, \beta\} \vdash \neg deter$
- $D_1 : \{service, \gamma\} \vdash rehabilitate$
- $D_2 : \{prison, \delta\} \vdash \neg rehabilitate$
- $H : \{prison\} \vdash protect.$

この結果,ABA $\mathcal{F}$ から構成される議論フレームワーク $AF_\mathcal{F} = (AR, attacks)$ は次の3個の選好論証拡張 E_1, E_2, E_3 をもつ.同様に,選好仮説拡張 Args2Asms(E_i) $(1 \leq i \leq 3)$ をもつ.

$E_1 = \{A_3, A_5, A_6, B_3, C_3, D_1\},$ Args2Asms$(E_1) = \{service, \beta, \gamma\}$
$E_2 = \{A_2, A_4, A_6, A_7, B_2, C_2\},$ Args2Asms$(E_2) = \{fine, \alpha, \gamma, \delta\}$
$E_3 = \{A_1, A_4, A_7, B_1, C_1, D_2, H\},$ Args2Asms$(E_3) = \{prison, \alpha, \delta\}$

ここで,

Concs$(E_1) = \{service, \beta, \gamma, punish, \neg deter, rehabilitate\}$
Concs$(E_2) = \{fine, \alpha, \gamma, \delta, punish, deter\}$
Concs$(E_3) = \{prison, \alpha, \delta, punish, deter, \neg rehabilitate, protect\}$

あきらかに E_1, E_2, E_3 はそれぞれ社会奉仕,罰金,禁錮を量刑の解として表しているが,Concs(E_i) より G のすべてのゴールを満たすものはなく,結局,刑の量定の解を (ABA の議論意味論で) 決定できない.そこで Bench-Capon と Prakken[9] は,この問題にゴール間のプリファレンス P $\subseteq$ G $\times$ G,すなわち,

$$deter \preceq rehabilitate \preceq punish$$

を追加してもっとも望ましい刑罰の決定を可能にした.しかし,Toni らのアプローチ [58, 60] では,プリファレンス (P) を除く知識を ABA で表現していながら,このようなプリファレンス P の扱いは今後の研究課題として解決されていない.

一方,ABA $\mathcal{F}$ とプリファレンス P の知識は,以下に示す p_ABA で同時に表現可能であり,その選好拡張から当該問題の解を得ることができる.

$$p\_ABA = \langle \mathcal{L}, \mathcal{R}, \mathcal{A}, \mathcal{C}, \preceq \rangle$$

ただし,

$\preceq = \{(deter, rehabilitate), (rehabilitate, punish), (deter, punish)\}$
$\cup \{(x, x) | x \in \{punish, deter, rehabilitate\}\}.$

E_1,E_2 に関して,$\Delta_1 = f(E_1, E_2) = \{A_6, B_3\}$,$\Delta_2 = f(E_2, E_1) = \{A_6, B_2\}$ であり,かつ $claim(C_2) = deter$ と $claim(D_1) = rehabilitate$ について $deter \preceq rehabilitate$ であるから,$E_2 \sqsubseteq E_1$ が導かれる.同様に $E_3 \sqsubseteq E_1$ が得られる.よっ

て E_1 は，p_ABA の唯一の選好 $\mathcal{P}$-拡張 E_1 である．ここで $A_3 \in E_1$，あるいは Args2Asms$(E_1)\cap$D=$\{service\}$ であるので，社会奉仕 ($community\ service$) が当該犯罪者の刑罰として決定される．これは Bench-Capon と Prakken が文献 [9] で言及している解に一致する． □

なお $ASPIC^+$ では，本章で紹介した edf の例や刑の量刑の問題のいずれのプリファレンスも表現できず，解を得ることができない [72, 70]．

第10章 議論をするマルチエージェント

　第7章で説明した議論システムでは議論に参加する複数のエージェントが共有の1つの知識ベースより論証を構成し，それを互いに提示して議論を行っている．それゆえ，1台のコンピュータ上で稼働するソフトウェアとして議論システムの実現が可能である．一方，本章では，複数台のコンピュータが通信ネットワークで連結された分散コンピュータネットワークを，人間に成り代わって議論をするマルチエージェントの計算機環境として想定する．ここでは複数のエージェント A_i ($i>1$) がそれぞれのコンピュータ上に各自の知識ベース KB_i をもち，KB_i から構成される各自の論証を通信ネットワークを介して互いに投げあって議論を行うという議論システム (図 10.1) の構築を考える．このようなシステムの応用として Web 上の電子商取引などがあり，そこでは売り手エージェントと買い手エージェントが，売買に関する各自の戦略的なルール知識以外に，販売店や商品に関するオントロジー知識を用いて議論や交渉を行う．本章ではそのようなシステム

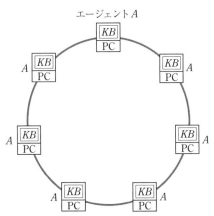

図 10.1　ネットワーク上の議論場でユーザ (人間) に成り代わって議論するエージェント群

の一例として，著者らが構築・実装した議論をするマルチエージェントシステムの概要を紹介する．

10.1 マルチエージェントと議論フレームワーク

マルチエージェントの議論フレームワークを定義する [52]．

■**定義 10.1（マルチエージェントシステム）** n 個のエージェント A_i ($1 < i \leq n$) が各自の知識をそれぞれ ELP などの論理プログラム P_i ($1 \leq i \leq n$) で表現した知識ベースをもっている．このとき，集合 $MAS = \{P_1, \ldots, P_n\}$ をマルチエージェントシステム (multi-agent system: MAS) の知識ベースという． □

■**定義 10.2（MAS の議論フレームワーク）** $MAS = \{P_1, \ldots, P_n\}$ において攻撃の概念 (rebut, undercut など) が指定されると，MAS の議論フレームワーク AF_{MAS} が以下で定義される．
$$AF_{MAS} \stackrel{\text{def}}{=} (Args_{MAS}, attacks_{MAS})$$
ここで $Args_{MAS} \stackrel{\text{def}}{=} \bigcup_{i=1}^{n} Args_{P_i}$ であり，$attacks_{MAS}$ は指定された攻撃の概念 (rebut, undercut など) により定まる $Args_{MAS}$ 上の関係 (すなわち，$attacks_{MAS} \subseteq Args_{MAS} \times Args_{MAS}$) である． □

AF_{MAS} の形は抽象議論フレームワーク AF のあるインスタンスとみなすことができる．そこで 1 個の ELP P から構成される議論フレームワーク AF_P と同様，AF_{MAS} に任意の議論意味論を適用して，マルチエージェントの議論の正当化判定が可能となる [52, 71]．MAS に一貫性制約やプリファレンスを大域的知識として追加して，協調などを行うマルチエージェントの議論システムの実現も可能である [71]．以下では議論をするマルチエージェントシステムの一例として，著者らが開発した WebArg システム [53, 77, 68] の概要を紹介する．

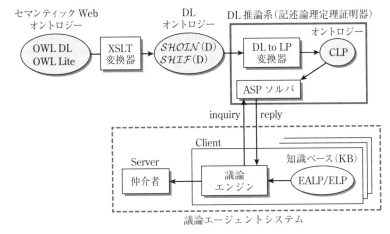

図 10.2 WebArg システム構成 [77]

10.2　セマンティック Web 推論と議論エージェント推論システムの統合

WebArg では，各エージェントは当該問題に関するそれぞれのルール表現の知識と対象ドメインに関する Web 上の (大域的) オントロジー知識を用いることができ，それらを用いて所与の問題の議題に関して，複数エージェントが互いに議論・推論を行って問題解決をする．システム構成図を図 10.2 に示す．

本システムの各エージェント A_i は所与の問題に関する各自の戦略的知識をもち，そのような知識は EALP [1] (あるいは，ELP) で表現されて各自の知識ベースに格納される．他方，当該問題に関するオントロジー知識はセマンティック Web 上に OWL DL 言語で記述されており，各エージェントは共有知識として参照できる．本システムは次の「セマンティック Web 推論システム」と「議論エージェントシステム」で構成される．

(1) 「セマンティック Web 推論システム」は，セマンティック Web 上の OWL DL 表現のオントロジーを XSLT を用いて DL $\mathcal{SHOIN}$(D) の記述論理表現に変換する「オントロジー表現変換器」と「記述論理定理証明器」(DL 推論

---

[1] EALP (Extended Annotated Logic Programs) [52] はリテラルに注釈 (annotation) を付与して ELP を拡張した論理プログラムであり，注釈付き拡張論理プログラムと称される．

系) からなる．DL 推論系は，3.7.1 項で述べた解集合プログラミングの技術を用いて実現され，ASP ソルバ (DLV) 上で稼働する．

(2)「議論エージェントシステム」は，通信と議論の制御を行う仲介者 (Server プログラム) と議論する複数個のエージェント (Client プログラム) で構成され，マルチエージェントの議論を行う．各エージェント (Client プログラム) は EALP/ELP で表現された各自の知識ベース KB_i と議論エンジンをもち，KB_i から論証を構成する．また DL 推論系とインターフェースをもち，議論時にオントロジーに関する参照・推論が必要になったとき，随時，DL 推論系に問い合わせを行う．Server の仲介者は，Client のエージェント群と TCP/IP のソケット通信を介してコミュニケーションを行い，対話木を構築して議論判定を行う．

本システムはセマンティック Web 推論システムを統合した議論エージェントシステムであり，対話的証明論に基づいて議論判定が行われる．このようにルールベース知識とオントロジー知識という異質の知識を用いる場合，ルールベース知識を用いた対話的証明論に基づく議論は非単調推論であり，記述論理で表現されたオントロジーを用いた推論は単調推論である．WebArg は，このような推論の原理が異なる 2 つの推論系を整合的に統合している．

システムの動作を説明する．まず起動した Server プログラム (仲介者) に議題のリテラルが入力されると，Server はそれをクレームとしてもつような論証をすべての Client の議論エージェントに通信回線経由で依頼する．それを受信した Client プログラム (エージェント) はそのような論証を構成できれば Server に送信し，Server の仲介者はそれを用いて対話木の根を構成する．それ以降，仲介者は任意の時点で構築されている対話木の葉の論証を Client に通知し，Client の議論エージェントはそれに反論可能な論証を構成できれば Server に送信する，というプロセスを繰り返して対話木を構築し，マルチエージェントの議論判定が実現される．なお Client のエージェントが論証を構成する際，オントロジーに関するリテラル (DL アトムと称する) が出現すれば，DL 推論系にその真偽を問い合わせる．

■例 10.1 (単位取得に関する教員と学生の議論) 図 10.3(b) の $\mathcal{K}$ は，OWL DL で記述されているある大学のカリキュラム・オントロジーが XSLT により記

10.2 セマンティック Web 推論と議論エージェント推論システムの統合　165

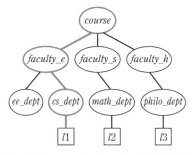

（a）カリキュラム・オントロジー（概念階層図）

```
<TBox>                                          <ABox>
university_curriculum ≡ course                  hard_get_credit(philosophy)
course ≡ faculty_e ∪ faculty_s ∪ faculty_h      reg(ai, st_0)
cs_dept ⊆ faculty_e                             cs_dept(l1)
ee_dept ⊆ faculty_e                             math_dept(l2)
math_dept ⊆ faculty_s                           philo_dept(l3)
philo_dept ⊆ faculty_h                          cs_dept(ai)
western_logic ∪ eastern_logic ⊆ logic           cs_dept(c_programming)
math_logic ∪ philo_logic ⊆ logic                cs_dept(prolog_programming)
hard_get_credit ≡ ∀ reg.pass                    cs_dept(technical_english)
easy_get_credit ≡ ∃ reg.(¬ pass)                math_logic(l2)
npass ≡ ¬ pass                                  philo_logic(l1)
                                                npass(st_0)
```

（b）カリキュラム・オントロジー：$\mathcal{K}$ の記述論理表現

```
<KB_Lecturer>                              <KB_Student>
~ take_credit_in(ai, st_1, second):t       take_credit_in(ai, st_1, second):t
 ←DL[course](ai) & DL[logic](l1)            ←DL[course](ai) & DL[easy_get_credit](ai).
  & not study(st_1, l1, first):t.          study(st_1, l1, first):t
                                            ←study(st_1, l2, first):t & DL[course](l2).
                                           study(st_1, l2, first):t ←true.
                                           study(st_1, c_programming, first):t ←true.
```

（c）教員と学生の知識ベース

図 10.3　オントロジー知識とルールベース知識

述論理の DL $\mathcal{SHOIN}$(D) 表現に変換されたものである．同図 (a) はそれの概念階図 (一部) である．

一方，教員と学生の各エージェントの単位取得に関する知識は，図 10.3(c) で示す EALP のルール集合 $KB_{Lecturer}$ と $KB_{Student}$ で表現されている．ここで $DL[course](ai)$，$DL[logic](l1)$ などは DL アトムであり，これらは評価時に DL

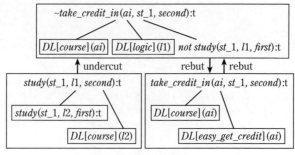

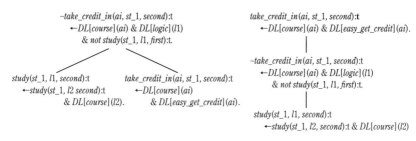

(b) 議論木

図 10.4 論証と攻撃関係, および議論木

推論系に問い合わせが行われる. 図 10.4(a) はこれらの知識を用いて構成される論証と攻撃関係を示す. 同図 (b) は議題 $\sim take\_credit\_in(ai, st\_1, second)$:t, および議題 $take\_credit\_in(ai, st\_1, second)$:t に関して構成された議論木 (対話木) を示し, 対話木のノード自身が提議の論証を表す論証木で表現されている. 図 10.5 は実際に DL 推論系を介してカリキュラム・オントロジー $\mathcal{K}$ を参照しながら議論するマルチエージェントシステム WebArg の実行画面を示す. 左に表示されている対話木は, 議題 $take\_credit\_in(ai, st\_1, second)$:t が正当化されていることを表している. □

10.2 セマンティック Web 推論と議論エージェント推論システムの統合　167

図 10.5　議題：$take\_credit\_in(ai,\ st\_1,\ second)$:t の実行画面

第11章 法的論争への数理議論学の応用

　第10章では議論するマルチエージェントの説明を行ったが，そこでは共通の知識ベースと2種類の推論によるモデルが用いられていた．法律分野では，単一の知識ベースではなく，多様な知識ベースが存在し，第10章で説明した以外の法律特有の推論が行われているので，第10章とは異なる観点からのシステム設計が必要になる．本章では，法律分野ではどのような原因で論争や議論が起こるのか，またそれをどのように形式化していくかを説明する．

11.1　法律の知識源

　一般に，法律の人工知能システムは開発が容易であると考えられがちである．それは「法律の専門知識は法令としてすでに抽出されている」，「法令は通常の文章より論理的に書かれており，論理式に変換しやすい」，そのため「事件のデータを入力すると，法令文の論理式を参照して，結論である判決文が三段論法で自動的に出てくる」と信じられているからである．
　しかし，それは大きな誤解であり，そのような単純な方式で解決できる法律問題は限定されている．
　それは，法律の問題を解決するのに要する知識が，制定法（法令）だけでなく，判例や法原則（衡平の原則，権利濫用禁止の原則，信義則など）などの他の法律知識や，慣習，政策，イデオロギー，一般常識のように，われわれの日常生活の知識全般にわたるからである．
　以下に法令と判例について簡単に説明する．

11.1.1　法令

我が国には 1800 以上の法令があるとされる．それらは以下のように分類ができる．

- 公法と私法

    公法とは国と国民の間に適用される法律であり，私法とは国民の間に適用される法律である．たとえば，憲法，刑法，刑事訴訟法，民事訴訟法は公法の例であり，民法や商法は私法の例である．私法は法の解釈に柔軟性があるが，公法では厳格な法の運用が求められる．

- 手続法と実体法

    実体法とは規範内容を定める法律であり，刑法や民法や商法が実体法の例である．しかし，実体法だけではその規範を実現することはできず，手続法と一体となって初めて規範が実現できる．手続法は裁判手続きを定める法律であり，刑事訴訟法や民事訴訟法が手続法の例である．

- 一般法と特別法

    同一分野に適用される法律が複数ある場合に，より適用範囲が広い法を一般法といい，適用範囲が限定されている法は特別法という．たとえば，契約に関して民法と商法は一般法と特別法の関係にある．一般法と特別法が矛盾する結論を導くときは特別法が優先される（特別法優先の原則）．

- 上位法と下位法

    法の間には上下の関係があるものがある．たとえば憲法は最上位の法律である．また，法律は政令よりも上位にあり，政令は省令よりも上位にある．上位法と下位法が矛盾する結論を導く場合は上位法のルールが優先される（上位法優先の原則）．

- 新法と旧法

    新しい法律と古い法律の間に矛盾があるときは，新しい法律が優先される（新法優先の原則）．たとえば，古い最高裁判例と新しい最高裁判例が矛盾するときは新しい判例が優先される．

11.1.2 判例

判例は1つの裁判において，裁判所が示した法律判断である．判決文の主要な構成要素は「主文」と「事実および理由」である．「事実および理由」は，争いのない事実のほか，争点に関する当事者の主張（すなわち議論の内容）や裁判所の判断が記されている．裁判所の判断すべてが判例となるのではなく，厳密には最高裁判所の法解釈のうちで後の裁判に利用可能である部分のみを判例と呼ぶ．

法令の中にはあいまいな概念が多く含まれており，具体的な事件がその概念に該当するかどうかの判断が難しいことがある．判例はその概念の判断事例にもなっているので，判例を参照することで正確な判断をすることが期待できる．たとえば，刑法36条「急迫不正の侵害に対して，自己または他人の権利を防衛するため，やむを得ずにした行為は，罰しない」は正当防衛を規定した条文である．しかし，この概念はあいまいであり，実際にどのような場合に正当防衛が認められるのかを判断するのは容易ではない．しかし，多くの判例が蓄積されており，事実が類似した判例を検索することによって，当該事件で正当防衛が認められるのか否かを予測することができる．

11.2　法律の推論モデル

裁判において，原告と被告は，それぞれ自分に有利になるように法令を解釈し，自分に有利な判例を引用して論争を行う．論争が終了した後，裁判官はどちらの論証が正当であるかを判断して判決をくだす．判決に至るまでの推論を4つの段階に分けて説明する．

11.2.1　法令適用の推論

法令を事件に適用することにより結論を求める過程はルールベース推論で表すことができる．たとえば，公園に「犬を連れた人は入園禁止」という立て札があり，太郎が小型ボックスに入れた愛犬ポチとともに公園に入ったとする．これは論理プログラミングで記述すると，

　　　法令ルール：入園禁止(X, Y) ← 人(X), 犬(Y)

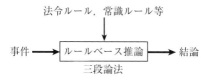

(a) ルールベース推論による法の適用

(b) 帰納推論による解釈ルールの生成

図 **11.1** 法令適用の推論

　事実データ：人 (太郎).

　事実データ：犬 (ポチ).

からルールベース推論 (図 11.1(a)) によって，

　入園禁止 (太郎, ポチ)

という結論が得られたことになる．

　しかし，法律においては，法令ルールをそのまま適用するとは限らない．太郎は「この規則は，自由に動き回る犬を想定しており，ボックス入りの小型犬は想定していない．したがって，ポチには適用できない」と反論するかもしれない．この場合，太郎は，

　負例 (成立させたくない結論)：入園禁止 (太郎，ポチ)

　事実データ：ボックス内 (ポチ).

という知識を使って法令ルールに条件追加を行い,

　新ルール：入園禁止 (X, Y) ← 人 (X), 犬 (Y), not ボックス内 (Y).

という意味を狭めた解釈ルールを生成し，事件に適用している (縮小解釈という)．

　一方，次郎は小熊のプーを連れて公園に入ったとする．形式的には，次郎は犬を連れていないので，規則に反していない．しかし，現実には，公園管理者はこ

の規則の犬の概念を小熊にも広げて，「犬は例示に過ぎず，実際は野獣類の入園を禁止したルールである．したがって，プーは入園できない」と主張するかもしれない．これは

　　事実データ：人 (次郎)．

　　事実データ：熊 (プー)．

という事実と以下の知識を使って，

　　正例 (成立させたい結論)：入園禁止 (次郎，プー)

　　関連知識：野獣類 (X) ← 犬 (X)．

　　関連知識：野獣類 (X) ← 熊 (X)．

「犬」という条件を「野獣類」に置き換えて意味を広げた以下の解釈ルールを生成し，事件に適用していることになる (拡張解釈という)．

　　新ルール：入園禁止 (X, Y) ← 人 (X)，野獣類 (Y)．

　このように法律においては，法令をそのまま適用するだけでなく，論争過程で，特定の結論を得るために，ルールの意味を狭めたり，広げたりすることがある．これは帰納推論の枠組みで形式化することができる (図 11.1(b))．

11.2.2　判例適用の推論

　判例は，具体的な裁判における裁判所の判断が記載されている．事実が類似した事件は同一の判断がなされることが予想されるから，判例データベースの中から，現在扱っている事件と類似した判例を検索することができれば当該事件の判断を行うことができる．このように過去の事例を利用して解を見つける思考法を事例ベース推論という．

　法律においては，判例を利用した事例ベース推論のシステムが開発されているが，その中で代表的な事例ベース推論システムの Hypo[3] を紹介する．

Hypo

　企業秘密保護の法令 (米国の Trade Secret 法) を題材にした Hypo はピッツバーグ大学で開発された法学教育支援システムである．Hypo では，この法令に関する判例を収集し，それらの判例を分類するのに適切な特徴群 (これを factor と呼ぶ) を設定し，個々の判例を factor の組と判決結果 (原告勝訴，被告勝訴) で表現

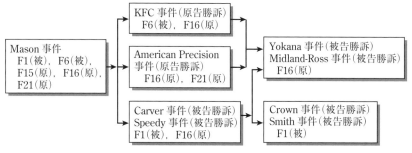

図 **11.2** Mason 事件の類似判例

した ([3])．Factor は以下の例に示すように，識別子と特徴の記述とその成立条件からなる (Hypo では factor ではなく dimension と呼び，factor とは異なる部分もあるが，その後継システムにあわせてここでは factor と呼ぶ)．F15, F21 は企業 (原告) に有利な factor であり，F1 は従業員 (被告) に有利な factor である．

F1(被)：当該会社はその企業秘密を公開するかどうかを交渉中であった．

F15(原)：その企業秘密は他に類似品がない製品に関するものだった．

F21(原)：当該従業員はその情報が企業秘密であることを知っていた．

...

たとえば，Mason 事件 (「従業員が人気飲料のレシピを，他企業に漏らした場合，もとの企業の企業秘密の保護に反したかどうか」) は，5 つの factor {F1(被), F6(被), F15(原), F16(原), F21(原)} で表現される．

一方，過去の判例群はこの factor を用いて，その事件の特徴 (factor の集合) と判決の対で記述されていたとする．これを Mason 事件と類似する順に並べると図 11.2 のようになる．

Mason 事件の裁判では，被告は F16 が重なる Yokana 事件の判例を引用して被告の有利さを訴え，原告は F16 と F21 が American Precision 事件の判例を引用して原告の有利さを訴えることになる (図 11.3)．

11.2.3 ハイブリッドな法的推論システム

法令と判例はいずれも重要な法情報を含むため，ルールベース推論と事例ベース推論の双方を含む法的推論システムが開発された．これらのシステムでは事件

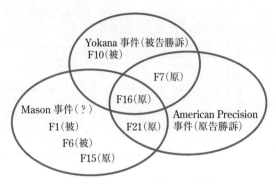

図 11.3 Hypo の事例ベース推論

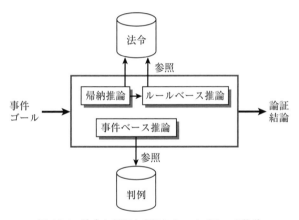

図 11.4 法令と判例を利用したハイブリッド推論

の情報を入力すると，法令のあいまいな概念は判例を利用して判定を行い，その結果を法令にあてはめて結論を求めるものである．これに帰納推論を組み込んだモデルを図 11.4 に示す．

当該事件が 1 つの法令に関するものであっても，その法令の解釈によって，あるいは引用する判例によって，異なる論証と異なる結論が得られることがある．これが法廷論争の原因となる．

11.2.4 論争の推論

　法廷論争においては，原告と被告は相互に議論発言を繰り返しながら論争が進行する．議論発言は第1章でも説明したように主張，同意，否定，提案，質問，回答，論証提示，反論提示，情報提示などのさまざまなタイプがある．これらの議論発言の間に制約がある．たとえば，こちらの主張に対し，相手がそれを否定したときは自分の主張を正当化する論証を提示することができるが，こちらの主張に相手が同意したときは，主張を正当化する論証を提示することは必要ない．

　第1章で紹介したトマス・ゴードンによる議論プロトコルは，このような原告と被告の間の議論発言の制約条件を定めたものである．

Pleadings Game

　Pleadings Game では，裁判の前段階の何が成り立って何が成り立たないかを申し立てる段階 (Pleading の段階) の論争プロトコルを定義している [35]．具体的には以下の例に示すようなプロトコルを用いて論争が形式化されている (実際のプロトコルは，各議論発言ができる条件とその効果をより細かく定義している)．

- (concede (claim c))：まだ相手の主張 (claim c) に応答していないとき，その主張に同意することを伝える．
- (deny (claim c))：まだ相手の主張 (claim c) に応答していないとき，その主張に非同意であることを伝える．
- (defend (denial (claim c)) A)：相手が主張 (claim c) に非同意であるとき，(claim c) を正当化する論証 A を提示する．論証 A が A ← B であるなら，B が新たに主張されたものとして，相手は (claim B) に同意するか非同意かを伝えなければならない．
- (defend (argument (A c)) R)：相手が c を正当化する論証 A を提示してきたとき，その論証 A に対してまだ応答していなければ，反論 R を提示する．
- (defend (argument (rebuttal A c R) D)：反論 R に対してまだ応答していないときは，再反論 D を提示する．

　Pleadings Game では，この議論プロトコルを用いて，以下の論争例を紹介している．

　原告：Miller 氏の船に関する抵当権は成立している．

被告：同意できない．

原告：UCC(欧州統一商法)の第9条305号の条文によれば物品を所有していれば抵当権は成立する．私はMiller氏の船を保有している．

被告：なぜ船が第9条にいう物品になるのか．船を所有していることも証明せよ．

原告：UCCの第9条105号hの条文によれば，動かせるものは物品である．

被告：船は動かせるものであることは確かだが，UCCの物品ではない．また，船舶抵当法によれば，船の抵当権は担保登記がされないと成立しない．

原告：すでに登記はしているが，船舶登記法で担保登記が必要とされているとは思わない．仮にあなたが正しいとしても，UCCのほうが船舶登記法より新しいので優先権がある．

被告：しかし，船舶登記法は連邦法であり，UCCのような州法よりも優先する．

この例題は，原告の論証 (UCC第9条305号) に対して，被告は船舶登記法を引用してUCC第9条305号の論証に反論した．原告は新法優先の原則によりUCCが優先すると主張するが，被告は上位法優先の原則により船舶登記法のほうが優先するという主張している．このように議論プロトコルに従って発言することによって，論証や反論やメタな論証 (優先関係に関する主張) などが交換される．この事例は第4章の例4.1において，論争の論理構造がAFとして表現されることが示されている．

さて，第10章で説明したような議論のエージェントを構築するには，議論のプロトコルを決めるだけでなく，エージェントが議論の状況 (議論が有利か不利かなど) を把握し，論争に勝つためにどのような発言をすべきかという発言戦略が必要になる．また，法令をそのまま利用すると適切な論証が構築できないとき，帰納推論により法令の解釈を行い有利な論証を構築することも考えられる．

議論を有利に進めるためには，現在の議論の状況を評価したり，将棋プログラムのように，発言の先読みをしてその時点での状況を評価したりすることが必要となる．議論状況の評価にAFの理論を利用することも考えられる．

11.2.5 価値判断の推論

裁判において，原告と被告の論争が終了すると，裁判官は原告と被告双方の論証を比べて，原告の論証が成立するかどうかを判断することになる．論証に使われているルールを比較し，特別法優先や上位法優先や新法優先などの原則を使って，より優先するルールを使った論証が成立することになる．

ルールの優先度を決めるのはこの3つの原則だけではない．公園問題の例では，「犬を連れての入園禁止」の規則の制定目的にさかのぼって判断されることもある．太郎のケースでは，この規則が「公園の静寂を保つ」目的で制定されたものであれば，危険性の有無は考慮されない．ポチが大声で吠えるかどうかが問題であるからである．一方，「公園内を散歩する人の安全を保護する」目的であれば，ポチには規則は適用できないことになる．

すなわち裁判官は，公園管理者の

r1：入園禁止 $(X,Y) \leftarrow$ 人 (X)，犬 (Y)．

というルールを用いた論証と，太郎の

r2：入園禁止 $(X,Y) \leftarrow$ 人 (X)，犬 (Y)，not ボックス内 (Y)．

というルールを用いた論証を比較する．r1 と r2 はルールの識別子である．価値観に基づくルールの優先関係は以下のように表現することができる．

r3：r1>r2 $\leftarrow$ 静寂重視．

r4：r2>r1 $\leftarrow$ 歩行者安全重視．

もし裁判官の価値観が，静寂をより重視するものであればr3を採用し，歩行者の安全を重視するものであればr4を採用する．どちらの価値を優先するかどうかで，メタレベルの論争が行われることもある．このように，個人の価値観をルールの優先関係として反映させることができる．優先関係を利用した推論は非単調推論の1つである (図11.5)．

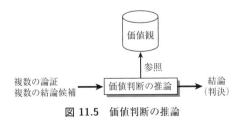

図 11.5 価値判断の推論

11.3 法律論争と議論フレームワーク

　法律における 4 種類の推論のモデルを示した．「法令適用の推論」や「判例適用の推論」により，さまざまな論証候補が作られ，「論争の推論」により，論証を相手と交換して論争が進められる．そして，論争が終了した時点で，裁判官の「価値判断の推論」により判決が決まる．

　法廷での原告と被告の論争は AF で表現することができる．価値判断が含まれるとき，価値観の相違によるルール間の優先関係は，それを含む論証間の優先関係に還元され，第 4 章で紹介したさまざまな優先度を利用した議論フレームワーク PAF，VAF，EAF などにより議論の結果を導き出すことができる．

付　録

付録 A：計算の複雑さ

話を決定問題に限定する．決定問題とは，答えとして yes あるいは no を要求する問題である．また，ある問題 A の補問題 $\bar{A}$ は次のように定義される．

「A が yes を出力しないとき，かつそのときに限って $\bar{A}$ は yes を出力する」

読者に NP 完全 (NP-complete) についての知識があるものと想定する．P は多項式時間で決定的 (deterministically) に決定できる問題のクラスであり，NP は多項式時間で非決定的 (nondeterministically) に決定できる問題のクラスである．coNP は，補問題が NP であるような問題のクラスである．さらに，多項式階層 (polynomial hierarchy) のクラス Δ_k^P, Σ_k^P, Π_k^P は以下で定義される [29]．

$$\Delta_0^P = \Sigma_0^P = \Pi_0^P = P$$

$k \geq 0$ について

$$\Delta_{k+1}^P = P^{\Sigma_k^P}, \quad \Sigma_{k+1}^P = NP^{\Sigma_k^P}, \quad \Pi_{k+1}^P = co\Sigma_{k+1}^P$$

ここで $P^{\Sigma_k^P}$ (あるいは $NP^{\Sigma_k^P}$) は，クラス Σ_k^P の問題についてのオラクル (oracle, 神託) を用いて，決定的 (deterministic) (あるいは，非決定的 (nondeterministic)) に多項式時間で決定できる問題のクラスである．ここで "Σ_k^P の問題についてのオラクル" とは直観的に述べると，Σ_k^P に属する問題を単位時間で解くことができるサブルーチンに対応する．Π_k^P は補問題が Σ_k^P である問題のクラスである．特に，

$$\Delta_1^P = P, \quad \Sigma_1^P = NP, \quad \Pi_1^P = coNP$$

である．あきらかに，$\Sigma_k^P \subseteq \Sigma_k^P \cup \Pi_k^P \subseteq \Delta_{k+1}^P \subseteq \Sigma_{k+1}^P$ であり，かつ $k \geq 1$ について，$P \neq NP$ と同様に $\subseteq$ における等号は成り立たないと予想されている．

クラス C における困難 (hard) および完全 (complete) な問題は，クラス NP における NP 困難，NP 完全な問題が定義されたのと同様に，多項式時間で帰着可能 (polynomially reducible) の概念を用いて次のように定義される．

- ある問題 A がクラス C に関して困難 (すなわち，問題 A は C 困難)
  $\iff$ クラス C に属するすべての問題 B が多項式時間変換で問題 A に帰着可能である．

- ある問題 A がクラス C に関して完全 (すなわち，問題 A は C 完全)
  $\iff$ C 困難な問題 A 自身が，クラス C に属する．

付録 B：優先度付き論理プログラム

優先度付き論理プログラム (prioritized logic program)[55] を説明する．

■**定義 B.1（優先度付き論理プログラム）** EDP P について，$\mathcal{L}_P = Lit_P \cup \{not\ p|\ p \in Lit_P\}$ とする．$\preceq$ は $\mathcal{L}_P$ 上の擬順序 (preorder) である．$e_1, e_2 \in \mathcal{L}_P$ について，$e_1 \preceq e_2$ は優先度 (priority) と称され，"e_2 は e_1 と同じかそれ以上に優先される" ことを表す．厳密な順序 $\prec$ は以下で定義される．

$$e_1 \prec e_2 \stackrel{\text{def}}{=} e_1 \preceq e_2 \text{ かつ } e_2 \not\preceq e_1$$

優先度付き論理プログラム (PLP) は対 (P, Φ) である．ここで P は EDP [1]，Φ は優先度からなる $\mathcal{L}_P$ 上の 2 項関係である． □

PLP (P, Φ) は 坂間・井上により，優先的解集合 (preferred answer set) [55] で意味論が与えられた．一方，定理 8.2 が示すように，ELP P をもつ PLP でインスタンス化された p_ABA の安定 $\mathcal{P}$-拡張と意味論的対応があるものは，PLP の優先的解集合ではなく以下で定義される優先的準無矛盾安定モデルである [71]．

■**定義 B.2** 所与の PLP (P, Φ) について，P の解集合の集合 (resp. 準無矛盾安定モデルの集合) 上のプリファレンス関係 $\sqsubseteq_{as}$ を以下で定義する．Φ^* は Φ の反射・推移閉包 (reflexive and transitive closure) とする．

P の任意の解集合 (resp. 準無矛盾安定モデル) S_1，S_2，S_3 について，

---
[1] 文献 [55] では，P は EDP の上位クラスの GEDP で定義されている．

1. $S_1 \sqsubseteq_{as} S_1$.
2. リテラル $\exists e_2 \in S_2 \setminus S_1$ について，
   (i) $e_1 \preceq e_2 \in \Phi^*$ なるリテラル $e_1 \in S_1 \setminus S_2$ が存在し，かつ
   (ii) $e_2 \prec e_3 \in \Phi^*$ なるリテラル $e_3 \in S_1 \setminus S_2$ が存在しない，
   ならば，$S_1 \sqsubseteq_{as} S_2$ である．
3. $S_1 \sqsubseteq_{as} S_2$ かつ $S_2 \sqsubseteq_{as} S_3$ ならば，$S_1 \sqsubseteq_{as} S_3$.

あきらかに $\sqsubseteq_{as}$ は擬順序 (preorder) である．厳密な $\sqsubset_{as}$ は以下で定義される．
$S_1 \sqsubset_{as} S_2 \stackrel{def}{=} S_1 \sqsubseteq_{as} S_2$ かつ $S_2 \not\sqsubseteq_{as} S_1$. □

■**定義 B.3（優先的解集合 / 優先的準無矛盾安定モデル）** PLP (P, Φ) が与えられている．このとき，P の解集合 (resp. 準無矛盾安定モデル) S は，P の任意の解集合 (resp. 準無矛盾安定モデル) S' について $S \sqsubseteq_{as} S'$ ならば $S' \sqsubseteq_{as} S$ であるとき，(P, Φ) の優先的解集合 (resp. 優先的準無矛盾安定モデル) という．言い換えると，P の解集合 (resp. 準無矛盾安定モデル) S について，$S \sqsubset_{as} S'$ なる P の解集合 (resp. 準無矛盾安定モデル) S' が存在しなければ，S を (P, Φ) の優先的解集合 (resp. 優先的準無矛盾安定モデル) という．特に，P が NLP の時，(P, Φ) の優先的解集合を優先的安定モデルと呼ぶことがある． □

参考文献

[1] Amgoud, L., Cayrol, C.: A reasoning model based on the production of acceptable arguments. *Annals of Mathematics and Artificial Intelligence*, Vol. 34, Issue 1-3, pp. 197-215 (2002)

[2] Amgoud, L., Vesic, S.: Repairing preference-based argumentation frameworks. In: *Proceedings of IJCAI 2009*, pp. 665-670 (2009)

[3] Ashley, K. D.: *Modeling Legal Arguments: Reasoning with Cases and Hypotheticals*, MIT Press, (1991)

[4] Atkinson, K., Bench-Capon, T., McBurney, P.: Computational representation of practical argument. *Synthese* 152(2), pp. 157–206 (2006)

[5] Baroni, P., Giacomin, M., Guida, G.: SCC-recursiveness: a general schema for argumentation semantics, *Artificial Intelligence*, 168 (1-2),pp. 162-210 (2005)

[6] Baroni, P., Giacomin, M.: Semantics of abstract argument systems. In Rahwan, I. and Simari, G. R., editors, *Argumentation in Artificial Intelligence*, pp. 25-44, Springer, (2009)

[7] Baroni, P., Caminada, M., Giacomin, M.: An introduction to argumentation semantics. *The Knowledge Engineering Review* 26(4), pp. 365-410, Cambridge University Press (2011)

[8] Bench-Capon, T.J.M.: Persuasion in practical argument using value-based argumentation frameworks. *Journal of Logic and Computation*, 13 (3), pp. 429-448 (2003)

[9] Bench-Capon, T.J.M. and Prakken, H.: Justifying actions by accruing arguments. In: *Proceedings of COMMA 2006*, pp. 247-258 (2006)

[10] Bench-Capon, T.J.M., Atkinson, K: Abstract argumentation and values. In Rahwan, I. and Simari, G. R., editors, *Argumentation in Artificial Intelligence*, pp. 199-218, Springer (2009)

[11] Besnard, P., Doutre, S.: Checking the acceptability of a set of arguments. In: *Proceedings of the 10th International Workshop on Non-Monotonic Reasoning (NMR-2004)*, pp.59–64 (2004)

[12] Bondarenko, A., Toni, F., Kowalski, R. A.: Assumption-based framework for nonmonotonic reasoning. In: *Proceedings of LPNMR-1993*, pp. 171-189 (1993)

[13] Bondarenko, A., Dung, P. M., Kowalski, R. A., Toni, F.: An abstract, argumentation-theoretic approach to default reasoning. *Artificial Intelligence* 93, pp. 63-101 (1997)

[14] Brewka, G: Well-founded semantics for extended logic programs with dynamic preferences. *Journal of Artificial Intelligence Research (JAIR)* (4), pp. 19-36 (1996)

[15] Caminada, M.: On the issue of reinstatement in argumentation. In: *Proceedings of JELIA-2006*, LNAI(LNCS), Vol. 4160, pp. 111–123. Springer (2006)

[16] Caminada, M.: Semi-stable semantics. In: *Proceedings of first International Conference on Computational Models of Argument (COMMA-2006)*, pp. 121-130, IOS Press (2006)
[17] Caminada, M., Amgoud, L.: On the evaluation of argumentation formalisms. *Artificial Intelligence* 171 (5-6), 286–310 (2007)
[18] Caminada, M: An algorithm for stage semantics. In: *Proceedings of Third International Conference on Computational Models of Argument (COMMA-2010)*, pp. 147-158, IOS Press (2010)
[19] Caminada, M.: A labelling approach for ideal and stage semantics. *Argument and Computation* 2(1):1-21 (2011)
[20] Caminada, M., Sá, S., Alcântara, J. and Dvořák, W.: On the difference between assumption-based argumentation and abstract argumentation. *BNAIC-2013*, pp. 25-32 (2013). The revised version is in *IFCoLog Journal of Logic and its Applications* 2 (1), pp.15-34 (2015)
[21] Delgrande, J.P., Schaub, T., Tompits, H., Wang, K.: A Classification and survey of preference handling approaches in nonmonotonic reasoning. *International Journal of Computational Intelligence*, 20 (2), 308–334, Wiley Publisher (2004)
[22] Dung, P.M.: An argumentation semantics for logic programming with explicit negation. In: *Proceedings of ICLP 1993*, MIT press, pp.616-630 (1993)
[23] Dung, P.M.: On the acceptability of arguments and its fundamental role in nonmonotonic reasoning. logic programming, and n-person games. *Artificial Intelligence* 77, pp. 321–357 (1995)
[24] Dung, P.M., Mancarella,P., Toni, F.: Computing ideal sceptical argumentation. *Artificial Intelligence* 171, Issues 10-15, pp. 642–674 (2007)
[25] Dung, P.M., Kowalski, R.A., Toni, F.: Assumption-based argumentation. In Rahwan, I. and Simari, G. R., editors, *Argumentation in Artificial Intelligence*, pp. 199-218, Springer (2009)
[26] Dung, P.M., Thang, P.M.: Closure and consistency in logic-associated argumentation. *Journal of Artificial Intelligence Research (JAIR)*, Vol. 49, pp. 79-109 (2014)
[27] Dunne, P. E., Wooldridge, M.: Complexity of abstract argumentation. In Rahwan, I. and Simari, G. R., editors, *Argumentation in Artificial Intelligence*, pp. 85-104, Springer (2009)
[28] Dunne, P. E.: The computational complexity of ideal semantics. *Artificial Intelligence* 173, pp. 1559-1591 (2009)
[29] Eiter, T., Gottlob, G: Complexity results for disjunctive logic programming and application to nonmonotonic logics. In: *Proceedings of the International Logic Programming Symposium*, Vancouver, October 1993, ed. D. Miller, MIT Press, pp. 266-279 (1993)
[30] Eiter, T., Leone, N., Mateis, C., Pfeifer, G., Scarcello, F.: A deductive system for nonmonotonic reasoning. In: *Proceedings of the 4th International Conference on Logic Programming and Nonmonotonic Reasoning (LPNMR-1997)*, LNAI, Vol. 1265, pp. 364–375. Springer (1997) URL: http://www.dlvsystem.com/

[31] Fan, X., Craven, R., Singer, R., Toni, F., Williams, M.: Assumption-based argumentation for decision-making with preferences: A Medical Case Study. In: *Proceedings of CLIMA 2013*, pp. 374–390 (2013)
[32] Fan, X., Toni, F.: A general framework for sound assumption-based argumentation Dialogues, *Artificial Intelligence*, 216, pp. 20-54 (2014)
[33] Gelfond, M., Lifschitz, V.: The stable model semantics for logic programming. In: *Proceedings of the fifth International Conference and Symposium on Logic Programming (ICLP/SLP-1988)*, pp. 1070–1080. MIT Press (1988)
[34] Gelfond, M., Lifschitz, V.: Classical negation in logic programs and disjunctive databases. *New Generation Computing* 9, pp. 365–385 (1991)
[35] Gordon, T. F.: The pleadings game, *Artificial Intelligence and Law* 2, pp.239-292, Kluwer Academic Publishers (1994)
[36] Kenny, A.J.P.: Practical reasoning and rational appetite, In J. Raz (ed.): *Practical reasoning*, pp. 63-80, Oxford University Press (1978)
[37] Lifschitz, V.: What is answer set programming?. In: *Proceedings of AAAI-08*, pp.1594-1597 (2008)
[38] Lloyd, J. W.: *Foundation of Logic Programming*. Springer-Verlag (1984). 佐藤・森下訳：論理プログラミングの基礎. 産業図書 (1987)
[39] McCarthy, J.: Circumscription - a form of non-monotonic reasoning, *Artificial Intelligence* 13, pp. 27-39 (1980)
[40] McCarthy, J.: Applications of circumscription to formalizing commonsense knowledge. *Artificial Intelligence* 28, pages 89-116 (1986)
[41] Modgil, S.J.: Reasoning about preferences in argumentation. *Artificial Intelligence* 173, pp.901-934 (2009)
[42] Modgil, S.J., Prakken, H.: Reasoning about preferences in structured argumentation frameworks. In: *Proceedings of COMMA-2010*, pp. 347-358 (2010)
[43] Modgil, S.J., Prakken, H.: A general account of argumentation with preferences. *Artificial Intelligence* 195, pp.361-397 (2013)
[44] Modgil, S.J., Prakken, H.: The $ASPIC^+$ framework for structured argumentation: a tutorial. *Argument and Computation* 5, pp.31-62 (2014)
[45] Niemelä, I, Simons, P.: Smodels: An implementation of the stable model and well-founded semantics for normal logic programs. In: *Proceedings of the 4th International Conference on Logic Programming and Nonmonotonic Reasoning (LPNMR-1997)*, LNAI, Vol. 1265, pp. 421-430. Springer (1997) URL: http://www.tcs.hut.fi/Software/smodels/
[46] Reiter, R.: A Logic for default reasoning, *Artificial Intelligence* 13, pp. 81-132, 1980.
[47] Prakken, H., Sartor, G.: Argument-based extended logic programming with defeasible priorities. *Journal of Applied Non-Classical Logics* 7(1):25-75 (1997)
[48] Prakken, H., Vreeswijk, G.: Logics for defeasible argumentation. In D. Gabbay and F. Guenthner (eds.), *Handbook of Philosophical Logic*, second edition, Vol 4, pp. 219-318. Kluwer Academic Publishers, Dordrecht etc. (2002)
[49] Prakken, H.: An abstract framework for argumentation with structured arguments.

Argument and Computation 1, 93–124 (2010)
[50] Prakken, H.: Some reflections on two current trends in formal argumentation. In Artikis, A. et al. (eds.), *Logic Programs, Norms and Action. Essays in Honor of Marek J. Sergot on the Occasion of his 60th Birthday*, pp. 249-272 Springer (2012)
[51] Przymusinski, T.C.: Well-founded semantics coincides with three-valued stable semantics. *Fundamenta Informaticae*, Vol.13, No.4, pp. 445–463 (1990)
[52] Takahashi, T., Sawamura, H.: A logic of multiple-valued argumentation, In: *Proceedings of AAMAS 2004*, pp.789-805 (2004)
[53] Sawamura, H., Wakaki, T., Nitta, K.: The logic of multiple-valued argumentation and its application to Web technology. In *Proceedings of COMMA-2006*, pp. 291-296 (2006)
[54] Schweimeier, R., Schroeder, M.: A parameterized hierarchy of argumentation semantics for extended logic programming and its application to the well-founded semantics. *Theory and Practice of Logic Programming* 5(1,2), pp. 207–242 (2005)
[55] Sakama, C., Inoue, K.: Prioritized logic programming and its application to commonsense reasoning. *Artificial Intelligence* 123, 185–222 (2000)
[56] Sakama, C., Inoue, K.: Paraconsistent stable semantics for extended disjunctive programs. *Journal of Logic and Computation* 5(3): 265-285 (1995)
[57] Tarski, A.: A Lattice-theoretical fixpoint theorem and its application. *Pacific Journal of Mathematics*, Vol. 5, pp. 285-309 (1955)
[58] Gaertner, D., Toni, F.: CaSAPI - a system for credulous and sceptical argumentation, *First International Workshop on Argumentation and Nonmonotonic Reasoning*, pp. 80-95, Arizona, USA (2007)
[59] Toni, F.: Assumption-based argumentation for closed and consistent defeasible reasoning, *Proceedings of JURISIN 2007*, LNAI, Vol. 4914, pp. 390-402 (2008)
[60] Toni, F.: Assumption-based argumentation for epistemic and practical reasoning. *Computable Models of the law*, LNAI, Vol. 4884, pp. 185-202. Springer (2008)
[61] Toni, F., Sergot, M.: Argumentation and answer set programming. *Logic Programming, Knowledge Representation, and Nonmonotonic Reasoning. Essays Dedicated to Michael Gelfond on the Occasion of His 60th Birthday*, LNAI, Vol. 6565, pp 164-180 (2011)
[62] Toni, F.: Reasoning on the web with assumption-based argumentation, *8th Reasoning Web*, LNCS, Vol. 7487, pp. 370-386 Springer (2012)
[63] Toni, F.: A tutorial on assumption-based argumentation. *Argument and Computation* 5(1): 89-117 (2014)
[64] van Emden, M. H. and Kowalski, R. A.: The semantics of predicate logic as a programming language. *Journal of the ACM*, Vol.23, No.4, pp. 733-742 (1976)
[65] van Gelder, A., Ross, K.A., Schlipf, J.S.: The well-founded semantics for general logic programs. *Journal of the ACM*, Vol. 38, No.3, pp. 620-650 (1991)
[66] Verheij, B.: Two approaches to dialectical argumentation: Admissible sets and argumentation stages. In: *Proceedings of the Eighth Dutch Conference on Artificial Intelligence (NAIC'96)* (eds. Meyer, J.J.and Van der Gaag, L.C.), pp. 357-368. Utrecht:

Utrecht University (1996)
[67] Wakaki, T., Satoh, K.: Compiling prioritized circumscription into extended logic programs. In: *Proceedings of IJCAI-1997*, pp.182-189 (1997)
[68] Wakaki, T., Sawamura, H., Nitta, K.: An integrated system of semantic web reasoning and argument-based reasoning. In: *Proceedings of AWIC 2007*, pp. 349-356 (2007)
[69] Wakaki, T., Nitta, K.: Computing argumentation semantics in answer set programming. *New Frontiers in Artificial Intelligence*, LNAI, Vol. 5547, pp. 254–269, Springer (2008)
[70] Wakaki, T.: Assumption-based argumentation equipped with preferences. In: *Proceedings of the 17th International Conference on Principles and Practice of Multi-Agent Systems (PRIMA 2014)*, LNAI, Vol. 8861, pp. 116-132, Springer (2014)
[71] Wakaki, T.: Preference-based argumentation built from prioritized logic programming. *Journal of Logic and Computation*, Vol. 25, No. 2, pp. 251-301, Oxford University Press (2015)
[72] Wakaki, T.: Assumption-based argumentation equipped with preferences and its application to decision-making, practical reasoning, and epistemic reasoning. To appear in *International Journal of Computational Intelligence*, DOI:10.1111/coin.12111, Wiley Publisher
[73] 井上克巳, 坂間千秋: 論理プログラミングから解集合プログラミングへ. コンピュータソフトウェア, Vol. 25, No.3, pp.20-31 (2008)
[74] 坂間千秋, 井上克巳: 解集合プログラミング. 人工知能学会誌, 25 巻, 3 号, pp.368-378 (2010)
[75] 沢村 一: 数理議論学の発展 ー動向と今後の展望ー. 人工知能学会誌, 25 巻, 3 号, pp.408-418 (2010)
[76] スティーヴン・トゥールミン (戸田山, 福澤訳): 議論の技法, 東京出版 (2011)
[77] 若木利子, 沢村 一, 福本太郎, 向井孝徳, 新田克己：セマンティック Web 推論と議論エージェント推論の統合. 人工知能学会論文誌, 22 巻, 3 号 G, pp.322-331 (2007)
[78] 伊藤浩太, 若木利子: 解集合プログラミングによる議論の意味論の計算. 情報処理学会第 70 回全国大会講演論文集, pp.253-254 (2008)
[79] 龍沢昌宏, 若木利子: 議論フレームワークにおける stage 意味論の解集合プログラミングによる計算. 情報処理学会第 73 回全国大会講演論文集, 1R-8, pp.241-242 (2011)
[80] 坂倉広幸, 若木利子: 議論フレームワークにおける ideal 意味論の解集合プログラミングによる計算. 情報処理学会第 74 回全国大会講演論文集, 3T-2, pp.471-472 (2012)

索引

【英数字】

$\iff$ 10
$\sigma \mathcal{P}$-拡張　91
$\sigma \mathcal{P}$-仮説拡張　148
$\sigma \mathcal{P}$-論証拡張　148
Π_2^P 完全　67
1対1対応の許容可能ラベリング　65
1対1対応の無衝突ラベリング　64
3-valued model　22
3-valued stable model　22
3値安定モデル　22
3値解釈　21
3値モデル　22
ab-自己矛盾公理　111
ABA　94
ABA フレームワーク　94
AF-ラベリング　58
answer set　25
answer set programming　66
ASP　66
$ASPIC^+$ フレームワーク　113
ASP ソルバ　66
CF2 意味論　50, 52
CF2 拡張　52
co-NP 完全　67
default　12
defense set　106
Democratic　124
DLV　66

EAF　74, 84
EDP　23
Elitist　124
ELP　23
epistemic reasoning　154
extended logic program　23
floating 論証　41
NAF　15, 23
NDP　25, 72
NLP　14, 68
normal logic program　14
NP 完全　67, 179
$\mathcal{P}$-拡張　91, 148
p_ABA　145
p_ABA フレームワーク　145
PAF　74, 77
PLP　151, 180
practical reasoning　154
practical syllogism　154
SCC　51
SCC-再帰性　51
smodels　66
stable model　18
T_P オペレータ　16
VAF　74, 79
well-founded model　22
x/y-却下　138
x/y-受理可能性　137
x/y-勝利対話木　143

x/y-正当化　138
x/y-対話　141
x/y-対話木　142
x/y-防御可能　138

【あ行】

アイデアル意味論　44
アイデアル拡張　44
アイデアル仮説拡張　100
アイデアル集合　44
アイデアル論証拡張　98
アイデアル論争木　107
安易な正当化　39
安定 $\mathcal{P}$-拡張　151
安定意味論　35
安定拡張　36
安定仮説拡張　100
安定モデル　14, 18
安定モデル意味論　14, 17
安定ラベリング　59
安定論証拡張　98
意思決定　155
一貫性制約　24, 69
インスタンス　94
演繹システム　94
オブジェクトレベル・プリファレンス　74
オラクル　179
オントロジー　161, 163

【か行】

解集合　25
解集合意味論　25
解集合プログラミング　66
拡張　13, 35
拡張議論フレームワーク　74, 84
拡張選言プログラム　23

拡張論理プログラム　23, 24
仮説　95, 114
仮説拡張　101
仮説に基づく議論フレームワーク　94
価値　78
価値に基づく議論フレームワーク　74, 78, 79
間接的矛盾　110
間接的無矛盾性　129
完全意味論　35
完全拡張　36, 38
完全仮説拡張　99
完全性定理　70, 71, 144
完全ラベリング　58
完全論証拡張　98
帰結演算子　110
基礎意味論　35
基礎拡張　36, 38
基礎仮説拡張　99
基礎ラベリング　59
基礎論証拡張　98
基礎論争木　106, 107
帰納推論　172
基本的補題　34
客観的受理　81
強連結成分　51
極小限定　11
許容可能　34, 38, 42, 98, 99
許容可能ラベリング　62
許容可能論争木　106
議論意味論　35, 38
議論エージェント　164
議論学　2
議論システム　114
議論の理論　114
議論フレームワーク　31

計算の複雑さ　67, 179
決定問題　67, 179
健全性定理　70, 71, 144
攻撃　119, 136
公理　114
合理性基準　110, 128, 129
コヒーレント　37
コントラポジション　130

【さ行】
最弱リンクの原理　126
最終デフィージブル規則　125
最終リンクの原理　125
最小不動点　16, 37
最小モデル意味論　15
自己矛盾公理　132
実践的議論　157
実践的三段論法　154
実践的推論　154
失敗による否定　15
主観的受理　81
縮約　25
受理可能　33
受理可能性　32
準無矛盾安定モデル　27, 103
準無矛盾安定モデル意味論　27
常識推論　11
事例ベース推論　172
慎重な正当化　39
ステージ意味論　47
ステージ拡張　47
ステージラベリング　63
ストリクト　113, 118
ストリクト規則　114
整礎モデル　14, 22, 103
整礎モデル意味論　14, 21

静的プリファレンス　75
セマンティックWeb　163
選好意味論　35
選好拡張　36, 38
選好仮説拡張　99
選好ラベリング　59
選好論証拡張　98
前提　114
前提無効化　119
相反　95, 104, 114
相反-前提無効化　119
相反-反駁　119
相反関数　104

【た行】
対話木　141
対話的証明手続き　143
対話的証明論　141
打破　121, 136
抽象議論　30
抽象議論フレームワーク　31
超限帰納法　16, 138
聴衆　78
直接的矛盾　110
直接的無矛盾性　129
デフィージブル　113, 118
デフィージブル規則　114
デフィージブル推論　7, 75, 150
デフォルト　12
デフォルトの否定　15, 23
デフォルト論理　11, 12
トゥールミン図式　4
動的プリファレンス　75, 83
特性関数　37, 87
トランスポジション　130

【な行】

認識論的推論　154

【は行】

半安定意味論　43
半安定拡張　43
半安定ラベリング　59
反駁　119, 135
非単調推論　7
標準選言プログラム　25
標準論理プログラム　14
復権集合　85
不動点意味論　137
不動点定理　16, 138
プリファレンス　74
プリファレンス関係　90, 147
プリファレンス付きABA　145
プリファレンス付き議論フレームワーク　74, 77, 90
文の優先順序　147
防御集合　106
ホーン論理プログラム　15
補問題　179

【ま行】

マルチエージェント　161, 162
無効化　119, 135
無衝突　33, 47
無衝突ラベリング　61
メタ・プリファレンス　75

【や行】

優先的安定モデル　151, 181
優先的解集合　180
優先的準無矛盾安定モデル　151, 180
優先度付き論理プログラム　151, 180

【ら行】

ラベリング　57
ルールベース推論　171
レンジ　43, 47
論証拡張　101
論証木　96
論証の優先順序　115, 147
論争木　105
論争導出　109
論理否定　23, 114
論理プログラミング　11, 66

著者紹介

若木利子（わかき・としこ）

- 学　歴　名古屋大学理学部物理学科卒業（1969年）
　　　　　京都大学理学研究科博士課程単位取得退学
　　　　　東京工業大学博士（理学）
- 職　歴　株式会社富士通研究所
　　　　　富士通(株)国際情報社会科学研究所，富士通株式会社
　　　　　芝浦工業大学 教授（1999年～2012年）
- 現　在　芝浦工業大学 名誉教授

新田克己（にった・かつみ）

- 学　歴　東京工業大学工学部電子工学科卒業(1975年)
　　　　　東京工業大学大学院理工学研究科電子物理工学専攻博士課程修了(1980年)
　　　　　工学博士
- 職　歴　電子技術総合研究所
　　　　　（財）新世代コンピュータ技術開発機構
　　　　　東京工業大学 教授(1994年～)
- 現　在　東京工業大学情報理工学院 教授
- 著　書
　『人工知能入門 —歴史，哲学，基礎・応用技術—』，サイエンス社，2006年(翻訳)
　『知識と推論』，サイエンス社，2002年（著）
　『人工知能概論』，培風館，2001年（著）

数理議論学

2017 年 3 月 10 日　第 1 版 1 刷発行　　　　ISBN 978-4-501-55550-4 C3004

著　者　若木利子・新田克己
　　　　　ⒸWakaki Toshiko, Nitta Katsumi 2017

発行所　学校法人 東京電機大学　〒120-8551　東京都足立区千住旭町 5 番
　　　　東京電機大学出版局　　〒101-0047　東京都千代田区内神田 1-14-8
　　　　　　　　　　　　　　Tel. 03-5280-3433(営業)　03-5280-3422(編集)
　　　　　　　　　　　　　　Fax. 03-5280-3563　振替口座 00160-5-71715
　　　　　　　　　　　　　　http://www.tdupress.jp/

[JCOPY]＜(社)出版者著作権管理機構 委託出版物＞
本書の全部または一部を無断で複写複製（コピーおよび電子化を含む）することは，著作権法上での例外を除いて禁じられています。本書からの複製を希望される場合は，そのつど事前に，(社)出版者著作権管理機構の許諾を得てください。また，本書を代行業者等の第三者に依頼してスキャンやデジタル化をすることはたとえ個人や家庭内での利用であっても，いっさい認められておりません。
［連絡先］Tel. 03-3513-6969，Fax. 03-3513-6979，E-mail：info@jcopy.or.jp

印刷：㈱加藤文明社　　製本：渡辺製本㈱　　装丁：鎌田正志
落丁・乱丁本はお取り替えいたします。　　　　　　　　　　Printed in Japan